自由选择

Free to Choose
A Personal Statement

华 章 经 典 · 经 济

Milton & Rose Friedman

〔美〕 米尔顿·弗里德曼 著
罗丝·弗里德曼

张琦 译

机械工业出版社
China Machine Press

图书在版编目（CIP）数据

自由选择（珍藏版）/（美）弗里德曼（Friedman, M.），（美）弗里德曼（Friedman, R. D.）著；
张琦译. —北京：机械工业出版社，2013.5（2025.11 重印）
（华章经典·经济）

书名原文：Free to Choose：A Personal Statement

ISBN 978-7-111-42278-5

I. 自… II.① 弗… ② 弗… ③ 张… III.行政干预 - 市场经济 - 研究 - 美国 IV.F171.239

中国版本图书馆 CIP 数据核字（2013）第 084133 号

北京市版权局著作权合同登记 图字：01-2007-4946 号。

Milton Friedman, Rose D. Friedman. Free to Choose: A Personal Statement.

Copyright © 1980 by Milton Friedman and Rose D. Friedman.

Copyright © 1979 by Milton Friedman.

Forward copyright © 1990 by Milton Friedman and Rose D.Friedman.

Simplified Chinese Translation Copyright © 2013 by China Machine Press.

机械工业出版社（北京市西城区百万庄大街 22 号　　邮政编码　100037）
责任编辑：刘利英　　　版式设计：刘永青
北京科信印刷有限公司印刷
2025 年 11 月第 1 版第 42 次印刷
170mm×242mm • 21 印张
标准书号：ISBN 978-7-111-42278-5
定　　价：89.00 元

客服电话：（010）88361066　68326294

|目 录|
Free to Choose

经验教导我们，每当政府用心良善准备有所作为的时候，我们就应该保持最高程度的警惕来保卫我们的自由。人是生而自由的，因此，对那些用心邪恶的统治者，人们自然能够保持警惕，随时准备反击统治者对自由的侵犯。然而，更大的威胁却来自那些用心良善、热情似火的人，他们笑里藏刀、口蜜腹剑，对自由的侵犯表现得更为阴险。对此，人们似乎并不理解。

——大法官 路易斯·布兰代斯[⊖]

（Louis Brandeis）

《奥姆斯特德诉美国案》

（*Olmstead v. United States*）

277 U.S.479（1928）

⊖ 路易斯·布兰代斯（1856—1941），美国最高法院的第一位犹太人大法官，一生为弱势群体奔走，并开创了"布兰代斯诉讼方法"，深受人民爱戴，享有崇高威望。——译者注

10年前，《自由选择》一书首次出版时，我们充满了乐观主义情怀，将本书最后一章的标题定为"潮流在转变"。当时我们认为，人们普遍的信念正在从信仰计划经济转向信仰市场经济。但我们未敢奢望这一潮流转变得如此迅猛。

10年前，世界上许多人认为，计划经济在创造物质财富和增进人类自由方面，是一种可行的，甚至是最有生命力的体制。但在今天的世界上，已经很少有人这么认为了。当然，在意识形态上信仰计划的情形仍然存在，但仅限于西方世界的一些大学以及其他一些贫穷落后的国家当中。10年前，许多人接受这样的观点，即建立在私人自由市场机制上的资本主义制度，是一种大有缺陷的制度，它既无法创造出为人们广泛分享的物质繁荣，也无法提供广泛的人类自由。但到了今天，人们普遍认为只有市场经济体制才能实现繁荣和自由。

　　既然《自由选择》一书中的主要观点在今天已成为人们惯常的看法，那么本书是否过时了呢？是否没有出版的必要了呢？回答是否定的！惯常的看法是改变了，但惯常的做法却仍未改变。

　　在过去 10 年里，尽管知识分子和广大民众的观念发生了重大转变，但在改变政府过度干预的政策实践（近几十年来涌现出大量这样的实践）方面，各国政府，都进展得十分缓慢。国民收入中用于政府支出（假设这些支出真的是为了公众利益）的份额，并没有明显的下降，许多国家的这一份额甚至仍在继续上升。就美国而言，这一比例在 1980 年为 40%，1988 年为 42%，其间的 1986年曾一度高达 44%。无独有偶，控制我们生活方方面面的政府管制活动仍然杂芜繁多，并没有多少松动的迹象；《联邦纪事》记录了全部的管制活动，这部文献在 1980 年新增了 87 012 页，1988 年新增了 53 376 页。用《独立宣言》中的话来说，我们的政府仍然在继续设立"新官署"，并派遣"大批官员，骚扰我们人民，并耗尽人民必要的生活资料"。⊖

　　关于国际贸易的种种限制，我们在《自由选择》第 2 章中曾经分析过，近来并没有减少，反而增多了；对价格和工资的管制，尤其是对汇率的管制，目前已经消除或者有所减少，但又增添了其他方面的管制。美国实行的"从摇篮到坟墓"的社会保障体系，其成本更加高昂，因此亟待改革（第 4 章）；对学校教育体制来说也同样如此（第 6 章）。旨在"保护消费者"和"保护工人"的各种机构，其实际效果还是适得其反，对那些真心实意支持这些机构的人而言，可谓是事与愿违（第 7、8 章）。在上述这些领域以及其他领域，过去的实践产生了很大的惯性冲力，以致相反的观念和舆论仍然占不到上风。

　　要说美国在哪个领域有所进步的话，那就要数通货膨胀了；当然，全世界的通货膨胀率都普遍降低了。就美国而言，通货膨胀率从原来的 10% 以上降到了 5% 以下。但是，无论如何不能认为通货膨胀已经得到了克服，因而，我们在第 9 章分析过的通货膨胀的原因、后果以及治理等内容仍然有意义。要想确保当前的通货膨胀率降低不是昙花一现，很有必要读一读这一章的内容。

⊖　这几句译文转引自 J. 艾捷尔编，赵一凡、郭国良译《美国赖以立国的文本》，第 27 页，海南出版社 2000 年版。——译者注

我们目前已取得的各项成就，还谈不上有什么大的飞跃，要说真正的大转变，应该是在未来。自由市场体制在未来几年内的扩张可能要快得多，这在 10 年前似乎是不可能的。因此，作为一部阐述自由市场机制如何运作、自由市场的优势何在、如何消除妨碍其有效运作的障碍的著作，与 10 年前相比，可能和眼下的关系更为密切。

本书中引用的某些数据以及参考文献可能已经过时了，但我们认为最好还是不做根本的修改。对这部书进行彻底的修订，并将这一期间出现的许多新问题囊括进来，使其与时俱进，这当然是很有意义的，但我们已无力再做这一工作。与其做一些表面上的修订，还不如一仍其旧，原样付印。书中偶有陈旧之处，希望不至于影响读者对内容的理解和把握。

对 10 年前的读者而言，书中的有些内容像是乌托邦或是不切实际的空想，但是我们相信，对今天的读者而言，这可能正是一幅指导未来实践的美好蓝图。《自由选择》能够重新出版，我们感到十分高兴。潮流已经转变了，但要想使人类自由有一个更加光明的未来，还需要一股更加势不可当的滔滔洪流。

米尔顿·弗里德曼

罗丝 D. 弗里德曼

1990 年 1 月 4 日

摆在读者面前的这本书，其思想渊源有二：一是我们早些时候，也就是 1962 年出版的《资本主义与自由》（*Capitalism and Freedom*）一书；二是与本书同名的电视系列片《自由选择》。

在《资本主义与自由》一书中，我们考察了"竞争性资本主义的作用，竞争性资本主义是一种通过自由市场体系中的私人企业来组织大规模经济活动的方式和手段，它是一种经济自由体制"。书中明确阐述了，在一个自由社会当中政府应该扮演什么样的角色。

我们在《资本主义与自由》一书中写道："通过严格的自愿交换机制所无法实现的目标，或者很难实现的目标，在多大程度上应通过政府这一机构来实现？我们提出的原则，并不是要划一条明确的界线来标明这一程度。凡事要具体问题具体分析。每每提出一项政府干预计划，我们都应该列表陈其利弊，之后进行比较权衡。

根据我们提出的原则，便可明白哪些是利哪些是弊，以及各项利弊条目该被赋予多大的权重。"

为了说明这些原则的实质，同时给出其具体应用，我们在《资本主义与自由》一书中考察了一些具体问题，如货币政策与财政政策，政府在教育问题上应该起什么作用，资本主义与歧视之间的关系，缓解贫困等。

如果说《资本主义与自由》的内容比较抽象的话，那么《自由选择》的内容则更为具体。读过《资本主义与自由》的朋友会发现，贯穿在这两本书中的思想会在《自由选择》中体现得更加完整，更加充分。本书更多地考察了各种现实问题，纯理论框架式的论述较少。此外，本书借鉴了政治学研究的最新成果，这些新成果大多来自经济学家，像安东尼·唐斯（Anthony Downs）、詹姆斯 M. 布坎南（James M. Buchanan）、戈登·塔洛克（Gordon Tullock）、乔治 J. 施蒂格勒（George J. Stigler）、加里 S. 贝克尔（Gary S. Becker），等等。他们运用经济学方法对政治学进行研究，其工作是令人振奋的。在本书当中，我们将以同一视角来看待政治体制和经济体制。我们将二者均视为市场，其结果均由追逐其自身利益（广义的自身利益）的个人间的相互作用来决定，而不是由那些人们宣称为有益的社会目标来决定。这一点是暗含在全书当中的，在最后一章我们会明确提出。

同名电视系列片所讨论的问题与本书完全相同：本书的 10 章内容与 10 集电视节目一一对应，且各自的标题也完全相同（最后一章除外）。但是，书籍和电视节目毕竟不同，二者各有各的特色。由于节目时间所限，书中探讨的许多内容在电视节目中只能删掉或点到为止。因此，书中的内容系统性更强，也更加全面。

电视媒体这一表现形式是富于感染力的，它可以触动你的情感，吸引你的注意力。但在我们看来，若用来教化人和说服人，那么印在纸面上的文字则更为有效。在一本书籍当中，作者可以从容地对各种问题进行深入探讨，而不必顾忌墙上的挂钟走了多长时间。读者在阅读书籍的过程中，可以随时停下来进行思考，也可以随时回过头来重读某段文字，更不会因电视画面对情绪的感染而分散注意力。

要说有谁能在一夜之间（或者连续 10 个晚上，每晚 1 小时）便被说服，那么他绝不是真的被说服了。因为一旦遇到一个持相反观点的人，两人聊一个晚上，他的观念可能又转变回去了。真正能说服你的人，只有你自己。在闲来无事的时候，必须反复琢磨这些问题，不断思考、比较各种观点，如此长期坚持下去，你对某一观点一时的偏爱才能转化为坚定不移的信念。

米尔顿·弗里德曼

罗丝 D. 弗里德曼

佛蒙特州　伊利

1979 年 9 月 28 日

引　言

Free to Choose

自从欧洲的第一批移民定居新世界之后，美洲就像一块磁石，吸引着源源不断的新移民。这些移民来到美洲的目的各异，有的是来探险，有的是为了逃避专制政权的迫害，有的纯粹是为了自己和子女们生活得更好。

移民潮开始时不过是涓涓细流，美国独立战争之后，随着美利坚合众国的成立，移民速度逐渐加快，到 19 世纪终于汇集成一股势不可当的潮流。千百万人横渡大西洋而来，另有少部分人横渡太平洋而来，他们来到美国是因为不堪忍受贫穷和专制带来的苦难，同时也是因为对美国的自由和富裕心向往之。

移民们来到美国时，并没有看到金砖铺地，也没有过上安逸的生活，但他们确实看到了自由和机遇，从而可以完全施展自己的聪明才智。靠着艰苦奋斗、精明强干、勤俭节约，外加一点运气，他们大多实现了自己先前的期望和梦想，给亲朋好友树立了榜样。

美国的历史，可谓是一部经济奇迹和政治奇迹的历史；之所以能发生这样的奇迹，是因为美国把两套思想观念付诸实践。可能出于某种奇异的巧合，两套思想观念都在同一年面世，这一年便是 1776 年。

第一套思想观念体现在《国富论》这部伟大著作当中，正是这部书把苏格兰人亚当·斯密（Adam Smith）推上了现代经济学鼻祖的地位。书中分析了，市场机制如何能够把追求各自目标的个人自由，同提供衣食住行等经济生产活动中所需的合作和协作结合起来。亚当·斯密关键的洞见是：只要协作是完全自愿的，那么交易双方就都能获益；除非交易双方都能获益，否则交易就不会发生。所有人都能通过协作获益，而这种协作并不需要来自外部的强力、强制，也不必侵犯个人自由。正如亚当·斯密所说，每个人"所盘算的也只是他自己的利益"，他"受着一只看不见的手的指导，去尽力达到一个并非他本意想要达到的目的。也并不因为事非出于本意，就对社会有害。他追求自己的利益，往往使他能比在真正出于本意的情况下更有效地促进社会的利益。我从来没有听说过，那些假装为公众幸福而经营贸易的人做了多少好事"。1⊖

　　第二套思想观念体现在《独立宣言》当中，由托马斯·杰斐逊（Thomas Jefferson）起草的这一宣言，表达了那一代人的普遍看法。《独立宣言》宣告了一个新国家的成立，这是人类历史上第一次按照"人人有权追求其自身价值"的理念建立起来的国家。"我们认为下述真理是不言而喻的：人人生而平等，造物主赋予他们若干不可剥夺的权利，其中包括生命权、自由权和追求幸福的权利。"⊜

　　近一个世纪之后，约翰·斯图亚特·穆勒（John Stuart Mill）以一种更为极端和不容置疑的口吻，表达了同样的观点：

　　人类之所以有理有权可以个别地或者集体地对其中任何分子的行动自由进行干涉，唯一的目的只是自我防卫……对于文明群体中的任一成员，所以能够施用一种权力以反其意志而不失为正当，唯一的目的只是要防止对他人的危害。若说为了那人自己的好处，不论是物质上的或者是精神上的好处，那不成为充足的理由……任何人的行为，只有涉及他人的那部分才须对社会负责。在只涉及本人的那部分，他的独立性在权利上是绝对的。对于本人自己，对于他自己的身和心，个人乃是最高主权者。2⊜

　　可以说，美国的大部分历史，都围绕着《独立宣言》中的原则和理念而展开，是努力将这些原则和理念付诸实践的历史。从废除奴隶制的斗争（打了一场血腥的内战才解决这一问题）到追求机会平等，再到近来的追求结果平等，

⊖　此段转引自郭大力、王亚南先生译《国民财富的性质和原因的研究》（下卷），第27页，
　　商务印书馆1974年版。——译者注

⊜　此段转引自 J. 艾捷尔编，赵一凡、郭国良主译《美国赖以立国的文本》，第26页，海南
　　出版社2000年版。——译者注

⊜　此段转引自约翰·斯图亚特·穆勒著，许宝骙译《论自由》，第10~11页，商务印书馆
　　1959年版。——译者注

都反映了这种努力。

经济自由是政治自由的必要条件。经济自由即可保证人们之间的相互协作，而不必靠外部强制或某个中央命令，由此缩小了运用政治权力的领域。而且，由于自由市场是一种分散权力的机制，因此即便出现某种政治集权，也能够被自由市场所克服、消化掉。如果经济和政治权力都集中在同一个人或同一群人手中，那就必然导致专制、暴政。

19 世纪，经济和政治自由结合在一起，给英国和美国带来了黄金岁月。相比之下，美国甚至比英国更加繁荣，它的历史非常简单、清白：等级和阶级的历史残余较少；政府的束缚较少；土地更加肥沃，人们更有动力和活力去开发、去创造；并且还有一片广袤的大陆等待人们去征服。

自由的生命力，在农业方面展现得淋漓尽致、一清二楚。《独立宣言》发表之时，美国只有不到 300 万人口，他们的祖先均来自欧洲和非洲（不考虑印第安土著），这些人都居住在东部沿海的狭长地带。当时，农业是美国的主要经济活动；要养活本国居民，并且要有一定的剩余农产品出口以换取外国商品，就需要 95% 的劳动力从事农业生产。今天，美国从事农业生产的劳动力占全部劳动力的比例不足 5%，但却养活了 2.2 亿国民；并且，其剩余农产品之多，竟使美国成为世界上最大的农产品出口国！

是什么导致了这一奇迹的发生？显然不是政府的中央命令。世界上还有很多国家，经济的发展是靠中央命令；在这些国家里，从事农业生产的劳动力占全部劳动力的比例从 1/4 到 1/2 不等，然而它们到头来还是要从美国进口粮食，由此才能避免大规模饥荒的发生。就美国来说，在其农业生产迅速扩张的大部分岁月里，政府发挥的作用微乎其微。美国确实开发了不少新的土地，但这些土地先前都是极为贫瘠的不毛之地。19 世纪下半叶，政府划拨出一些公地，成立了若干农学院；这些农学院靠着政府的资助，传播农业信息和农业技术，以此为农业生产提供服务。但是，农业生产创新的主要源泉，仍然是自由市场机制下的私人主观能动性，自由市场是面向所有人（除了奴隶之外，这不能不说是一个耻辱）开放的。奴隶制废除之后，农业生产得到了最快的增长。数百万人从世界各地移居至美国，都可以自由选择自己的工作。可以选择为自己工作，做一名独立的农场主或独立的商人；也可以选择为别人工作，只要双方都同意工作协议的内容。他们可以自由地尝试新技术，尝试失败就自担风险，尝试成功便可获利。他们很少受到政府的帮助，更重要的是，极少受到政府的干预。

20 世纪 30 年代发生了大萧条，在萧条期间和萧条之后，政府在农业方面开始发挥重要作用。采取的措施主要是限制产量，由此把农产品价格人为地维持在较高水平。

农业生产力的提高主要得益于工业革命，而工业革命的发生正是由自由激发的。工业革命产生的新机械导致了农业革命的发生；反过来，工业革命又有赖于农业革命解放出来的劳动力。于是工业、农业便相互促进，齐头并进。

斯密和杰斐逊，都把集权政府的权力视为对普通公民的巨大威胁；他们认为，保护公民免受专制政府的暴虐统治是必需的，而且永远都是必需的。这正是《弗吉尼亚权利法案》和《美利坚合众国权利法案》的宗旨所在；正是《合众国宪法》规定权力分散化的意图所在；也正是英国的法律结构自 13 世纪颁布《大宪章》以来至 19 世纪末不断发生变化的动力之所在。在斯密和杰斐逊看来，政府的角色应当是裁判员而非运动员。杰斐逊心目中的政府，在其第一次总统就职演说中（1801 年）表述得清清楚楚，他说："政府应当是一个开明而节俭的政府，防止人们之间互相伤害；但在其他方面，它应当让人们自己管理自己，允许人们有充分的自由去追求自己的目标和自己的事业。"

然而具有讽刺意味的是，正是经济自由和政治自由带来的成功，使它们对后来的思想家的吸引力日趋减少。到 19 世纪末，政府的权力已经受到了严格的限制，它几乎没有什么集中的权力可以威胁到普通公民。但这也就意味着，政府几乎没有什么权力使那些心地善良之人大显身手，做一番善举。然而这个世界并非完美无瑕，仍然有许多恶人恶事。实际上，社会愈加进步，恶人恶事就愈加显眼，愈加可憎。人们总认为社会进步是理所当然的，而不去仔细想一想究竟是什么导致了进步。他们已经忘记了一个强大的政府会给自由带来威胁。相反，人们总惦记着一个强大的政府能够带来的种种好处；他们认为，只要政府权力掌握在"好人和能人"手中，政府便可大有作为。

到了 20 世纪初，这些思想观念就开始对英国的政府政策产生影响。而且在美国的知识分子当中，接受这些思想观念的人也越来越多，不过直到 20 世纪 30 年代大萧条爆发之前，它们对美国的政府政策并未产生多少影响。我们在本书第 3 章将会看到，美国政府在货币政策上的失败导致了大萧条的爆发；其实自建国以来，政府在货币领域就一直在行使权力。然而，不论是当初还是现在，人们都没有认识到政府对大萧条的爆发应负有的责任。相反，人们普遍认为，大萧条的爆发正是自由资本主义体制的失败所导致的。这种谬论使普通民众与知识分子一道，对政府与个人之间相对责任的认识发生了转变。此前，人们普遍强调个人责任，强调个人应对自己的命运负责；而现在却强调，个人不过是棋局中的一枚棋子，无足轻重，只能听凭外界力量的摆布。此前人们认为，政府的角色应当是裁判员，其作用是防止个人之间彼此伤害、相互强制；而现在却认为，政府的角色应当是家长，既是家长，就有义务强迫一些人帮助另外一些人。

在过去的半个世纪里，这种思想观念已经左右了美国的发展方向。从地方到联邦，各级政府的规模都在扩大，权力都在扩张；同时，权力和权限不断从地方政府向中央政府转移。政府逐渐承担起了收入再分配这一任务，打着保障、平等的旗号，从一部分人手中拿出钱来转发给另一部分人。为了"管理"我们"在工业和社会进步方面取得的成果"，政府接二连三地制定各种政策。这样做，其实是把杰斐逊的名言完全颠倒过来了（见第 7 章）。

这样做本是出于好意，而且主要还是为了增进个人利益。但是，即便是最支持福利的父爱主义国家的人也不得不承认，实践的结果并不令人满意。就像在市场上一样，在政府领域，似乎也有一只看不见的手，但其作用方向与亚当·斯密提出的那只手恰恰相反：一个人若想通过加强政府干预来促进公共利益，那么他便会"受着一只看不见的手的指导"来增进私人利益,而这却是"并非他本意想要达到的目的"。这一结论,将在本书各章中得到确凿而彻底的证明。我们将详细探讨政府运用其权力进行干预的各个领域,诸如追求社会保障(见第4章)、追求平等(见第5章)、促进教育(见第6章)、保护消费者(见第7章)、保护工人(见第8章)、防止通货膨胀和促进就业(见第9章)等。

用亚当·斯密的话来说,到目前为止,"每个人改善自身境况的一致的、经常的、不断的努力,是社会财富、国民财富以及私人财富所赖以产生的重大因素。这不断的努力,常常强大得足以战胜政府的浪费,足以挽救行政的大错误,使事情趋于改良。譬如,人间虽有疾病,有庸医,但人身上总似有一种莫名其妙的力量,可以突破一切难关,恢复原来的健康"。[3][⊖]迄今为止,亚当·斯密提出的看不见的手仍然是强有力的,其强大足以消除政治领域里那只看不见的手所起到的削弱作用,克服其带来的恶果。

近年来出现了增长放慢、生产率下降的现象,这自然引发了一个疑问,即如果我们继续授予政府更大的权力,同时为了我们自身的利益,继续授权给公仆这一"新阶层",把我们的钱财更多地交由他们支配的话,那么私人的创造力能否一如既往地消除政府管制带来的削弱作用呢?或者说,能否一如既往地克服其恶果呢?我们的答案是,一个日渐强大的政府,迟早会毁掉自由市场机制带来的繁荣,迟早会毁掉《独立宣言》中以雄辩庄严的口吻宣告的人类自由。这一天的到来,也许比我们许多人所预料的要早得多。

当然,事情还没有发展到不可挽回的地步。作为美国国民,我们仍然可以自由选择,究竟要不要在"通往奴役之路"——弗里德里希·哈耶克(Friedrich Hayek)以此为其著作命名,该书见识深刻、影响深远——上减速慢行;或者,究竟要不要对政府权力施以更加严格的限制,从而更多地依靠自由个体之间的自愿协作来实现我们的目标。长期以来,人类大多陷于集权专制的苦难深渊,即便是今天,饱受集权专制之苦的人仍不在少数,难道我

⊖　此段转引自郭大力、王亚南先生译《国民财富的性质和原因的研究》(上卷),第316页,商务印书馆1972年版。——译者注

们还要再次陷入这一深渊而结束我们的黄金岁月吗？或者，我们是否应该运用我们的智慧、远见和勇气来改弦更张，从经验当中学习，从"自由的重生"中获益呢？

如果我们想要做出明智的选择，那就必须对美国政治经济体制的根本原则有一个透彻的理解。经济体制的原则即亚当·斯密提出的原则，它说明了一个高度复杂、高度组织化且运行平稳的经济体制，为何能够在没有中央命令的情况下发展繁荣起来；它说明了如何在不依靠强制的前提下实现人们之间的协作（见第1章）。政治体制的原则即托马斯·杰斐逊提出的原则（见第5章）。我们必须明白，用中央命令来代替自愿协作为何会带来种种弊端（见第2章）。我们还须明白，经济自由与政治自由之间的关系是何等密切。

值得庆幸的是，潮流在转变。在美国、英国和其他西欧各国，以及世界许多国家，越来越多的人认识到大政府的危害所在，越来越多的人对先前采取的种种政策表示不满。这一转变并不仅限于观念上，现实政治层面也开始有所转变。对议员们来说，持不同的论调乃至采取不同的行动，对其政治生涯越来越有利了。舆论导向也在发生重大转变，我们应当抓住机遇促成其事，说服民众更多地依靠个人主观能动性和彼此间的自愿协作，而不是依靠极端、彻底的集体主义。

在本书的最后一章，我们探讨了在民主政体之下，各种特殊利益集团为何还会凌驾于人民普遍利益之上。此外还探讨了，为了矫正这种后果，我们应当如何弥补制度上的缺陷；也就是说，我们如何才能既对政府施以限制，同时又使其能够履行基本职能（即保卫国家不受外国敌对势力的侵略和破坏；保护每一位公民免受其他公民的强制；裁决国内各种争端；使大家能够一致认可应当遵循的准则等）。

■ 注释

1. Adam Smith，*The Wealth of Nations*（1776）.（All page references are to the edition edited by Edwin Cannan，5th ed.（London：Methuen & Co., Ltd., 1930）.

2. *On Liberty*，People's ed.（London：Longmans, Green & Co., 1865），p.6.

3. *Wealth of Nations*，vol.I，p.325（Book II，Chap.III）.

第 1 章

市场的力量

Free to Choose

人们每天都会为了吃、穿、住，或者干脆为了享受而消费数不清的商品和劳务。我们想当然地认为，只要想买这些东西就总能买得到，而从未停下来想一想，究竟有多少人为了提供这些商品和劳务，付出了这样或那样的努力。我们从未思考过，街角的小卖店（或今天的超市）如何能将我们想买的物品都摆上货架，也从未思考过，我们大多数人如何能够赚到钱去买这些物品。

人们很自然地假定，必定有某个人在发号施令，以确保"适当"数量的某种"适当"的物品被生产出来，并摆在"适当"的地点。发号施令确实是一种协调众人活动的方法，通常在军队里就是如此。在军队中，将军下达命令给上校，上校给少校，少校给中尉，中尉给军士，军士给士兵。

但这种下达命令的方法，仅在很小的群体中才可能成为一种专门的或主要的组织方法。即便是家中最具家长制作风的一家之主，也无法完全通过命令来控制家庭成员的每项活动。也没有哪支庞大的军队可以完全通过命令来运作，军队里的将军显然无法掌握指挥最底层士兵的每一项行动所必需的信息。在军队命令体系的每一环节，下级军人（不论是军官还是普通士兵）都会根据具体的情形做出审慎的判断，而这些关于具体情形的信息，却是下达命令的长官所无法掌握的。命令必须辅之以自愿的配合，这种配合并不是很明显，同时也很微妙，但却是协调众人的活动所必需的更为根本的手段。

苏联通常被认为是通过命令组织起来的一个巨大的经济体，即中央计划经济，但这其中虚构的成分远多于现实。在苏联经济的每个层面上，都有自愿的协作来补充中央计划的不足或是抵消其刻板僵化的规定，当然，这些自发的举措有时是合法的，有时则是非法的。[1]

在农业方面，国家农场中全职工作的农业工人也可以利用业余时间在自家的小块土地上种植庄稼、饲养家畜，其收获或用于自家消费，或拿到相对"自由"的市场上出售。这些私人的小块土地在整个苏联的农业用地中所占的比例不足1%，但据说其产出却占全国全部农场产出的1/3（之所以说"据说"，是因为很可能有部分国家农场中的产出，像私人小块土地上的产出那样，私下里在市场上进行了交易）。

在劳动力市场上，人们很少被命令去从事某一特定的工作，在这一意义上鲜有对劳动力的实际指派。并且，不同的工作有不同的工资水平，个人可以根据自己的情况主动申请，这一点很像是资本主义国家。受雇之后也可能被解雇，当然也可以主动辞职去做自己更喜欢的工作。实际上有数不清的限制条件决定了谁在哪里工作，虽然有无数的地下工厂为广泛存在的黑市服务，但毕竟法律上是禁止任何人开业做老板的。主要依靠强制手段对劳动力进行大规模的分配是行不通的，况且也无法将个人的经营活动完全压制下去。

在苏联，各种工作的吸引力大小常常在于其能提供多少法外的或非法的兼职工作的机会。一位莫斯科居民家中若有哪个设备坏了的话，等国营的维修公司来修理，可能要好几个月。但他可以找一位兼职的修理工，那个人很可能就是在国营维修公司工作的。这样一来，自家的设备马上就可以修好，兼职的修理工也可以得到一笔额外的收入，如此对双方都有好处。

尽管与官方的意识形态格格不入，这些自发的市场因素还是日渐繁荣起来，因为要彻底灭绝这些因素的成本实在是太高了。私人的小块土地是可以被禁止，但只要想想20世纪30年代严酷的大饥荒就足以使人明白这样做的代价。现在，苏联经济很难再说是高效率的典型了，如果没有这些自发的（市场）因素的话它将在更低的效率水平上运行。近来在柬埔寨发生的状况令人痛心地表明，试图完全取消市场要付出多大的代价。

正如没有哪个社会可以完全依靠命令原则来运作一样，也没有哪个社会可以完全依靠自愿的合作来运作。每个社会都有一些命令的成分，当然其表现形式也多种多样。如军队征兵就是命令原则最直截了当的表现，禁止买卖海洛因或甜味素也是命令的一种表现，再有诸如指定被告终止或采用某种特定的行为这样的法庭秩序，都属命令之列。或者，在另一极端情形下，命令也可以表现得十分微妙，如通过对香烟课以重税来劝阻人们减少吸烟，这种做法即便不是命令也至少是一种暗示，是我们当中一部分人对另一部分人的暗示。

究竟是由于专断命令的刻板僵化导致了自愿交换活动的繁荣兴盛，从而使其主要采取地下活动的方式；还是以自愿交换作为主要的组织原则，而以或多或少的命令成分为补充？二者不同比例的搭配，相应的结果也大不相同。私下自愿交换的存在可以使一个命令经济体免于崩溃，勉强运行下去，甚至还能有所进步。但对一个主要以命令为特征的经济体所赖以建立的专制基础来说，私下的自愿交换并不能对这种专制有多大的削弱。相反，一个主要以自愿交换为特征的经济体，内在地具有促进经济繁荣和人类自由的潜质。可能在这两方面（经济繁荣和人类自由）它都未必能充分发挥出其潜力，但就我们所知，除非自愿交换成为组织的首要原则，否则没有哪个社会可以得到繁荣和自由。当然，我们要补充说明的是，自愿交换并非繁荣和自由的充分条件，这至少是迄今为止的历史给我们的教训。许多以自愿交换为首要原则组织起来的社会既没有得到繁荣也没有得到自由，即便它们在这两方面比许多专制社会取得了多得多的成就。但是，自愿交换却是繁荣和自由的必要条件。

■ 通过自愿交换进行协作

有一篇很有趣的文章叫作《铅笔的家世：讲给伦纳德 E. 里德先生的故事》，[2] 它以寓言的形式生动地说明了自愿交换如何使成千上万的人相互协作。"铅笔——所有能够读写的大人小孩都熟悉的普通木制铅笔"，里德先生用铅笔的口吻讲述了这个小故事。他以"没有哪个人……知道我是怎样制作出来的"这样奇特的语句开始他的讲述，随后他详尽地介绍了制作铅笔所要涉及的方方面面的工作。首先，必须得到所需的木料，"一棵生长在北加利福尼亚和俄勒冈的纹理笔直的雪松", 把它砍倒, 将原木运到铁路货站需要"锯子、卡车、绳子……以及无数的其他工具"。制造这些工具需要许许多多的人和各式各样的技艺:"要有人开采铁矿、炼铁炼钢, 然后制成锯子、斧子、发动机; 要有人种麻, 然后通过各种工序将其制成结实的绳索; 要有伐木场, 伐木场里有工人的床铺和脏乱的食堂……伐木场的工人喝的每一杯咖啡里, 不知道又包含了多少人的劳动!"

之后里德先生又讲到将这些原木运往木材加工厂之后的故事。要将原木加工成木板, 再把这些木板从西部的加利福尼亚运到东部的威尔克斯巴瑞, 也就是故事中的铅笔的制作地点。但到目前为止我们仅仅有了铅笔外面的木制笔杆。铅笔中的"铅芯"实际上根本就不是铅, 而是斯里兰卡产的石墨。经过许多道复杂的工序, 石墨才最终变成铅笔中的铅芯。

还需要一点金属, 即铅笔顶端的金属圈, 那其实是黄铜。"想想要多少人吧!"里德先生写道,"他们开采锌矿铜矿, 用自己的技艺把这些天然物炼成明光可鉴的黄铜。"

我们称作橡皮擦的那个东西在铅笔生意里叫作"插头", 一般认为那是橡胶做的, 但里德先生告诉我们, 橡胶仅仅是用来起黏合作用的, 真正起擦除作用的是"硫化油胶", 它是用硫氯化物和荷属东印度群岛(即现在的印度尼西亚)产的菜籽油通过化学反应制成的。

在叙述完所有这些过程之后,"铅笔"说道:"现在还有谁敢否认我前面的话呢? 在这个地球上没有哪个人知道我是怎样制作出来的!"

成千上万的人之所以参与到制作铅笔的过程当中来, 没有一个是因为他自己想要铅笔。他们当中有的根本就没有见过铅笔, 也不知道铅笔是用来干什么的。他们只是把自己的工作当成用来得到他们想要的商品和劳务的手段而已, 我们则为了得到自己想要的铅笔而生产了那些商品和劳务。我们每次去商店里买铅笔, 便是用自己的一点点劳动来交换那些为制作铅笔出过力的千百万人的每一份极少量的劳动。

更加让人感到惊奇的是，铅笔居然被制作出来了！没有人坐在指挥中心里对那些成千上万的人发号施令，也没有军警来执行这些从未发出的命令。那些人生活在世界各地，讲着不同的语言，信仰不同的宗教，甚至还相互敌视，但是这些都没有妨碍他们协作起来生产铅笔。这究竟是为什么呢？亚当·斯密在200 年前就给出了答案。

■ 价格的作用

亚当·斯密在其著作《国富论》中给出的极为重要的洞见便是：如果交易是自愿的，那么除非双方都认为自己能从交易中获益，否则交易便不会发生。可能是这个道理过于简单了，以致会对人产生误导。大多数经济学上的谬误源自对这一简单洞见的忽视，即认为馅饼就是那么大，一人所得必是他人所失。

这一重要洞见在两人之间的简单交易中是很明显的，但是要想搞明白它如何能够让生活在世界各地的人为了提高各自的收益而进行协作就困难得多了。

价格体系正是这样一种机制，它既不需要中央指令，也不需要人与人之间彼此沟通或相互喜爱就能够完成这一任务。当你买铅笔的时候，你并不知道这铅笔是白人造的还是黑人造的，是中国人造的还是印度人造的；当你买面包的时候，你也不知道磨成面粉的小麦是白人种的还是黑人种的，是中国人种的还是印度人种的。总之，价格体系使人们在生活中的某一方面和平地协作，而在其他方面则各走各的路。

亚当·斯密天才的灵光之处便是，他认识到价格产生于买者和卖者之间的自愿交易——简言之，产生于自由市场。价格体系协调着千百万人的活动，他们每个人都追求自身的利益，并且通过这种途径使每个人都过得更好。经济秩序产生于许多人行动的无意识的结果，而他们每个人都追求自身的利益。亚当·斯密的这一洞见在当时就是个令人感到惊讶的观点，在今天也同样如此。

价格体系运作起来如此有效、如此良好，以致大多数时候我们意识不到它的存在。直到价格体系运行受阻，我们才意识到它的好处，不过即便这时我们也很少认识到麻烦的根源所在。在 1974 年欧佩克实行石油禁运的时候和 1979 年伊朗爆发革命后的春夏两季，美国都曾出现过排队买汽油的现象，这便是价格体系运行受阻的显著例证。这两次事件中，美国进口原油的供给都发生了剧烈的波动。而同样的事件却没有导致德国人和日本人排队买汽油，而这两个国家的石油是完全依赖进口的。但是在美国，即便美国自己生产大量的石油，也无法让人们不排长队，这其中仅有的原因便是，政府部门管制下的法规不允许价格机制正常运作。在某些地区，油价通过命令被强行压到低于能使加油站可供的油量与消费者想买的油量均等的价格之下。供给是通过命令在国内各地区之间进行分配，而不是对价格中反映出的需求压力做出反应。结果便是，有的地区出现了过剩，有的地区则出现了短缺并伴之以排长队的现象。平稳运作的价格机制多年来保证了每一位消费者只要等待片刻就能够在任一加油站方便地买到汽油，但这一机制却被一种官僚主义的即兴决策取代了。

在组织经济活动方面，价格机制可以发挥三种功能：第一，价格可以传递信息；第二，价格提供激励，使人们采用成本最低的生产方式，把可用的资源用于最有价值的目标；第三，价格决定了人们从产出中获得多少，即收入分配。这三方面的功能是密切相关的。

传递信息

现在我们假定，不管出于何种原因，对铅笔的需求增加了（可能是由于生育高峰导致学校的招生数量增加）。零售商发现铅笔的销量越来越大，于是便会从批发商那里订购更多的铅笔，然后批发商也会向厂家订购更多的铅笔，之后铅笔生产厂家也会订购更多的木料、黄铜、石墨以及各种制作铅笔所需要的投入品。为了使各种原料的供给者生产得更多，铅笔生产厂家就只能出更高的价钱。更高的出价诱使各种原料供给者加大劳动力的投入以满足更高的需求，而为了雇用更多的工人，他们就只能提高工资水平或改善工作条件。信息的传递如同涟漪一样一环一环地扩散开来，使世界各地的人们都知道对铅笔的需求增加了，说得更确切一点，他们都知道对自己所生产的产品的需求增加了，而他们可能不知道也不必知道这究竟是何原因。

价格体系只传递重要的信息，并且只传递给需要这些信息的人。例如，木材制造厂商不需要知道铅笔需求的增加是因为生育高峰，还是因为 14 000 多份政府表格需要用铅笔来填写，甚至不需要知道铅笔的需求增加了。他们只需要知道有人愿意出高价购买木材，并且这种高价会持续足够长的时间从而使得满足这种需求有利可图就行了。这两条信息都来自市场价格，前者来自现价，后者来自期货价格。

有效率地传递信息的关键问题在于，确保每个能够利用这一信息的人都能够无障碍地得到它，而不要被那些对其毫无用处的人所阻滞。价格体系能自动解决这一问题。传递信息的人有动力去寻找那些能够利用这些信息的人，并且他们能够成功地做到这一点；能够利用这些信息的人有动力去得到这些信息，并且他们也能够成功地做到这一点。铅笔生产厂家与那些出售木材的人打交道，并且总是试图找到以更低的价格出售更好的木材的人。同样，木材生产者与各个顾客打交道，也总是希望找到更好的买主。从另一方面来看，当前并不从事这些生产活动并且在将来也不打算从事的人则不会关心木材的价格，他们对此置之不理。

如今，由于有组织良好的市场和各种专业化的通信设施，通过价格进行的信息传递变得大为便利了。浏览一下《华尔街日报》上每天都发布的物价行情表便可感受到这一点，更不必说为数众多的专业化的贸易出版物了。这些价格几乎同步反映了全世界的行情。在某个遥远的主要产铜国家发生了革命，或者出于其他某个原因铜的生产突然中断，那么铜的时价自然会马上飙升。若想进一步知道熟悉行情的人所预期的铜的供给受到的影响会持续多长时间，你只要看看同一版中的期货价格就可以了。

即便是《华尔街日报》的读者，大多也只关心少数几种价格，而对其他的价格置之不理。《华尔街日报》之所以提供这些信息，并不是出于利他主义的考虑，也不是它意识到这些信息对经济的运行是何等重要。使它提供这些信息的，正是那个它为其运作提供便利的价格体系。它发现，发布这些价格可以给它带来更大的发行量和更多的利润，而这一信息是另一套价格传递给它的。

价格并非仅在从终端消费者到零售商，再到批发商、生产厂家、资源拥有者的途径中传递信息，它也以其他的途径传递信息。假设一场森林火灾或工人罢工导致了木材供给的减少，由此木材的价格自然会上涨。这使得铅笔生产厂家明白，减少木材的使用量是划算的，并且除非铅笔能卖到更高的价钱，否则生产与以前同样的数量是不划算的。铅笔产量的缩减使零售商能索要更高的价格，这更高的价格会告诉终端消费者，他只有把铅笔用到尽可能短才划得来，或者干脆改用自动铅笔。在这里，消费者仍然不必知道铅笔为何会涨价，他只要知道铅笔涨价了足矣。

任何阻碍价格自由地反映供求状况的因素都将影响到信息的准确传递。这方面的一个例子是私人垄断，即只有一个生产者或几个生产者串谋结成卡特尔从而对某一商品实行控制。这并不妨碍价格体系传递信息，但是它歪曲了所传递的信息。1973 年，石油卡特尔控制下的油价翻了 4 倍，这一价格就传递了非常重要的信息。然而，这一信息并不表明原油供给的突然减少，也不表明突然发现了某种会影响到未来原油供给的新技术，也不反映任何能影响到石油或其他能源供给的自然或技术因素的变化。这一价格传递的信息仅仅是，一些国家成功地组织实施了一次冻结价格和瓜分市场的活动。

接下来美国政府实施的对石油和其他能源的价格操纵，使得有关欧佩克卡特尔所造成的影响的信息无法准确地传递到石油消费者那里。结果是，一方面由于阻止石油涨价从而使美国的消费者没有及时节省使用石油，这进一步强化了欧佩克卡特尔的影响；另一方面主要引入了命令因素以分配稀缺的石油供应（1979 年单是一个能源部就花掉了 100 亿美元，雇用了 20 000 多人）。

当前对自由市场体制进行干涉的主要是政府，其对价格体系的扭曲像私人导致的扭曲一样严重。政府通过关税或其他种种限制来干涉国际贸易，运用种种手段冻结或影响包括工资在内的各种价格（见第 2 章），对某些特殊行业实行政府管制（见第 7 章），运用货币政策和财政政策导致反复无常的通货膨胀（见第 9 章），还有许许多多其他的干涉途径。

反复无常的通货膨胀导致的主要消极后果之一，便是使价格在信息的传递上变得呆滞而不再灵敏。比方说，木材的价格上涨了，但是木材生产者却无法搞清楚这究竟是通货膨胀导致的所有物价上涨所致，还是当下对木材的需求增加了，或是在价格上涨前与其他产品相比木材的供给不足所致。对于组织生产来说，最重要的信息首先是相对价格，即一种物品与另一种物品的价格之比。较高的通货膨胀，尤其是极度不稳定的通货膨胀，却使这种相对价格的信息变得毫无用处。

激励

除非人们有动力根据信息采取行动，并且采取正确的行动，否则确切信息的有效传递就会变得毫无用处。在前面的例子里，除非木材生产者有某种动力对木材价格上涨做出反应，即生产更多的木材，否则单单告诉他木材的需求增加了是没有用的。自由价格体系的好处之一便是，它传递的信息既提供了做出反应所需的激励，也提供了这样做的方法。

价格的这一功能与它的第三种功能（即决定收入分配）有密切的联系，并且如果不考虑收入分配功能就无法得到解释。木材生产者的收入（也就是生产活动的所得）取决于销售额与生产成本之间的差额。他会平衡二者之间的关系，使生产处于如下状态：再多生产一点产品带来的收益与带来的成本相等。而产品价格的提高改变了这一边际状态。

一般来说，生产得越多，生产成本也就越高。比方说，为了扩大生产，不得不去采伐那些难以接近或者长在荒僻之处的树木，或者不得不雇用技艺生疏的伐木工人，或者只好开出更高的工资从其他行业吸引熟练工人。不过，现在较高的木材价格使他能够承受较高的成本，也就是说，价格既提供了增加产量所需的激励，也提供了相应的方法。

价格不但能够提供激励使木材生产者对木材需求增大做出反应，也同样能够提供激励使铅笔生产厂家采取更有效率的生产方法。假定某种木料变得稀缺从而比其他木料更加昂贵了，铅笔生产厂家通过该种木料价格上涨的现象得到了这一信息。由于铅笔生产厂家的收入同样是由销售额与生产成本之间的差额决定，于是便有动力节省使用该种木料。我们来看另外一个例子，伐木者使用链锯还是手锯，取决于这两种工具的价格、各自相应的劳动量以及两种不同劳动的工资水平等因素。于是伐木企业便有动力去获得相关的技术知识，并将其与各种价格传递的信息综合起来考虑，以使成本最小化。

不妨再举一个更加奇特的例子来看看价格体系的微妙之处。1973 年，欧佩克卡特尔发动的油价上涨提高了使用链锯的成本，从而使人们略微倾向于使用手锯。如果读者觉得这二者之间似乎有些风马牛不相及，那么不妨考虑一下油价上涨对木材运输卡车的影响，一种使用柴油内燃机，另一种是汽油内燃机，其影响不言而喻。

再进一步，在允许的范围内，油价上涨使那些消耗石油较多的产品与消耗石油较少的产品相比，相对成本提高了。消费者自然有动力转而使用消耗石油较少的产品。最明显的例子便是从大型轿车转向小型轿车，从使用石油产品加热和取暖转而使用煤炭和木柴。我们不妨更进一步来看看油价上涨更为深远的影响：由于木材生产成本的提高，或者由于将木材作为一种能源替代品而对其需求增加，从而在一定范围内使木材的价格上涨，由此导致的铅笔价格上涨，这将激励消费者节省使用铅笔！如此下去，油价上涨带来的影响不断延伸，以至无穷……

至此，我们仅讨论了价格变化给生产者和消费者带来的激励作用，实际上它对工人和其他生产资料所有者也同样起作用。对木材需求增大会使伐木工人的工资上涨，这便是一个信号，即这种劳动力的需求较以前增大了。眼下，某些认为伐木与做其他工作相比无甚差别的工作者便会选择当伐木工，更多进入劳动力市场的年轻人也可能会成为伐木工。在此，政府干预（如最低工资）或行业工会干预（如进入限制）都会扭曲价格传递的信息，或者说使个体无法根据这一信息自由地采取行动（见第 8 章）。

价格有多种表现形式，各行各业中的工资、土地的地租、资本投入各种用途所得的回报等都属于广义的价格，但是价格所传递的信息并非我们决定如何使用某种资源所需的唯一信息。甚至它传递的也不能说是最重要的信息，尤其是在决定如何使用劳动力这种资源时更是如此。在决定如何使用自己的劳动力的时候，除了考虑工资水平之外，我们还会考虑个人兴趣和个人能力等因素，正如伟大的经济学家阿尔弗雷德·马歇尔（Alfred Marshall）所谓的"权衡某个职业的全部利弊，包括钱的因素也包括钱之外的因素"。如果对某项工作的内容和性质比较满意，那么工资低一些或许也是可以接受的。反之，如果工作本身并不能使人满意，那么可能就要较高的工资才能够加以弥补。

收入分配

正如我们所知，每个人通过市场交易赚得的收入，取决于他出售商品和劳务所得的毛收入减去为生产这些商品和劳务所花费的成本。销售毛收入的绝大部分直接支付给了各种生产要素，给工人的工资、使用土地或房屋的租金以及其他资本的投资回报。在企业家（比方说铅笔生产厂家）的例子当中情况也是如此，区别只是形式上的，其实质是一样的。企业家赚得的收入同样取决于他拥有各种生产要素之多寡，以及各种生产要素的市场价格，当然在这里他拥有的最重要的生产要素，可能就是组织一家企业、协调各种生产资源、承担风险所需的"企业家才能"。他可能也拥有一些其他的生产要素，那么他赚得的收入中有一部分便来自那些要素的市场价格。类似地，现代公司的出现并没有改变这种状况。我们平常随意地说"公司收入"或某个"企业"有收入之类的话，这其实只是一种比喻的说法。实际上，公司仅是一个中介，将公司所有者（股东）和所有者购买的各种生产要素（除股本之外的要素）联系起来。最终真正获得收入的还是人，他们通过市场从其各自所拥有的生产要素中获得报酬，生产要素可能是公司股票、公司债券，也可能是土地或个人才能。

在一个像美国这样的国家里，主要的生产要素就是个人的生产能力，即经济学家所谓的"人力资本"。在美国，通过市场交易产生的总收入中约有 3/4 体现为雇员的报酬（工资、薪金和补贴），剩下的 1/4 中约有一半是农业和非农企业所有者的收入，这部分收入既包括其资本所得也包括其个人劳务所得。

诸如工厂、矿山、写字楼、购物中心、公路、铁路、机场、轿车、卡车、飞机、轮船、堤坝、炼油厂、电厂、住房、电冰箱、洗衣机等不胜枚举的实物资本的积累，是促进经济增长的关键。如果没有这些积累的话，我们现在享受到的经济增长就绝不会发生。如果没有持续不断地对实物资本积累的继承，那么一代人所创造的财富就会被下一代挥霍殆尽。

但是，人力资本的积累对经济增长同样是十分重要的，知识与技能的提高、身体更加健康、人均寿命延长都是人力资本积累的表现形式。而且，人力资本的积累与实物资本的积累，二者是相互促进的。实物资本提供了生产工具，使人们的生产效率大大提高；人力资本的积累，使人们能够发明新型的实物资本，能够学会如何使用并最大限度地利用实物资本，能够在更大的规模上整合利用人力资本和实物资本，这反过来又使实物资本的生产效率提高了。对实物资本和人力资本，我们都应加以重视并注重更新换代。谈到更新换代，这对于人力资本而言要比实物资本更为困难，代价也更加高昂，这也是人力资本回报的增长速度远高于实物资本回报的主要原因。

我们每个人所拥有的各种资源数量之多寡，部分是运气使然，部分是我们自己或他人选择的结果。运气决定了我们的家庭出身和成长的文化环境，由此也决定了我们发展自身体力和智力的机遇；运气也决定了我们从父母或慈善家那里能够继承而来的其他资源。不同的运气，可能使我们手中的初始资源得到增强，也可能使之毁于一旦。但是，选择仍然起了重要的作用。我们决定如何利用我们手中的资源，比方说，是努力工作还是得过且过，是进入这个行当还是进入另一个，是从事这种冒险还是从事另一种，是储蓄还是消费等，不同的选择决定了我们究竟能使自己的资源增强增多，还是使其消耗一空。同样，我们的父母、其他慈善家，以及千千万万与我们并无直接关系的人都会做出决定——如何利用其手中的资源，而这些都会对我们所继承的资源产生影响。

我们拥有的资源的市场价格同样是由运气与选择共同决定的，而且这两种因素常常纠缠在一起，很难分得清楚。弗兰克·辛纳特拉（Frank Sinatra）的嗓音在 20 世纪的美国深受欢迎，但如果他碰巧生在 20 世纪的印度并在那里生活的话，他还会同样受欢迎吗？在美洲，捕猎是十八九世纪备受推崇的技艺，但到了 20 世纪，人们对它的推崇就远不如前了。在 20 世纪 20 年代，棒球运动员凭其技艺获得的报酬要比篮球运动员多得多，但到了 20 世纪 70 年代，情形就颠倒过来了。在上面这几个事例当中，都是既有运气的因素也有选择的因素，不过决定各种技艺的相对市场价格的主要因素是消费者的选择。但是，我们通过市场从手中的资源获得的收入同样也取决于我们自己的选择，比方说，我们选择在何地居住，选择如何利用我们的资源，选择将手中资源所能提供的服务售与何人，等等。

在任一社会里，不论其采取何种组织方式，总有人对收入分配感到不满。我们为什么比别人挣得少？他们看起来似乎也不该挣那么多；或者，我们为什么比许多人挣得多？他们想要的和我们一样多，而且他们似乎也不该比我们挣得少。对这些问题，我们都感到很难理解。人总是这山望着那山高，所以我们就责怪现行的制度体系。在命令体系中，我们的嫉妒与不满直接瞄准统治者；在自由市场体系中，就瞄准市场。

由此产生的结果之一便是试图将价格体系的收入分配功能与另外两个功能（传递信息和提供激励）分割开来。过去的几十年里，在美国和其他一些主要依靠市场机制的国家，许多政府措施致力于改变由市场导致的收入分配状况，旨在建立一个不同的、更加平等的收入分配体系。关于向这方面努力的呼声很高，势头依然强劲。我们将在第 5 章仔细讨论这一问题。

我们希望用价格体系来传递信息、提供激励，又不希望用它来影响（即便不是完全决定）收入分配，不论我们如何想望，这都是不可能的。如果一个人的所得并不取决于他手中资源所提供的服务的市场价格，那么他又有何动力去寻找价格传递的信息，并根据这一信息采取行动呢？如果雷德·阿代尔（Red Adair）冒险去堵塞泄漏的油井所得的报酬和他不去做这件事所得的报酬一样多，那他为什么要去完成这项危险的任务呢？当然他也可能出于寻求刺激去做一次，但是会将其作为主要从事的工作吗？如果你无论努力工作与否都挣得一样多，那你为什么要努力工作呢？如果不能从中获利的话，你为何还要努力寻找愿意出价最高的买主将手中的资源卖给他呢？如果人们并不能从积累资本中获得好处的话，为何要将现在就能实现的享乐推后呢？人们为何要储蓄呢？现存的实物资本是如何靠人们的自愿节制而积累起来的呢？如果持有资本并不能带来任何回报的话，人们为何不把他们积累或继承而来的资本挥霍一空呢？如果我们不让价格体系发挥其影响收入分配的作用的话，那么它也就无法发挥其他的作用。如果不要价格体系，那么除了命令体系之外我们别无选择。那样的话，只能由某个权威机构来决定由谁生产，生产什么，生产多少；只能由某个权威部门来决定谁该去清扫大街，谁该去管理工厂，谁该去当警察，谁该去当医生。

在一些国家里，价格体系的这三种功能之间的密切联系是以另一种方式表现出来的。这些国家的全部意识形态集中在以下两点：一是在资本主义制度下劳动者受到了剥削；二是按照马克思"人尽其能，按需分配"的理念建立起来的社会具有无比的优越性。但是，由于无法使一个纯粹的命令经济得以运行，因此就不可能把收入分配功能从价格体系中剔除出去。

在土地与房屋等实物资本的占有上，一些国家实行了由政府所有的公有制。但是这样一来的结果便是，缺乏激励和动力去维护和改善实物资本。如果某种资源为全民所有，也就没有人有兴趣去维持或改善它的状况。因此，苏联的建筑物（就像美国的公共房屋一样）在落成后一两年之内就变得破旧不堪；国营工厂里的机器设备总是出故障，需要不断地维修；老百姓个人所需的资源也十分紧缺。

在人力资本方面，这些政府则允许人民在一定程度上"自己占有自己"，允许人民做出自己的决策，同时也让价格来影响和引导人民的决策并决定收入分配。政府可以扭曲价格，使其无法成为自由市场价格体系，却无法消除市场的力量。

计划经济导致了明显的经济效率低下，于是在苏联、捷克斯洛伐克、匈牙利、中国等社会主义国家，计划者们对更好地利用市场来组织生产的可能性进行了讨论。在一次东西方经济学家的学术会议上，我们听到了一位来自匈牙利的经济学家精彩的演讲。他自己又重新发现了亚当·斯密的"看不见的手"，这确实是一个了不起的思想成就，不过可能显得有些多余。然而，他试图改进这只"看不见的手"，希望用价格体系来传递信息并有效率地组织生产，但是不要它来决定收入分配。不用说大家也知道，他在理论上失败了。

■ 更为宽广的思路

人们一般认为亚当·斯密的"看不见的手"指的就是为了赚钱而买卖商品和劳务。但是经济活动绝非人类生活的唯一领域，无数个人为了追求自身的利益而相互协作，这种协作的无意识的结果，便是在人类生活中建立起错综复杂的结构。

语言便是一例，它是一种不断发展变化的复杂结构。语言有明确的规则，然而却没有一个中央机构对其进行规划。谁都无法决定哪些词汇应该进入语言当中，语法规则应该是什么样的，哪些是形容词，哪些是名词。法兰西学院确实试图控制法语的发展变化，但这一做法也是后来才发展起来的；在法语早已成为一种结构复杂的语言之后，该学院才成立，而且它也主要是对法语所发生的变化表示认可，却无法对其进行控制。其他语言很少有类似的机构。

语言是如何发展起来的呢？在很大程度上，语言的发展和经济秩序的发展模式是一样的，经济秩序是从无数个人经由市场的自愿相互作用中发展起来的，同样，语言就是从无数个人交换思想和信息当中，或者干脆就是从闲聊当中发展起来的。在这一过程中，某个词汇被赋予某种义项，随着需要的发展，不断加入新的词汇；语法逐渐发展起来，之后被人们整理编纂为语言规则。想要相互交流的两个人会发现，如果他们对词汇的含义有一致的理解，那么彼此交流起来就会很方便，随着越来越多的人发现这种一致的理解有助于交流，那么这些词汇的用法就会传播开来，随后就被收入字典当中。在这一过程中根本没有任何强制，也不存在一个有权发号施令的中央计划者，尽管近来政府的学校教育体系对语言的规范使用开始发挥重要的作用。

这方面的另一个例子是科学知识。诸如物理学、化学、气象学、哲学、人类学、社会学、经济学之类，各种学科的结构并非某个人精心决策的产物。科学知识是"长成的"，而不是"造出来的"，之所以如此，是因为学者们感到这样很方便；它也不是固定不变的，而是随着不同的需要发展变化。

任何学科的成长都与经济中市场的成长极其相似。学者们相互合作，是因为他们发现这样对双方都有好处。如果发现其他人工作中的某些内容对自己有用，他们就会接受；他们通过口头交流，相互传阅未经发表的论文，在学术期刊上发表论文或者出版学术著作等方式来交换各自在学术上的发现。学术上的合作是世界范围的，正如经济市场中的合作一样。在学术研究上希望得到同行们的认可和敬重，就好比在经济市场上希望获得金钱报酬一样。学者们渴望赢得他人的尊重，渴望自己的工作得到同行们的认可，这就促使他们沿着科学上有效率的方向来从事学术研究。学者们在他人工作的基础上继续发展，由此整体便大于部分之和。正如汽车是商品自由市场的产物一样，现代物理学是思想观念自由市场的产物。特别是近来一段时期，和语言遭遇的境遇一样，科学知识的发展再次受到政府介入的影响，政府的介入既影响了可资利用的学术资源，也影响了所需要的知识门类。不过目前政府在这方面的作用还是次要的。实际上，这种情形具有讽刺意义的一点是，很多学者清醒地意识到了中央政府对科学知识的规划给科学进步带来的危险，以及科学知识的发展首先来自上级部门的指示，而不是来自科学家们自发的研究和探索带来的危险，而这些学者，正是强烈主张政府对经济活动进行中央计划的。

　　一个社会的各种价值观念、文化、社会习俗等，都是以同样的方式发展起来的，都是通过自愿的交换和自发的协作成长起来的，都是通过试错过程及接纳和拒绝的过程演化而来的复杂的结构体系。没有哪位君主曾颁布谕令，要求加尔各答的居民所欣赏的音乐类型应当和维也纳居民所欣赏的有根本区别。各种各样的音乐文化以一种类似于生物演化的社会演化方式发展起来，并没有谁对其发展进行"计划"。当然，个别君主甚至某些民选政府确曾像一些有钱人那样对某个音乐家进行赞助，或对某种音乐加以倡导，以此来影响音乐的社会演化过程。

　　无论是语言、科学发现、音乐形式，还是经济体制，这些复杂的结构都是经由自愿的交换和自发的协作产生的，并且都以各自的方式发展变化，在不同的情形下，它们可以采取不同的表现形式。自愿交换在某些方面可以产生一致性，同时在其他方面则产生多样性。这种演化是一个微妙的过程，对其大概的运行规律我们很容易把握，但其中详细的结果却鲜有人能够预知。

　　上面这些例子不仅表明自愿交换是广泛存在的，而且还表明"私利"这个概念的含义也应当从更宽广的角度来理解。狭隘地专注于经济市场，导致了对私利一词狭隘的理解，即理解成缺乏远见的自私自利，仅仅关注直接的物质回报。经济学也受到了批判，因为它声称仅从一个"经济人"的概念出发，便可得出一长串结论，而"经济人"比一台计算机强不了多少，仅对金钱的刺激才有反应。但这是一个极大的误解。私利并不是目光短浅的自私，凡是人们感兴趣的，凡是人们所珍爱的，凡是人们所追求的，都是私利。科学家希望自己在学科中的前沿领域取得进展，传教士希望将异教徒转化为虔诚的皈依者，慈善家希望能给需要帮助的人带来舒适的生活，他们都是在追求自身的利益；以他们自身的价值观来判断，他们认为这就是其利益所在。

■ 政府的作用

政府是从哪里走进我们的视野的？在一定程度上，政府是自愿协作的一种形式，是人们选择的用来实现某些目标的一种途径；之所以选择政府，是因为他们认为政府是实现那些目标最有效的途径。

最清楚不过的例子便是地方政府，因为人们可以自由地选择在何处居住。当你选择在某地居住时，可能会考虑当地政府所提供的服务。如果当地政府所从事的某些活动你不赞成或者不愿为之纳税，而且这些活动的数量比你赞成并愿意为之纳税的活动还要多，那么你就可以"用脚投票"——搬到其他地方去住。只要有其他"备选的"政府，那么它们之间便会有竞争，尽管这种竞争有限，可毕竟是实实在在的。

实际上政府却并非仅限于提供服务。人们普遍认为政府是唯一合法地使用暴力或暴力威胁的机构，换言之，政府在合法使用暴力上有垄断权，而我们中的某些人对另一些人通过暴力合法地施以限制正是通过这种垄断权来实现的。随着时间的流逝，绝大多数社会中的政府在其更为根本的作用（即提供服务）上发生了极大的变化，并且每一时刻在各个社会中也大不相同。本书余下的大部分篇幅将讨论近几十年来美国政府在这方面是如何变化的，并讨论政府的各种活动所导致的后果和影响。

在此粗略的框架下，我们先来考虑另外一个不同的问题。在一个社会中，如果其成员（可以是个人、家庭、自愿结成社群的成员或有组织的政府治下的公民等）渴望得到最大限度的自由选择权，那么应当让政府扮演什么样的角色？

其实亚当·斯密在 200 年前就给出了答案，要想比他回答得更好，恐怕很难，斯密的回答是：

一切特惠或限制的制度，一经完全废除，最明白最单纯的自然自由制度就会树立起来。每一个人，在他不违反正义的法律时，都应听其完全自由，让他采用自己的方法，追求自己的利益，以其劳动及资本和任何其他人或其他阶级相竞争。这样，君主们就被完全解除了监督私人产业、指导私人产业、使之最适合于社会利益的义务。要履行这种义务，君主们极易陷于错误，要行之得当，恐怕不是人间智慧或知识所能做到的。按照自然自由的制度，君主只有三个应尽的义务——这三个任务虽很重要，但都是一般人所能理解的。第一，保护社会，使之不受其他独立社会的侵犯。第二，尽可能保护社会上各个人，使他们不受社会上任何其他人的侵害或压迫，这就是说，要设立严正的司法机关。第三，建设并维持某些公共事业及某些公共设施（其建设与维持绝不是为了任何个人或任何少数人的利益），这种事业与设施，在由大社会经营时，其利润常能补偿所费而有余，但若由个人或少数人经营，就绝不能补偿所费。[3]⊖

政府的前两项义务是清楚且直接的：保护社会中的个体免受来自外部或内部其他成员的强制。如果没有这种保护，我们不可能真正自由地选择。比方说，手持利刃的匪徒问我"要钱还是要命"，这也是让我选择，但谁都不会认为这是一种自由选择，也不会认为我与匪徒接下来的交易是一种自愿交换。

当然，说某一机构（尤其是某一政府机构）"应当"为何种目标服务是一码事，而客观地描述其实际上为何种目标服务则是另一码事，关于这一点读者将在本书中多次看到。负责建立某一机构之人与实际操纵这一机构之人，其意图往往相去甚远；同样重要的是，不同的意图导致的不同结果往往也大相径庭。

军队和警察是保护我们免受来自外部和内部的强制所必需的，但是他们并不是总能成功地保护我们，并且他们所拥有的力量有时也被用于实现其他完全不同的目的。确切地说，达到并保持一个自由社会的主要问题便是，怎样才能确保我们为了保护自己的自由而授予政府的强制力量仅为保护我们的自由服务，而不致成为对自由的威胁。美国的建国者们在起草宪法时曾为此耗费了大量心血，而我们对此却渐渐忽略了。

⊖ 此段转引自郭大力、王亚南先生译《国民财富的性质和原因的研究》（下卷），第 253 页，商务印书馆 1974 年版。——译者注

　　亚当·斯密提出的政府的第二项义务，不仅仅是指公安部门保护人们免受身体的强制，而且还包括"严正的司法机关"。任何复杂的或历时较长的自愿交换都不可避免地会有含混不清之处，而世上又没有足够多的文字材料，能够把每次交易中可能出现的各种情况都提前交代得一清二楚，或者把每次交易中各方的义务描述得分毫不差。因此必须要有某种方法来调解争端，这种调解本身可以是自愿自发的，并不需要政府的介入。在当今的美国，大部分源自商务合同的争端由私人仲裁者来决断，而这私人仲裁者的选择程序是事先就明确了的。由此广泛的私人司法体系便应运而生。但是上诉的终极法庭则是由政府司法体系提供的。

　　政府在这方面的作用还包括，通过采纳并批准某些一般性的规则——即一个自由社会里的公民们进行经济和社会博弈的规则，来促成自愿交换的顺利进行。最明显的例子便是明确私人财产权概念的含义。如果你驾驶着飞机从我屋顶上空 10 英尺$^{\ominus}$的地方飞过，那么你是否"擅自闯入"并侵犯了我的财产权呢？若是 1000 英尺呢？ 3000 英尺呢？在此，我的财产权止于何处，你的财产权始于何处，并没有一个"天然的"界限。社会对产权的一般规则达成一致，主要是靠普通法的成长和发展来实现的，当然，近来立法在这方面发挥的作用日益增强。

　　亚当·斯密提出的政府的第三项义务，引起的麻烦最多。斯密本人认为该项义务只是一个很小的领域，孰料自他提出这项义务之后，就有人用它来论证极其广泛的政府活动是合理的。在我们看来，斯密提出的这一点道出了旨在保护和增进一个自由社会的政府所负有的正当义务；但它也可以被解释成是为政府权力的无限扩张而辩护。

　　由于依靠严格的自愿交换生产某些商品或劳务的成本过高，因而政府在这方面的义务是有其合理性的。我们来看一个简单的例子，这是从斯密本人对第三项义务的描述中直接演绎出来的：城市的街道和人人皆可使用的公路是可以

　　$\ominus$　1 英尺 =0.304 8 米。

由私人的自愿交换来提供，通过收取过路费来弥补其成本。但是，与修建和维护街道或公路所需的成本相比，收取过路费引发的各种成本往往更为巨大。这是一项"公共工程"，即它可能不会"对任何个人有利……虽然这"可能对"一个大的社会"来说是非常值得去做的。

　　经典的"烟尘污染"案例或许更为隐晦，它涉及对"第三者"的影响，所谓第三者，是指那些并未参与某项具体交易的人。其大意为，你家烟囱喷出的烟尘弄脏了某个第三者（如过路的行人）的衣领，而这并不是你有意要做的，你并不想给他带来某种成本（如清洗成本）。当然，如果你肯赔偿的话，可能他会愿意让你弄脏他的衣领，可问题是你无法弄清究竟有哪些人受到了这种影响，而他们也无法弄清究竟是谁家的烟尘弄脏了自己的衣领，从而也就无法要求你个人对此进行赔偿，也无法和你达成某种协议。

　　当然，你的行为对第三者产生的影响也有可能给他们带来好处而非坏处。比方说，你把自己的住宅装饰得很漂亮，从而每个过路的行人都能享受到这一美景。可能他们是愿意为享受这一美景而付出些什么的，但你同样无法因为人家看了你院子里漂亮的鲜花就向他们收费。

　　用经济学术语来说，由于存在"外部的"或"邻里的"影响，即我们无法（也就是说，成本太高）向受到影响的人赔偿或收费，从而出现了"市场失灵"，第三者被强加了并非出于自愿的交易。

　　几乎我们的一切所作所为都会产生某些第三方影响，不论这种影响有多么微小或多么遥远。于是，亚当·斯密提出的政府的第三项义务首先便遇到了尴尬的局面：它似乎可以用来支持政府采取的任何措施。但这是一个逻辑上的谬误，因为政府措施同样会产生第三方影响，由"外部的"或"邻里的"影响导致的"政府失灵"并不比"市场失灵"少。并且，如果这种影响对市场交易而言很重要的话，那么它对那些旨在纠正"市场失灵"的政府措施而言可能同样重要。私人行为之所以会产生第三方影响，主要是因为确定外部成本或外部收益是很困难的。如果能够很容易地确定是谁受到了伤害或得到了好处，受到了多少伤害或得到了多少好处，那么将非自愿交易转化为自愿交易就会很容易，至少很容易要求个人补偿。比方说，你开车不小心撞了人，那么人家就可以要求你赔偿损失，虽然这种交易并非出于自愿。再比方说，如果能够很容易地知道谁被你家的烟尘弄脏衣领，那么你就能够对其进行补偿，或者，他们就能够要你进行补偿以求你少排放些烟尘。

如果说，对于私人而言，确定谁对谁强加了成本或提供了好处是很困难的，那么对于政府而言，这同样困难。因此，政府旨在纠正这种状况的尝试最终很可能使情况变得更糟而不是更好，要么给无辜的第三方强加了成本，要么给幸运的旁观者带来了好处。而且，政府要开展这些活动就必须靠征税来解决资金问题，而征税会使纳税人受到影响，这本身又是一种第三方影响。此外，不论出于何种意图，政府权力的每一次扩大都增加了一分危险，即政府逐渐变成一部分人剥削另一部分人的工具，而不是为大多数公民服务。可以说，每项政府措施都背着一个会弄脏第三者衣领的"大烟囱"。

其实，自愿的安排能够容纳的第三方影响的能力比乍看之下要大得多。不妨举一个很小的例子，即付小费。在餐馆里给服务生付小费是一种社会习俗，这种做法能使拿了你小费的服务生也会给他人提供更好的服务，而那些人你可能并不认识也从未见过；反过来，另一些你并不知其姓名的第三方顾客付了小费，你也会因此得到更好的服务。不过，私人行为产生的第三方影响确实很重要，足以使政府为此采取措施。我们从滥用亚当·斯密提出的第三种义务来为政府行为辩护中得到的教训，并不是说一切政府干预都是不合理的，而是说那些支持政府干预的人要为其观点负责。我们应当大力发展检验手段，以对拟议的政府干预措施的收益和成本进行考察，在采取某项措施之前，应对其成本收益平衡有明晰的了解。我们之所以建议这么做，不仅是因为政府干预中的许多隐性成本很难估算，而且还出于一些其他的考虑。经验表明，某项政府活动一旦启动，就很难停下来；这项活动很可能不会"寿终正寝"，却极有可能不断扩大而非逐步废止，不断增加而非削减预算资金。

关于政府的第四项义务，亚当·斯密并未明确提出，即为那些我们认为其无法对自己的行为"负责"的社会成员提供保护。正如亚当·斯密提出的第三项义务一样，这一点也很容易遭到极大的滥用，但这却是无法避免的。

自由，仅对那些负责的个人来说，才是合理的目标。我们并不认为疯子和小孩应当拥有自由。我们必须采取某种办法在负责的人和其他人之间画出一条明晰的界限，然而这么做会给我们最终追求的自由这个目标带来更为根本的模糊性。对那些被划归为不能为其行为负责的人来说，我们不能不为其提供家长般的照顾和管教。

对于儿童，我们把他的责任首先划归给其家长。家庭（尽管其力量受到了明显的削弱，这是日益增长的政府包办行为所导致的最为不幸的后果之一）而非个人，过去一直是且现在也仍然是社会的基本单位。然而，将儿童的责任划归给其父母在很大程度上只能说是一种权宜之计，而不能说是一种原则。我们有理由相信，作为家长，他们比其他任何人都更加关心其子女；我们也相信家长会保护自己的子女，并教导其成长为负责的成年人。但是，我们并不认为家长有权任意处置其子女，比方说，殴打、杀害子女，或把子女卖作奴隶。儿童在其成长阶段就是负责的个体，他们拥有关于自身的终极权利，而非父母的玩物。

亚当·斯密提出的政府的三种义务，或者我们提出的四种义务，确实"很重要"，但远不像亚当·斯密认为的那样"都是一般人所能理解的"。虽然我们不能机械地照搬这四条义务来决定某项实际的或拟议的政府干涉措施该要还是不该要，但是它们毕竟为我们提供了一套原则来权衡利弊。即便是从最宽泛的角度来理解，这几条原则也排斥了现存的大多数政府干预行为，即亚当·斯密反对过的一切"特惠的或限制的制度"；当年，经由亚当·斯密的反对，这些制度被摧毁了，但在今天又重新出现了，并以各种形式表现出来：关税、政府制定的固定价格和固定工资、对各种行业的进入限制，以及其他形形色色的表现形式，这些都是对亚当·斯密提出的"最单纯的自然自由制度"的偏离。（本书后面各章将有许多关于这些问题的讨论。）

■ **实践中的有限政府**

当今世界，大政府似乎遍地都是，我们应当仔细考察一下现在是否仍然存在主要依靠市场中的自愿交换来组织经济活动的社会，而且其政府活动限于我们提出的四项义务之内。

可能该方面最好的例子莫过于中国香港地区。香港面积约 400 平方英里，[⊖] 人口约有 450 万，其人口密度之大让人难以置信。中国香港每平方英里的人口数是日本的 14 倍，是美国的 185 倍，然而香港居民却享受着几乎亚洲最高的生活水平（仅次于日本，可能略低于新加坡）。

在国际贸易方面，香港并无关税和其他限制条件（除了少数由美国和其他主权国家加给它一些"自愿的"限制之外）。在香港，不存在政府对经济活动的指导，没有最低工资法，也没有对物价的管制。香港居民想买谁的东西就买谁的，想把自己的东西卖给谁就卖给谁，想在哪里投资就在哪投资，想雇用谁就雇用谁，想为谁工作就为谁工作。

即便我们对政府的四项义务从相当狭窄的角度来理解，香港政府的活动也并未越雷池一步，而且在范围之内发挥了很重要的作用。政府加强法制建设并维持社会秩序，为规范人们的行为规则提供支持，裁决各种争端，促进交通与通信设施的发展，监管货币的发行，等等。尽管随着经济的增长，香港的政府支出也日益增长，但其支出占总收入的比重仍然很小，在全世界属于最低的水平。较低的课税保持了对投资的刺激，企业家可以从其成功的经营活动中获得利益，当然他也必须为其失误承担代价。

尽管香港目前是一个出色的有限政府和自由市场社会的范例，但无论如何也不能说它就是这方面最重要的一个例子。为此我们必须到 19 世纪去寻找。日本在 1867 年明治维新之后 30 年内的发展可说是一例，我们把它留到第 2 章讨论。

⊖ 1 平方英里 =2.589 99 × 10⁶ 平方米。

另外两个例子是英国和美国。当年，人们为废止英国政府对工商业活动的限制进行了长期的斗争，亚当·斯密发表的《国富论》便是这场斗争中率先发起的一击。然而，直到 70 年之后的 1846 年，随着《谷物法》的废除，才标志着这场斗争的最终胜利。所谓《谷物法》，是英国政府对小麦及其他谷物（统称谷物）的进口关税和其他进口限制条件所制定的法律。这场斗争的胜利给英国带来了完全的自由贸易，并且保持了 3/4 个世纪，直到第一次世界大战爆发。这场斗争的胜利也标志着英国政府几十年来向高度有限政府的转变基本完成；这一高度有限的政府，用前面引用过的亚当·斯密的话来说，让每个不列颠王国的居民"完全自由地采用自己的方法追求自己的利益，以其劳动及资本和任何其他人或其他阶级相竞争"。[⊖]

由此英国的经济获得了高速的增长。普通民众的生活水平也大大提高，相比之下，那些贫穷凄苦的地区就越发显眼了，查尔斯·狄更斯（Charles Dickens）和当时其他小说家对这种贫苦都有过感人至深的描述。随着生活水平的提高，人口也随之增长。不列颠王国在世界上的实力和影响力也不断增强。与此同时，英国的政府支出却下降到仅占国民收入的一小部分，其占国民收入的比例从 19 世纪初的近 1/4 下降到 1897 年的约 1/10；1897 年正是维多利亚女王（Alexandrina Victoria）在位 60 周年庆典，此时的不列颠王国达到了其光辉与力量的巅峰。

美国则是又一个引人注目的例子。当时的美国是有关税的，亚历山大·汉密尔顿（Alexander Hamilton）在其著名的《关于制造业的报告》中曾为此辩护，在报告中他试图反驳亚当·斯密关于自由贸易的主张，他的辩护无疑是失败了。不过，以今天的标准来看，当初的关税也不算什么，而且在内外贸易方面也几乎没有什么政府的限制条件。直到第一次世界大战之前，向美国移民几乎是完全自由的（对从东方国家来的移民有限制条件）。正如自由女神像上的铭文所说的：

⊖ 为求统一，此处基本引自郭大力、王亚南先生译《国民财富的性质和原因的研究》（下卷），第 253 页，商务印书馆 1974 年版，个别文字有所改动。——译者注

把你，

那劳瘁贫贱的流民，

那向往自由呼吸，又被无情抛弃，

那拥挤于彼岸悲惨哀吟，

那骤雨暴风中翻覆的惊魂，

全都给我！

我高举灯盏伫立金门！ ⊖

成千上万的移民来到美国，成千上万的移民被接纳。合众国政府对他们不加干涉，由他们自由发展，他们便过上了富足的生活。

有人把 19 世纪的美国描绘得极其荒诞不经，说那是一个不法奸商横行无忌，个人主义无法无天的时代。有人声称，那时的垄断资本家冷血无情，对穷人百般剥削；他们鼓励人们移民到美国，之后对他们敲诈勒索。华尔街则被描绘成对中西部农民进行压榨的操控中心街，幸好那些农民身体还算结实，尽管饱受苦难历尽艰辛，总算是活了下来。

事实完全不是这样的。人们不断地移民到美国来，就算早些到来的那些人上当受骗了，但是要说几十年下来成千上万的人来到美国就是为了受剥削，这无论如何是说不通的。人们之所以要来美国，是因为那些比他们早来的人实现了自己的梦想。纽约的大道并不是用金砖铺成的，而是用雄心壮志和辛勤劳动筑成的；美国企业给他们带来的报酬之丰厚，在旧世界里是无法想象的。新来的人们从东部走到西部，所到之处，一座座城市拔地而起，一片片荒地变为良田。美国变得日益富饶，其生产力越来越强大，这种繁荣也为移民们所分享。

如果农民们受到了剥削，那么他们的人数怎么会越来越多？农产品的价格确实下降了，但这是成功的标志，而非失败。农产品价格下降反映了农业机械化的发展、耕地面积的扩大、通信设施的进步，所有这些都导致了农业产量的快速增

⊖　自由女神像基座上铭刻的是犹太女诗人 Emma Lazarus（1849—1887）的十四行诗《新的巨像》（*The New Colossus*）中的诗句。此诗的中译文在国内有多个版本，此处是引自在国内流传较广的一个版本，但不知其译者是谁。——译者注

长。还有一点，农田的价格一直稳步上涨，这很难说是农业萧条的迹象吧！

有人说当时的资本家冷血无情，典型的例子是铁路大亨威廉 H. 范德比尔特（William H. Vanderbilt）曾对一位记者说"老百姓都去死吧"。但这只是个别的例子，美国的慈善事业在 19 世纪发展得如火如荼。私人赞助的中小学和大学的数目成倍地增长，到外国的传教活动更为活跃，非营利性的私人医院、孤儿院以及其他数不胜数的各种机构如雨后春笋般建立起来。从防止虐待动物协会到基督教青年会，从印第安人权利协会到救世军，几乎所有的慈善机构或公共服务机构都是在那一时期成立的。自愿协作在组织慈善活动方面的效率，丝毫不比组织营利性生产活动时的效率差。

在慈善活动发展的同时，文化事业也日益兴旺发达，无论是在繁华都市还是边陲小镇，各种艺术馆、歌剧院、交响乐团、博物馆、公共图书馆纷纷成立。

政府支出规模的大小是一种衡量政府作用大小的尺度。除几次战争时期之外，1800~1929 年，美国的政府支出占国民收入的比重从未超过 12%。而政府支出的 2/3 都是州政府和地方政府的开支，大部分花在了学校教育和道路交通上。直到 1928 年，联邦政府的支出才占到国民收入的 3%。

人们常把美国的成功归结为资源富足和幅员辽阔，当然这也是一部分原因，但绝不是关键的原因。如果是关键原因的话，我们又该如何解释 19 世纪英国和日本的成功以及 20 世纪中国香港的成功呢？

还有人坚持认为，对于人烟稀少的 19 世纪的美国来说，不干涉和有限政府政策是行得通的，但对于当今城市化和工业化的社会来说，政府就必须发挥更大的、主导性的作用。持这种观点的人只要在香港待上一个小时，便会放弃他的主张。

社会是我们创造出来的，我们可以塑造各种制度；当然，物质的和人的各种特性限制了我们的选择范围。但是，只要我们愿意的话，没有什么能够阻碍我们建立一个主要依靠自愿协作来组织经济活动和其他活动的社会，一个保护并扩展人类自由的社会，一个政府安分守己的社会，一个政府做我们的仆人而不是主人的社会。

■ 注释

1. See Hedrick Smith, *The Russians*（New York：Quadrangle Books/New York Times Book Co., 1976）, and Robert G.Kaiser, *Russia*：*The People and the Power*（New York：Atheneum, 1976）.

2. *Freeman*, December 1958.

3. *Wealth of Nations*, vol II, pp.184-185.

第2章

管制的专横

Free to Choose

在讨论国际贸易中的关税和其他限制条件时，亚当·斯密在《国富论》中写道：

在每一个私人家庭的行为中是精明的事情，在一个大国的行为中就很少是荒唐的了。如果外国能以比我们自己制造还便宜的商品供应我们，我们最好就用我们有利地使用自己产业生产出来的一部分产品向他们购买……在任何国家，人民大众的利益总在于而且必然在于，向售价最廉的人购买他们所需要的各种物品。这个命题是非常明白的，费心思去证明它，倒是一件滑稽的事情。如果没有这班商人和制造业者自私自利的诡辩混淆了人们的常识，这亦不会成为什么问题。在这一点上，这班商人和制造业者的利益与人民大众的利益正相反。[1⊖]

这些话在当时是正确的，在今天也同样正确。无论是国内贸易还是对外贸易，从要价最低者那里购买商品，向出价最高者出售商品，都是符合"人民大众"的利益的。然而，"自私自利的诡辩"却引出了大量令人眼花缭乱的限制条件，限制我们购买何物出售何物、向何者购买向何者出售、在何种条件下买卖、雇用何人又为何人工作、在何处生活，等等，甚至于我们吃什么喝什么都受到种种限制。

亚当·斯密指出了"商人和制造业者自私自利的诡辩"。在他所处的时代，商人和制造业者可能是导致种种限制的罪魁祸首；但是今天，他们有了很多同党。事实上，我们每个人几乎都在某一领域参与了这种"自私自利的诡辩"。正如波哥（Pogo）的不朽名言所说的："我们遇到了敌人，这敌人就是我们自己。"

⊖　此段转引自郭大力、王亚南先生译《国民财富的性质和原因的研究》（下卷），第28页，第66页，商务印书馆1974年版。——译者注我们对"特殊利益"口诛笔伐，而一旦涉及自己的"特殊利益"，我们就缄口不言了。我们每个人都认为，对自己有好处的也就对国家有好处，因此我们自身的"特殊利益"便各不相同。如此一来，出现了大量纷繁杂芜的限制条件，几乎使得我们每个人的状况都比没有这些限制条件时更为糟糕。为他人"特殊利益"服务的措施给我们带来的损失，远远大于为我们自己"特殊利益"服务的措施给我们带来的好处，这是典型的"个体理性导致集体非理性"。

这方面最明显的事例便是国际贸易。大体上来看，关税及其他贸易限制条件给某些生产企业带来的好处，抵不上给其他企业特别是消费者带来的损失。自由贸易，不仅可以增进我们的物质财富，而且还可以促进各民族国家之间的和平共处并促进国内企业间的竞争。

对外贸易上的管制措施也延伸到了国内贸易上，并且和经济活动的方方面面交织在一起。尤其是在发展中国家，人们常常认为这些管制措施对发展和进步是必要的。要检验这种观点是否正确，把日本在 1867 年明治维新之后的经验和印度在 1947 年独立之后的经验进行对比即可。正如许多其他事例一样，这一对比表明，无论是国内贸易还是对外贸易，自由贸易政策都是不发达国家得以提升人民生活水平的最佳途径。

近几十年来在美国兴起的大量经济管制措施不仅限制了我们运用经济资源的自由，而且还影响到了我们的言论自由、出版自由以及宗教信仰自由。

■ 国际贸易

人们常说，坏的经济政策表明经济学家们意见不一致；如果所有的经济学家都给出同样的政策建议，那么这样的经济政策必定是好的。确实，经济学家们常常意见不一，但在国际贸易方面并非如此。事实上，自亚当·斯密以来，经济学家们就达成了一种共识，不论其在其他问题上持何种立场，大家都一致认为国际自由贸易对于各贸易国和全世界来说都是最有利的。然而长期以来关税却一直存在。仅有的几个主要的无关税时期是：1846年废除《谷物法》之后的大不列颠王国，有将近一个世纪的自由贸易时期；1867年明治维新之后的日本，有30年的自由贸易时期；还有就是中国香港，现在实行的就是自由贸易政策。至于美国，关税在整个19世纪都存在，并且到了20世纪还有所提高；尤其是在1930年通过《斯穆特－霍利关税法》之后就更是如此，而有些学者认为正是该法案部分地加剧了随后经济萧条的严重性。自那以后，通过多次国际磋商，美国的关税有所降低，但仍然很高；现在国际贸易的项目和19世纪相比已经发生了很大的变化，从而我们无法对现在和当时的关税做出精确的比较，但是现在的关税可能仍然要比19世纪高。

如往常一样，今天仍然有许多支持关税的言论，并且委婉地打着"保护"的旗号，这显然是挂羊头卖狗肉。钢铁企业和钢铁工人联合会向政府施加压力，要求限制从日本进口。电视机生产企业和工人们游说政府，希望达成"自愿协议"以限制从日本进口电视机或从日本、中国香港等地进口零部件。纺织企业、制鞋企业、牛养殖企业、制糖企业以及无数其他企业，纷纷抱怨说它们受到了来自国外的"不公平的"竞争，要求政府采取措施"保护"它们。当然，任何集团都不会赤裸裸地声称是为了自己的利益，谁都说这是为了维护"普遍的利益"，是为了保护工作岗位和提升国家安全。近来，除了这些传统的理由之外，又加上一条——加强美元对马克或日元的地位。

支持自由贸易的经济理由

关于自由贸易，我们很少能听到消费者的声音。近年来，各种所谓的消费者特殊利益群体纷纷出现。尽管消费者是进口关税以及其他各种进口限制措施的主要受害者，但是，就算你查遍各种新闻媒体或是国会的听证会记录，也查不到任何材料表明曾对这些限制有过全力的攻击和责难。那些自称是为消费者请命的人，实际上另有所谋，在第7章我们将会看到这一点。

个别消费者的声音，被"商人和制造业者（及其雇员）自私自利的诡辩"

的嘈杂声淹没了。结果是这一问题遭到了严重的歪曲。例如，那些支持关税的人认为，不管我们雇用员工来干什么，创造工作岗位本身就是应当追求的终极目标，他们认为这是天经地义的。但这显然是错误的。如果我们要的只是工作岗位，那我们想要多少就能创造多少，比方说，让人们去挖坑，然后再填平，或者做其他的无用功也可以。当然，有时工作本身就是目的；但是大多数情况下，工作只是我们为了得到自己想要的东西所须付出的一种代价。我们真正的目的不是工作岗位，而是具有生产性的工作，即能够带来更多的商品和劳务以供我们消费的工作。

另一个很少有人反驳的谬误是，出口是好事，进口则不好。事实并非如此。出售到国外去的那些物品，我们吃不到，穿不到，享用不到。我们吃的香蕉，来自中美洲；我们穿的鞋子，来自意大利；我们开的轿车，来自德国；我们看的电视机，来自日本。我们从对外贸易中得到的，便是我们进口的这些东西；而出口不过是我们为进口所付出的代价。亚当·斯密看得明白，一国公民以一定的出口换回尽可能多的进口，得到的好处也就越多；或者，为一定的进口付出尽可能少的出口，得到的好处也就越多。

我们使用的具有误导性的术语，表明这种观点是错误的。所谓的"保护"，实质上意味着对消费者的剥削。"有利的贸易平衡"实际上意味着出口多于进口，即我们出售到国外的商品总价值要比我们从国外购买的商品总价值高得多。在你自己持家购物时，你一定会花尽可能少的钱购买尽可能多的物品，但这种做法在对外贸易时居然被称为"不利的支付平衡"。

在支持贸易关税的论点中，对大部分公众最具情感号召力的便是，我们需要贸易关税来保护美国工人较高的生活水平，以免他们遭到日本、韩国、中国香港工人的"不公平的"竞争，这些地区的工人只要很低的工资就愿意工作。这种说法难道有错吗？难道我们不想保护我国人民较高的生活水平吗？

这种论点的谬误在于对"高"工资和"低"工资这种提法使用得太宽泛了。高工资和低工资是什么意思？美国工人赚的是美元，日本工人赚的是日元，我们如何能比较分别以美元和日元计算的两种工资呢？多少日元等于 1 美元？决定二者兑换比率的是什么？

我们不妨来看一种极端的情形，假定在开始的时候，360 日元兑换 1 美元，这也是多年来的实际汇率。假定在这一汇率下，日本人能以低于我们美国人的价格（以美元计算）生产和销售一切物品，电视机、轿车、钢铁、大豆、小麦、牛奶、冰激凌等概莫能外。如果我们实行的是自由的国际贸易政策，那么我们就会尽力从日本购买一切物品。而这恐怕正是贸易关税的支持者们描绘的最恐怖的情形：日本货在我国泛滥成灾，而我们却没有可以卖给日本人的东西。

且慢恐惧！我们将此分析再进一步。既然我们向日本人购买一切物品，那么拿什么向日本人付账呢？答曰：给他们美元。问题是，他们要美元干吗？我们已经假定，在 360 日元兑换 1 美元的情况下，一切物品在日本都比在美国更便宜，那么日本人在美国市场上就不会买任何东西。如果日本的出口商愿意把美元烧掉或是埋掉，那我们美国人简直高兴死了！用这种绿色的纸片就能换来我们想要的一切物品！这种纸片的生产成本非常低，那还不是想要多少就能生产多少！这样一来我们将拥有最了不起的出口行业，要多棒有多棒！

当然，事实上日本人不会为了烧掉或埋掉这些毫无用处的纸片而卖给我们那么多有用的物品。像我们一样，他们也想得到一些实实在在的东西来作为自己工作的回报。在 360 日元兑换 1 美元的情况下，如果一切物品在日本都比在美国更便宜，那么日本的出口商就会尽力抛掉手中的美元，就会按 360 日元兑换 1 美元的比率用美元购得日元，然后用日元去买较便宜的日本货。但是这样一来有谁愿意要美元呢？日本的出口商不愿意要美元，同样，任何日本人也都不愿意要美元。道理很简单，如果 360 日元在日本能买到的东西要比 1 美元在美国能买到的东西多，那就没有人愿意用 360 日元来兑换 1 美元。日本的出口商一旦发现没有人愿意按 360 日元兑换 1 美元的价格买他手中的美元，就会降价处理。这样一来，以日元衡量的美元的价格便会下降，可能降至 300 日元、250 日元甚至 200 日元兑换 1 美元。反过来说，这样就意味着购买一定数量的日元需要越来越多的美元。日本货是以日元标价的，这样一来以美元标价的日本货的价格便会上涨。反之，美国货是以美元标价的，为得到一定数量的日元所需要的美元越多，也就意味着对日本人来说，以日元标价的美国货就越便宜。

以日元衡量的美元价格会一直下降，直到日本人从美国购买物品的美元价格大体上等于美国人从日本购买物品的美元价格为止。在最终的汇率水平上，任何想用美元购买日元的人都会发现有人愿意卖给他日元以换取美元。

当然，实际的情形要比这个假想的例子复杂得多。除了美国和日本之外，还有很多国家参与了国际贸易，而且贸易路线往往是迂回的。日本人可能把他们赚来的美元在巴西花掉一些，然后巴西人可能把赚得的美元花到了德国，德国人可能又把它花在了美国，如此等等，可至无限复杂的情况。但是不论多么复杂，其原理是一样的。不管在哪个国家，人们想要美元首先是想用它来购买一些有用的东西，而不是为了把它囤积储藏起来。

美元和日元不仅可以用来购买商品和劳务，还可用来投资或馈赠，这一点使情况变得更为复杂了。整个 19 世纪，美国几乎年年都是支付赤字平衡，这似乎是一种"不利的"平衡，但却对大家都有好处。当年，外国人都想在美国投资。英国人便是一例，当年他们生产各种物品送给美国人，为的是换回一些纸片——不是美元钞票，而是债券，这些债券在之后的某个时间能连本带利兑现给他们一笔钱。英国人之所以愿意把他们的物品送给我们，是因为他们认为购买债券是一种很好的投资。这么做基本上是正确的，因为他们由此从这种储蓄中获得的回报比其他途径要高。而我们也从外国投资中获得了好处，因为这使我们的发展速度要比单靠自己的储蓄发展快得多。

到了 20 世纪，情形就倒转过来了。美国人民发现，到外国投资能比在国内投资获得更高的回报。结果便是，美国把各种物品送到外国去，换回一些债权凭证，即债券或类似的东西。第二次世界大战之后，美国政府开始在海外以马歇尔计划以及其他各种对外援助计划的形式开展国际馈赠。我们把各种物品和劳务送到外国去，表明我们相信这样能够让世界变得更加和平。这些政府馈赠是对各种私人（各种慈善团体、支持传教活动的教堂、支援海外亲属的个人等）馈赠的补充。

不论情况如何复杂，都不能改变我们从那个假想的极端例子中得出的结论。在真实世界里，与在假想世界里一样，只要以日元或法郎衡量的美元价格是由一个自愿交易的自由市场决定的，就不会有支付平衡的问题。说拿高工资的美国工人作为一个整体受到了来自国外那些拿低工资工人"不公平"竞争的威胁，这种说法是完全不符合事实的。当然，如果国外发展出某种新产品或改良产品，或者国外生产者能以更低的成本生产这些产品，那么国内的某些工人确实会因此受损。但是，如果发展出新产品或改良产品的，或者能以更低成本生产它们的不是国外的生产者，而是美国国内的生产者，那么国内某些工人同样会因此受损。两种受损其实没有区别。这只不过是实践中劳动力市场上的竞争，而美国工人之所以有较高的生活水平也正是拜这种竞争所赐。如果我们想从一个生机勃勃、动感活跃、富有创新性的经济体制中获得种种好处的话，我们就必须接受其不断的运动和调整。可能人们都希望这些调整来得平和一些，为此我们也做出了各种制度上的安排，如失业保险制度等；但是，我们应当尽量在不破坏经济体制的能动性和适应性的前提下来实现各种目标，否则无异于竭泽而渔、杀鸡取卵。在任何情况下，不论我们采取什么措施，都应对内外贸一视同仁。

现在的问题是，进口哪些物品、出口哪些物品才是对我们有好处的？目前，美国工人的生产率比日本工人要高，具体高多少不大容易确定，因为各种估计都不一样。我们姑且假定美国工人的生产率是日本工人的1.5倍。这样的话，美国工人的工资购买力大体上就是日本工人工资购买力的1.5倍。我们如果让美国工人去从事其他的工作，从而其生产率不及日本同行的1.5倍的话，那就是一种浪费。用经济学术语来说，这是比较优势，这一概念在150年前就提出来了。即便我们生产任何物品都比日本人有效率，也不意味着我们就应该自己生产所有的物品。我们应当集中全力去做我们最擅长做的事，去从事我们最有优势的工作。

举个最普通的例子，如果一位律师打字的速度是他秘书的 2 倍，他是不是就该把秘书辞掉自己亲自打字呢？答案是否定的。这是因为，如果一位律师作为打字员的工作效率是其秘书的 2 倍，而作为律师的工作效率是其秘书的 5 倍，那么他就应当从事法律工作而让秘书来打字，这样对双方都有好处。

有人说，"不公平竞争"还有一种情况，就是外国政府对其生产者给予补贴，以使他们能够在美国以低于成本的价格销售其产品。现在假定某个外国政府提供了这种补贴，实际上确有某些政府是这么做的。这样一来，谁将受损谁将受益呢？为了支付这种补贴，该国政府只能向人民征税，所以支付这种补贴的其实是该国人民。而美国消费者是从中受益的，我们因此能够买到更便宜的电视机和小汽车，以及一切得到补贴的产品。难道我们还要抱怨这种外国对我国的逆向援助吗？我们美国在马歇尔计划援助及随后的对外援助中，把各种物品和劳务当成礼物赠给其他国家是一种高尚的行为，而其他国家以低于成本的价格把各种物品和劳务卖给我们，这种间接的馈赠难道就不是高尚的行为吗？其实，真正会抱怨的，倒极有可能是该国人民，为了美国消费者的利益，也为了那些受补贴的企业主或在这种企业工作的同胞们的利益，他们不得不忍受较低的生活水平。当然，如果某个外国政府突然对其国内的某些企业给予补贴，那么对于美国生产同样产品的企业主和工人们来说，无疑会受到不利的影响。然而，这对于从事企业活动的人来说，不过是一种很平常的风险而已。从事企业活动的人对突发事件带来的飞来横财是绝不会抱怨的；同样，对于突发事件带来的损失，他们也没有理由抱怨。自由企业制度本来就是一种有赚有赔的制度。我们已经说过，针对突发情况进行调整，如果要采取措施使得调整能够平和一些，那么不论采取什么措施，都应对内外贸一视同仁。

一般来说，任何情况下的扰动都是暂时的。假定不论出于何种原因，日本政府决定对钢铁行业予以大力补贴。如果美国没有关税或贸易配额等限制条件，那么从日本的进口必将大幅上升。这将使美国的钢铁价格下降，并且迫使钢铁企业缩减产量，由此便会引起钢铁行业的工人失业。另一方面，钢铁制品的价格也会下降，由此购买钢铁制品的消费者便会有额外的钱花在其他物品上。于是对其他物品的需求就会上升，从而生产其他物品的企业就会增加就业量。当然，要想充分吸纳目前失业的钢铁工人尚需时日。然而，之前其他行业的失业者现在就能找到工作了，这样就抵消了这种影响。总就业量可能不会有净减少，而且，由于以前从事钢铁生产的工人现在可以从事其他产品的生产，国民总产出可能还会有所提高。

有人认为，征收贸易关税是旨在增加本国的就业，这种观点犯了同样的错误，都是只看到问题的一个方面。比方说，对纺织品进口征收关税，这确实能够增加国内纺织品行业的产量和就业。不过，那些因关税而无法继续在美国销售其纺织产品的外国企业所能赚得的美元就减少了，也就是说，他们能在美国消费的货币就减少了。这样一来，为了平衡进口的减少，美国出口也会相应减少。纺织行业的就业是增加了，但是出口行业的就业减少了。这种就业结构的转变，会使得生产效率降低，由此会导致国民总产出的下降。

至于所谓的对某些行业的保护是出于国家安全需要的论点，同样也没有更好的论据。以钢铁产业为例，有人说保持钢铁产业的兴旺发达对于国防而言至关重要，这种说法毫无道理。在美国，国防对钢铁的需求仅占全国钢铁消费的一小部分而已。至于说如果对钢铁业实行完全的自由贸易就会摧毁美国的钢铁产业，这更是匪夷所思。接近原材料和燃料的来源，接近市场等诸多有利条件足以保证美国拥有一个规模相当可观的钢铁产业。事实上，面对并接受来自国外的竞争而不是躲在政府的庇佑之下，很可能会造就一个比现在更加强大、更有效率的钢铁产业。

假设美国的钢铁行业果真被摧毁了，假设我们所需的全部钢铁从国外购买果真更加便宜，即便如此我们也有其他的办法来保护国家安全。我们可以囤积钢铁，这很好办，因为钢铁所占的空间相对较小，而且也不会腐烂。我们可以将一些钢铁厂像封存船只那样封存起来，到需要的时候再投入生产。当然还有其他的方法。一家钢铁公司在决定建立一个新的钢铁厂时，会充分考察各种可行方案和备选厂址，以便选择一种最经济、最有效率的方案。然而，当钢铁产业人士声称出于国家安全的目的向政府请求补贴时，他们从未对各种能够确保国家安全的方案分别给出成本估算。因此，除非他们给出这种成本估算，否则我们可以肯定其所谓的国家安全的提法就是在为其行业自身的利益辩护，而绝非要求补贴的正当理由。

钢铁产业及钢铁产业工会的负责人在诉诸国家安全这一论据时，无疑是真诚的。但是人们把真诚这种品德看得太高了。我们都能够使自己相信，凡是对我们有好处的就必然对国家有好处。所以，我们不应该埋怨钢铁企业这么做，要怪就只能怪我们自己居然相信了这种说法。

有人说，我们应当保持美元对其他货币的坚挺，即应当防止以其他货币——日元、德国马克、瑞士法郎——衡量的美元价格下跌，这种说法又如何呢？这个问题完全是人为制造出来的。如果汇率是由一个自由的外汇市场决定的，那么它就会停留在任何使外汇市场出清的水平上。从理论上来说，以其他货币如日元衡量的美元价格，取决于以美元计价的美国货的成本与以日元计价的日本货的成本之比。当然，美元价格可能会暂时降至这一水平之下。这样的话，看到这种形势的人就会有动力购买并持有一定数量的美元，以期美元价格升高时出手获利。降低以日元计价的美国出口产品的价格，会刺激美国的出口；提高以美元计价的日本货的价格，会减少我们从日本的进口。随着这种态势的发展，将使对美元的需求不断提高，由此便矫正了美元的初始低价。美元的价格如果自由地决定，将和其他各种价格一道发挥同样的作用，即传递信息，并且由于会影响市场上各交易方的收入，从而提供激励使大家对各种信息采取相应的行动。

既然如此，那些因美元"疲软"而发生的骚动又当如何解释呢？为何屡屡出现外汇危机呢？造成这些问题的原因，正是汇率并未由一个自由的外汇市场来决定。为对其货币价格发挥影响，各国政府的中央银行都进行了大规模的干预。

政府为何要干预外汇市场呢？这是因为汇率反映了国内的政策。美元与日元、德国马克、瑞士法郎相比变得疲软，首要的原因是美国的通货膨胀要比其他国家高得多。通货膨胀意味着美元在国内的购买力越来越低，那么美元在国外的购买力同样降低难道我们还会感到意外吗？日本人、德国人、瑞士人现在不愿意用那么多的本国货币来兑换美元，难道我们也要感到意外吗？可是各国政府，就像我们当中某些人一样，都尽力隐瞒这一事实并且不遗余力地试图消除它，而这一令人不满的后果正是他们自己的政策造成的。从而，一个造成通货膨胀的政府往往试图控制汇率；而一旦干预失败，它就把通货膨胀归咎于汇率的下降，而不承认其中的前因后果完全是另外一种关系。

在过去的几个世纪里，关于自由贸易和贸易保护主义的文献可谓浩如烟海，但仅有三种支持贸易关税的论点有所进展，从理论上来说，这三种说法或许还有些合理性。

第一个就是前面提到的国家安全论。虽然该理论往往是为某些特殊的贸易关税辩护而不足成为征收关税的正当理由，但我们也不能否认，出于国家安全的考虑有时我们必须维持一些不经济的生产部门。姑且不论这种可能性有多大，假设我们现在真的遇到了某种特殊的局面，即便如此，要证明此时关税及其他的贸易限制条件对国家安全而言是必要的，也必须比较一下各种实现国家安全目标方案的成本，而且应当证明（哪怕只是一种表面上的证明）征收关税是一种成本最低的方案。而现实当中几乎没有人给出这种成本比较。

第二个是所谓"幼稚产业"论。亚历山大·汉密尔顿在其《关于制造业的报告》中提出的就是这种论点。这种观点认为，某个具有潜力的产业建立起来之后，如果我们帮它克服成长过程中的种种困难，那么它就能够在世界市场上平等地参与竞争。按照这种理论，为保护处于幼稚期的有发展潜力的产业，就应当实行暂时的贸易关税政策，这样才能使它成长起来从而实现自力更生。但是我们认为，即便某个产业在建立之后能够成功地和对手竞争，也不能说明开始时对其进行关税保护就是合理的。要说消费者对某个产业在初始阶段予以补贴（征收关税实际上就是一种补贴）是值得的，那只有当他们因此能以某种方式得到不低于补贴额的回报才行，比方说，今后该产业的产品价格比世界价格低，或者拥有这一产业可以带来其他方面的好处等。但是即便在这种情况下，就必须要有补贴吗？那些最先进入该产业的企业经受了创业时的损失，并且企盼着随后能够得到补偿，如果没有对其给予补贴，是否其损失就真的得不到补偿了呢？说到底，大多数企业在创业的最初几年都会经历亏损过程，不论其进入的是一个新行业还是已有的行业，都是如此。即便从全社会的角度来看对某些产业进行原始投资是值得的，那些最先进入该产业的企业还是无法使其初创时遭受的损失得到补偿，这其中可能确有某种特殊原因。当然，这种推测是另外一回事了。

幼稚产业论实际上是一种烟幕。所谓的幼稚产业总是成长不起来，而且关税一旦开征，几乎就不会取消。此外，该理论很少用来支持某些尚未诞生的产业，而这些产业一旦建立，只要给予暂时的保护便能生存下来，可惜没有人替这种产业说话。幼稚产业论为之争取关税保护的，是那些发展了多年却仍然幼稚的产业，这些产业已经能够向政府施加政治压力了。

第三个支持关税的论点是"以邻为壑"论，对此我们还不能完全置之不理。如果某个国家是某种产品的主要生产者，或者该国能够和少数几个生产者联合起来共同控制某种生产的绝大部分，那么它就可以用提高产品价格的方法从这种垄断地位中获得好处（欧佩克卡特尔是当前最明显的例子）。为了从垄断地位中获得好处，除了直接提高产品价格之外，它还可以通过对产品出口征税，即出口关税来实现这一目的。从总体上来看，该国由此获得的好处抵不上给其他国家带来的损失，但是从该国的角度来看，这样做确有所得。与此类似，如果某国是某种产品的主要购买者，用经济学术语来说即该国拥有买方垄断力量，那么它就能够要求卖主大幅削价并强加给对方过低的价格，由此从中获益。从这种买方垄断地位中获益的另一种方法是对产品进口征收关税。在这种情况下，卖者的净收益是销售价格减去关税，所以说对买方来说就相当于以低价购买。事实上，关税是由外国人支付的（我们想不出现实的例子）。实践当中，这种趋向民族主义的做法极有可能导致其他国家的报复。此外，就幼稚产业论而言，现实的政治压力导致的关税结构，实际上使我们无法从任何卖家垄断或买家垄断的地位中获益。

第四种论点，由亚历山大·汉密尔顿提出，从那时到现在一直有人不断重提。这种论点说，如果其他国家都实行自由贸易政策，那么我们实行自由贸易政策就是好事；但是如果其他国家不实行自由贸易，那我们美国也就不实行。这种说法纯属一派胡言，不论在原理上还是在实践上。其他国家在国际贸易方面施加各种限制条件，这确实会使我们受到损害，但同样也使它们自己受到损害。暂且抛开前面提到过的三种情况不论，如果我们反过来也施加贸易限制条件，那我们在损害它们的同时也损害了自己。在这种虐待与被虐待中恶性竞争，对敏感的国际经济政策而言绝非什么好办法！这种报复性行为不会使其他国家减少其限制条件，只会导致更多的限制。

美国是一个伟大的国家，是自由世界的领袖。我们不应当要求中国对其纺织品实行出口配额，从而损害美国消费者和中国工人的利益，并以此来"保护"我们的纺织产业。我们对自由贸易大加颂扬，而同时却运用自身的政治和经济力量劝诱日本对其钢铁和电视机出口进行限制。我们应当单方面走向自由贸易，不是要一蹴而就，而是假以时日，比方说，以5年为限并按照事先宣布的步骤进行。

除了实行完全的自由贸易政策之外，我们几乎没有什么别的办法可以促进国内外贸易自由的发展。我们不应该一方面以经济援助的名义对外国政府予以馈赠（这样会促进其政府的发展），同时又对其产品加以贸易限制（这样会妨碍自由企业的发展），我们应当采取一种原则明确而又一以贯之的立场。我们可以向全世界声明：我们信仰自由并将实践自由。我们不会强迫你们走向自由。但是，我们能够在平等的基础上与所有国家开展全方位的合作。我们的市场对你们所有人开放，没有关税，也没有其他限制条件。在这里，你们想出售什么、能出售什么就出售什么；你们想购买什么、能购买什么就购买什么。这样，个人间的协作将成为世界范围内的自由协作。

支持自由贸易的政治理由

当今世界的显著特点之一便是，相互依赖无处不在：在严格的经济领域，一套价格与另一套价格相互依赖，一个产业与另一产业相互依赖，一国与另一国相互依赖；在更广阔的社会领域，经济活动与文化活动、社会活动、慈善活动彼此相互依赖；在组织社会方面，各种经济制度安排与政治安排相互依赖，经济自由与政治自由相互依赖。

就是在国际领域，各种经济制度安排也同样和政治制度安排错综复杂地交织在一起。自由的国际贸易可以使文化和制度各异的国家更加和谐地共处，正如自由的国内贸易可以使信仰、态度、兴趣各异的不同个人之间更加和谐地共处。

在一个自由贸易的世界里，正如在一个实行自由经济体制的国家里，交易发生在各种私人实体之间，如个人之间、企业之间、慈善组织之间等。能够实现交易活动的各种条款是被交易各方一致认可的，除非各方都认为自己能从交易当中获益，否则交易便不会发生。结果便是，交易各方的利益都能和谐共存。这里的法则是合作，而非冲突。

而政府一旦干预进来，局面就完全不同了。在一国内部，各企业纷纷向政府寻求补贴，要么干脆直接伸手，要么要求政府实施贸易关税或其他贸易限制条件；这些企业为了规避那些威胁到自身利益或生存的竞争对手给自己带来的经济压力，往往诉诸政治压力，从而将各种成本强加给竞争对手。某国政府为了本国企业的利益对贸易进行干预，使得其他国家的企业也转而向本国政府寻求援助，以此来应对他国政府采取的各种干预措施。由此，私人间的纠纷上升为各国政府间的纠纷，每一贸易协定都成了政治事务。各国政府的高官纷纷奔走于世界各地，忙于参加各种贸易会议，贸易摩擦由此产生。各国人民对谈判结果都感到失望，总觉得自己吃了亏。这里的法则是冲突，而非合作。

从滑铁卢战役到第一次世界大战的 100 年时间是一个颇为引人注目的时期，它表明自由贸易对国际关系发挥了有益的影响。当时，英国是世界上处于领导地位的国家，在整整 100 年里，它几乎实行了完全的自由贸易政策。其他国家特别是西方国家，包括美国在内，也都采取了类似的政策，可能在形式上略有不同。当时的人们可以按照双方同意的任何条款自由地与任何人买卖物品，不论他们在何地生活，交易双方是在一国之内还是在不同国家。或许使我们今天感到更为惊讶的是，当时的人们无须护照和反复的海关检查就能够游遍欧洲以及世界上大部分地方。他们可以自由迁徙，并且对于世界上大部分地方尤其是美国，他们都能自由进入并成为当地的居民或公民。

自由贸易带来的结果便是，从滑铁卢战役到第一次世界大战的 100 年时间，是人类历史上西方各国之间最为和平的时期之一。其间仅有一些小规模的战争略微玷污了这一和平时期，最著名的是克里米亚战争和普法战争，当然，还有较为重要的美国南北战争，它的主要原因正是奴隶制这一背离经济自由和政治自由的制度。

在当今世界，关税以及其他各种贸易限制条件，已经成为各国之间产生摩擦冲突的根源之一。关税和其他贸易限制条件会扭曲价格体系传递的信号，但是至少还允许个人自由地对这些扭曲了的信号做出反应。而集体主义国家却引入了影响更加深远的命令因素。

市场经济国家的公民和集体主义国家的公民，要想进行完全的私人交易是不可能的。其中一方必然是由其政府官员代表的。贸易中的政治考虑是不可避免的，但是，如果市场经济国家的政府能给本国公民留下尽可能大的余地去和集体主义国家政府进行交易，那么国家间的摩擦和冲突就能降至最小。试图将贸易作为一种政治武器或政治手段，希望以此来增进与集体主义国家之间的贸易活动，只能使原本就不可避免的政治摩擦进一步恶化。

自由的国际贸易和国内竞争

国内竞争的范围与国际贸易的制度安排，二者密切相关。19 世纪末期，公众反"托拉斯"及反"垄断"的呼声导致了州际商务委员会的建立和《谢尔曼反托拉斯法》的通过，随后又有一些旨在促进竞争的立法活动进一步补充了该法案。这些措施所产生的效果颇为复杂，在某些方面它们确实促进了竞争，但在某些方面却适得其反。

但是，所有这些措施即便达到了其支持者所期望的效果，也达不到完全根除所有国际贸易壁垒这样能够确保有效竞争的程度。美国仅有的三个主要汽车生产企业，其中一个还处在破产的边缘，让人们切切实实地感受到了垄断定价的威胁。但是，如果让全世界的汽车生产者都来和通用汽车公司、福特汽车公司、克莱斯勒汽车公司争夺美国的买主，那么垄断定价的幽灵便会烟消云散。

其他方面也是如此。任何产业，如果没有政府以关税或其他手段予以或明或暗的帮助，都很难在一国之内建立起垄断地位。在世界范围内要想建立起垄断地位几乎是不可能的。就我们所知，唯有德·比尔斯公司（De Beers）对钻石的垄断似乎取得了成功。而且我们还知道，没有谁可以不依靠政府的直接支持而能长久地保持垄断地位，欧佩克卡特尔和早些时候的橡胶与咖啡卡特尔便是依靠政府支持保持垄断地位的最明显的例子。其实绝大多数政府扶持的卡特尔没能持续很久，在国际竞争的压力之下纷纷破产，我们相信欧佩克也难免同样的命运。若是在一个自由贸易的世界里，国际卡特尔消失的速度会更快。即便在一个存在种种贸易限制条件的世界里，美国如果实行自由贸易（必要的时候哪怕单方面实行），也能够基本消除国内一些重大的垄断威胁。

■ 中央经济计划

漫步于不发达国家，现实与观念之间鲜明的对比给我们留下了极为深刻的印象，而那些观念却正是这些国家以及西方世界的许多知识分子所持有的。

世界各地的知识分子都想当然地认为，自由企业的资本主义以及自由市场都是用来剥削大众的工具，而中央经济计划是大势所趋，只有它才能使他们的国家走上经济快速发展的康庄大道。我们不应该忘记，就在不久以前，我们当中的某位经济学家曾评论说印度的中央计划搞得过细，就遭到了一位著名的、事业上非常成功而且学识修养极高的印度企业家反唇相讥，从体态上来看，他正是那种大腹便便的资本家，他说我们的评论是一种批评，这一点倒是理解对了。他毫不含糊地告诉我们，像印度这样一个贫穷的国家，政府必须控制进口、国内生产和投资的分配，并且还暗示我政府必须授予他在这些领域种种特权（正是他发财的源泉），只有这样才能确保社会的各种优先需要压倒那些自私自利的个人需要。他还说，他这只不过是在附和印度以及其他地方的教授和知识分子所持的观点而已。

事实本身完全不是这样。凡是那些个人享有较大的自由，普通公民能够支配的物质享受有一定程度的提高，人们普遍地对未来的进步充满信心的地方，我们就会发现其经济活动主要是靠自由市场来组织的。凡是那些国家对其公民的经济活动事无巨细地加以控制，详细的中央经济计划占统治地位的地方，我们发现其公民深受政治束缚，生活水平较低，而且几乎没有力量来掌控自己的命运。在这些地方，国家可能很富有并且创造出各种丰功伟绩，特权阶级也能拥有充足的物质享受；但是普通民众只是用来实现国家意志的工具，只能得到微薄的收入以维持基本的生活，国家要求他们既温顺听话同时又具备相当程度的生产能力。

最明显的例子莫过于东、西德国之间的对比，二者本是一个整体，战争把它撕成了两块碎片。人们流着相同的血脉，属于同一种文明，拥有相同水平的技术和知识，但是却分别生活在两片土地上。

在柏林墙的一面，灯火通明的街道上和商店里挤满了欢乐而忙碌的人群。有的人正在购物，商品来自世界各地；有的人正在前往电影院或其他娱乐场所，各种场所多如牛毛；报纸和杂志上刊有各种各样的观点，人们可以自由地购买；人们彼此之间甚至和陌生人都可以谈论任何话题，表达各种各样的观点，完全不用小心翼翼地看看背后有没有人。走上几百步，排一个小时的队，填完一堆表格，然后再等着把护照拿到手，你（我们也一样需要办理这些手续）就可以到墙的另一面去看一看。那边，街道上显得空空荡荡，城市一片灰白，商店的橱窗呆板而毫无生气，建筑物上满是污垢和灰尘。30 多年了，战争时期的破坏仍然没有得到修复。在对东柏林短暂的访问中，我们发现唯一气氛欢乐活跃的地方就是娱乐中心。只要在东柏林待上一个小时，就足以明白政府当局为何要竖起一堵墙来。

用了不到 10 年的时间，西德这个战败并被摧毁的国家便成为欧洲大陆上最强的经济体之一，这似乎是个奇迹。这正是一个市场经济的奇迹。一位名叫路德维希·艾哈德（Ludwig Erhard）的经济学家，当时正担任德国的经济部长。在一个星期天，即 1948 年 6 月 20 日，他下令发行一种新的货币，即今天的德国马克，同时废除对工资和物价的一切管制。他总喜欢说，他在星期天采取行动，是因为法国、美国和英国的占领当局在星期天不办公。考虑到占领当局凡事都倾向于管制的态度，他确信如果在他们的工作日采取行动的话，占领当局一定会撤销他的命令。他采取的措施似乎具有魔力，短短几天之内，商店里就堆满了琳琅满目的物品；几个月之后，德国的经济便活跃起来了。

即便是苏联和南斯拉夫，也形成了类似的对照，尽管不那么鲜明。苏联是由中央机关密切控制的，它未能完全取消私有财产和自由市场，但却尽可能地把它们限制在有限范围内。南斯拉夫在开始时走的也是同样的道路，但是，当它在铁托的领导下与斯大林领导的苏联关系破裂之后，就遽然改变了发展路线。南斯拉夫有意识地促进非中心化的进展，并开始运用市场力量来发展经济。大部分农田是私有的，其产品也在相对自由的市场上出售。小型企业（不到 5 个雇员的小企业）可以为私人拥有并管理运作。尤其是在制作手工艺品和发展旅游业方面，这些小企业发展得很不错。稍大些的企业其实是工人合作社，这是一种低效率的组织形式，但至少能使个人具有一些责任感和创新精神。南斯拉夫的居民是不自由的，与相邻国家奥地利的居民或其他类似的西方国家居民相比，他们的生活水平要低得多。然而，南斯拉夫还是给我们这样刚从苏联过来的旅行观察家留下了深刻的印象，和苏联相比，这里就是天堂了。

中东地区的以色列，尽管声称自己坚持而且政府的确对经济进行了广泛的干预，但是其市场领域仍然富有活力，这主要是对外贸易带来的一个间接后果。以色列实行的干预政策阻碍了经济增长，不过比起埃及人民来，以色列人民享有的政治自由程度和生活水平都要高得多。埃及的政治权力要比以色列集中得多，对经济活动的控制也严格得多。

远东地区，马来西亚、新加坡、韩国、中国台湾地区、中国香港地区还有日本，这些国家和地区都广泛地依靠私人市场来发展经济，因而都很繁荣。人民对未来满怀信心，经济高速增长。年人均收入是最好的衡量方法，到 20 世纪 70 年代末期，这些国家和地区年人均收入从马来西亚的约 700 美元到日本的约 5000 美元不等。相比之下，印度、印度尼西亚等都是严重依赖中央计划的国家，这些国家都是经济停滞和政治压制并存，其年人均收入还不到 250 美元。

有一个事例极富启发性，值得加以详尽考察，这便是印度和日本的对比。我们指的是将 1947 年印度取得独立之后 30 年内的经历与 1867 年日本明治维新后 30 年内的经历进行对比。通过做实验来验证假说在物理学中是十分重要的，但是一般来说经济学家和社会科学家很少能像物理学家那样来做可控制的实验。不过，这里提到的印度和日本的经历非常接近于可控制的实验，可以用来检验各种组织经济活动的方法之差异的重要性。

印度独立和日本明治维新之间相差 80 年。不过，在两段经历的开始时期，这两个国家各方面的情形都十分相似。两国都拥有悠久的文明和高度复杂的文化，都有高度结构化的人口。日本是一个由大名（即封建领主）和农奴组成的封建社会；印度实行的是严格的种姓制度，人人都按照英国人所谓的"预先排好的等级"从高到低排列，最上面的是婆罗门，最下面的是贱民。

两个国家都经历了重大的政治变革，由此使政治、经济和社会的各种制度安排经历了剧烈的变动。两国分别由一群精明能干并且愿意为事业献身的领导人掌权。他们都有强烈的民族自豪感，立志改变经济停滞不前的状况并使其快速增长，决心把自己的祖国建设成为强大的国家。

　　两国之间的所有差别，几乎都对印度而不是对日本有利。明治维新前的统治者几乎使日本完全与世隔绝，一年一度有一艘荷兰船只光顾日本，这就是日本仅有的国际贸易和国际联系。几个少得可怜的西方人，日本人也只允许他们待在大阪港一个小岛上的居留地内。长达 300 多年的强行隔绝，使日本对外界一无所知，科学技术大大落后于西方，几乎没有一个日本人能够讲或读汉语之外的其他任何外语。

　　而印度则幸运得多。它的经济在第一次世界大战之前得到了巨大的增长。在两次世界大战之间，由于印度为脱离英国获得独立而进行斗争，因而经济增长转为停滞，但是并未倒退。交通运输状况的改善结束了反复出现的地区性饥荒。许多印度领导人在西方发达国家尤其是英国受过教育。英国对印度的统治，给它留下了大量技艺娴熟而训练有素的公共服务人员、许多现代化的工厂和一个高质量的铁路系统。而这些在 1867 年的日本一样也没有。和西方世界相比，印度的技术是比较落后，但是这差距和 1867 年日本与当时发达国家的差距相比要小得多。

　　印度的物质资源也要比日本优越得多。日本唯一拥有的物质上的优势就是海洋，海洋提供了便利的运输和丰富的渔产。但是在其他方面，印度的国土面积几乎是日本的 9 倍，而且境内多是地势相对平缓、交通便利的土地。而日本境内多是山地，仅有沿海岸线一带狭窄的土地可供居住和耕种。

　　最后，日本的发展靠的是自力更生。当时，并没有外资投向日本，也没有哪个资本主义国家的政府或基金会组成财团向日本提供低息贷款，或给予馈赠。日本只得依靠自身的资本来支持经济的发展。其间仅有一次侥幸的机会，那是在明治维新后不久的一段时间，欧洲的丝织品产业经历了严重的萧条，由此日本得以借助丝织品出口赚得了更多的外汇。

　　印度的境遇则要好得多。自 1947 年获得独立之后，印度从世界各国得到了大量的资源，其中大部分是无偿赠予。时至今日，这种资源仍然持续不断地流入印度。

尽管 1867 年的日本和 1947 年的印度有着相似的境况，但二者的发展结果却大不相同。日本打破了封建秩序，大大拓展了人民的社会和经济机会；即便人口激增，普通百姓的命运也得到了迅速的改善。在国际政治舞台上，日本成了一支不容小觑的力量。虽然日本并未实现完全的个人自由和政治自由，但在这方面有了重大的进步。

印度虽然口口声声说要废除种姓制度的藩篱，但在实践中却进展甚微。少数人和多数人在收入与财富方面的差距未见缩小，反而越拉越大。正如 80 年前的日本一样，印度的人口也出现了激增，可是单位资本的经济产出却未增长，其经济几乎停滞不前。事实上，印度最贫穷的 1/3 人口的生活水准可能还有所下降。在经历了英国的统治之后，印度认为自己成了世界上最大的民主政体，对此还颇为自豪，但没过多久它就滑向独裁专制，限制言论自由和出版自由。目前它再次处于这样的危险之中。

两国的发展结果不同，对此应如何解释呢？许多观察家提到，两国的社会风俗不同、国民特性不同。宗教禁忌、种姓制度、宿命论哲学——据说所有这些都将印度人禁锢在传统的桎梏之中。人们还说，印度人懒散怠惰，没有创业精神。相比之下，人们却称赞日本人，说他们吃苦耐劳，精神饱满，对外国的各种影响积极热切地做出反应，尤其令人难以置信的是，他们能够巧妙地吸收从外部世界学到的各种知识为己所用。

今天，对日本人如此描述可能是准确的，但在 1867 年却并非如此。当时在日本居住的一位外国人曾写道："我们认为，它（日本）永远不可能变得富强。除了气候之外，大自然赋予日本的各种优势和日本人游手好闲、耽于享乐的禀性都使日本无法富裕起来。日本人是一个快乐的民族，他们知足常乐，似乎并非不厌求索。"另一位写道："在这里，西方世界确立并认可的各种原则，似乎完全失掉了它们原有的功能和活力，不幸地日趋杂芜、败坏。"

同样，对印度人的描述，可能对今日的某些印度人而言是准确的，甚至对大多数印度人也是准确的，但这只是对居住在印度本土的人而言；对于那些移民到其他地方的印度人，这样的描述完全不正确。在许多非洲国家，在马来西亚、斐济群岛、巴拿马以及在最近的大不列颠，印度人都是成功的企业家，有时还构成了企业家阶层的中流砥柱。他们常常是发起并促进经济进步的动力之源。在印度国内，凡是政府管制较弱之处，就存在进取心和事业心、创业动力、首创精神。

在任何情况下，经济和社会进步都并非取决于群众的品性和行为。在任何国家，都是极小一部分人设定前进的步伐，决定事态的进展。在那些发展得最迅速、最成功的国家里，都是极少数积极进取、愿意担风险的人率先前行，从而给仿效者创造了机遇，继而使得大多数人的生产效率得以提高。

许多外界的观察家为印度人的国民性感到痛心疾首，而这些特性与其说是妨碍进步的原因，毋宁说是缺乏进步的表现。当努力劳作和甘冒风险不能带来回报时，懒散怠惰、不思进取的情绪才会泛滥。而宿命论哲学正是对外部世界停滞不前的一种自我调适。印度并不是没有人才来激发并促进经济发展，就像1867年之后的日本所经历的那样，甚至像德国和日本在第二次世界大战之后所经历的那样。事实上，印度真正的悲剧在于，我们认为它本来能够发展成一个繁荣昌盛、生机勃勃、日益富强的自由社会，而它却仍然是一个穷人遍布的次大陆。

那么，究竟应当如何解释日本在1867～1897年的经历与印度在1947~1979年的经历这二者之间的差异呢？我们认为，这其中的原因与导致西德与东德的差异、以色列和埃及的差异的原因是一样的。日本主要依靠的是自愿合作和自由市场体制，仿效当时英国的模式；而印度主要依靠的是中央经济计划，也是仿效当时英国的模式。

明治政府确实以多种途径干预经济事务，并且在经济发展过程中发挥了关键作用。政府派出很多日本人到外国去接受技术培训，并且从外国聘请专家。在许多产业中，政府建立了领头的工厂，并且给予其余企业大量补贴。但是明治政府从未试图控制总产量、投资方向或产出结构。国家仅在造船业和钢铁业持有大量股份，它认为这对军事力量是至关重要的；之所以要保有这些产业，是因为私人企业不愿在这些领域经营，况且还需要大量的政府补贴。这些补贴耗费了日本的经济资源，因此妨碍而非促进了日本的经济发展。最后，根据当时的国际条约，在明治维新后的 30 年内，日本无法将关税提高到 5% 以上。事实证明，这一限制虽然在当时曾为人诟病，而且关税在条约期满之后便提高了，但在当时对日本绝对是大有裨益的。

而印度却采取了截然不同的政策。印度领导人认为，资本主义是帝国主义的同义语，应当不惜一切代价加以避免。他们着手实施一系列苏联式的五年计划，对投资计划进行详细的擘画。政府保有某些生产领域，其他领域虽然允许私人企业经营，但必须与国家计划相一致。国家通过关税和配额来控制进口，通过补贴来控制出口。印度领导人理想中的状态是自给自足。不用说，这些措施导致了外汇的短缺，因此只能通过琐细而又广泛的外汇管制来加以弥补，而这正是导致经济无效率和经济特权的主要根源之一。工资和物价也受到管制；开办工厂或进行任何投资都需要经过政府批准。各种税收多如牛毛，纸面上写得有板有眼，实践中偷税漏税屡见不鲜。走私活动、各种黑市、形形色色的非法交易像税收一样无处不在，这些虽然削弱了法律的尊严，但也在某种程度上抵消了中央计划的刻板僵化并可能满足某些紧急的需求，从而发挥了有价值的社会功用。

日本依靠市场体制，使深藏于国民中的活力和创造力得以释放，其活力之强、创造力之大谁都不曾料到。同时，日本防止了既得利益者阻挠制度变革，并使其经济发展接受效率准则的严格检验。而印度则依靠政府管制，从而严重地挫伤了国民的创造性，或者说，将国民创造性白白耗散于无用之途。同时，印度保护各种既得利益，使其免遭变革之侵害；在印度，决定何者生存的准则不是市场效率，而是官僚们的认可。

家庭纺织品和工厂纺织品在日本与印度的不同经历，可以说明两国政策之区别所在。当时，可能是日本在生丝生产上本就具有优势，加之欧洲生丝产业萧条，因此国际竞争对日本家庭丝织品生产的影响并不大；但是国际竞争几乎完全消灭了日本的家庭棉纺业，继而便是家庭手工织布业。之后，日本的工厂纺织业便发展起来，最初只能生产最粗劣、最低档的纺织品，但随后其产品档次不断提高，最终成为日本的主要出口产业之一。

在印度，政府却对家庭手工纺织业提供补贴，并保证其产品有销路，这样做据称是为了稳妥地过渡到工厂生产方式。正因为政府要对家庭生产进行保护，所以工厂生产虽然逐渐发展起来，却受到政府故意的阻挠。保护就意味着规模扩大，1948~1978 年，印度手工织布机的数量大约翻了一倍。在今日印度的万村千乡，手工织布机的声音从清晨一直响到深夜。其实，只要能和其他产业公平竞争，手工纺织业也没什么不好。日本就是这样，现在日本仍然有家庭纺织业，尽管整个产业规模很小，但却很兴旺。其产品是奢华的丝织品或其他织物。而印度家庭纺织业的兴旺靠的却是政府补贴；为了使那些手摇织布机的人赚钱比在自由市场体制下多一些，其他人就要为此多纳税，而后者过得并不比前者好。

英国在 19 世纪早期面临的问题，与几十年后日本面临的问题和 100 多年后印度面临的问题完全相同。当时，繁荣兴旺的家庭织布产业面临着被动力织布机毁灭的危险。为此，英国专门委派了一个皇家委员会对纺织业进行考察。该委员会确曾考虑过对家庭纺织业提供补贴，并确保其产品能有销路，后来印度采取的正是这种政策。但委员会马上就否决了这种政策，因为这只能使最根本的问题更为恶化，即手工织布者已经过多了，后来印度发生的情况正是这样。英国采取的办法和后来日本采取的一样，即让市场力量发挥作用，这是一种暂时严酷但终能获益的政策。[2]

日本和印度两国的经历的对比是饶有趣味的，它不仅清楚地表明了两种组织经济活动的方法所导致的不同后果，还表明了在所追求的目标和所采取的政策之间相去甚远。其实，明治政府领导人心中的目标倒是和印度采取的政策更加合拍，因为他们一心想要自己的国家强大辉煌，不把个人自由看得很重；而印度领导人心中的目标却和日本采取的政策更为合拍，因为他们真心实意地希望促进个人自由。

■ 管制与自由

美国虽然没有采取中央经济计划，但在过去的 50 年里，经济活动中政府发挥的作用却大得多了。政府干预使我们在经济上付出了很高的代价，对我们的经济自由强加的种种限制，使两个世纪以来的经济进步面临终止的危险。政府干预使我们在政治上也付出了很高的代价，它大大限制了我们的个人自由。

当然，美国仍然是一个主要的自由主义国家。然而，就像亚伯拉罕·林肯（Abraham Lincoln）在其著名的"分裂之家"演说中所说的那样，"家不和，则不立……我并不希望这个家垮掉，我希望它不要再分裂。它要么完全统一，要么就面目全非。"这里他谈的是人的奴役，但这种先知般的预言同样适用于政府对经济的干预。如果政府干预进一步扩大，我们这个"分裂之家"就会倒向集体主义一边。幸而，越来越多的证据表明，公众已经意识到了这种危险，决心组织并扭转这种"大政府"的发展趋势。

我们大家都受到现状的影响，越来越觉得这种状况本该如此，觉得这就是各种事务的自然状态，特别是当这种状态是经由一系列细微渐进的变化形成时就更是如此。很难估计这种日积月累起来的效果有多大。要想跳出现在这个局面以新的眼光来审视它，需要很大的想象力。进行这样的想象是很有意义的。想象的结果即便不能说是令人震惊，可能也足以令人感到惊讶。

经济自由

经济自由当中很重要的一部分便是支配自己收入的自由：我们给自己花多少钱，花在哪些方面；存多少钱，以何种形式存钱；给别人花多少钱，给谁花；等等。当前，我们收入的 40% 以上都被联邦政府、州政府、地方政府替我们花掉了。我们当中有人曾提议设立一个新的全国性节日，"个人独立日——在每年的这一天，我们不再为了给政府开支买单而工作，而是为了支付我们几个人或自己喜好的东西而工作"。[3] 在 1929 年，这个节日可能就定在亚伯拉罕·林肯的生日 2 月 12 日这一天；现在的话，可能定在 5 月 30 日这一天；如果目前的趋势照此发展下去，那么大约在 1988 年的时候，这个节日可能恰好和另外一个独立日重合，即 7 月 4 日。

当然还是要说一说，我们的收入当中到底有多少是政府替我们花掉的。经由我们亲自参与的政治活动，使得政府开支高达我们收入的 40% 还多。多数通过原则是一种必要的、可取的权宜之计，但这与你在超市购物时所享有的自由大不相同。每年一度你到投票室投票的时候，几乎总是对一揽子决议而不是各项具体决议投票。如果你是多数之一，那么最好的情况便是，你赞同的决议和反对的决议都得到通过；你之所以愿意对一揽子决议投票，是因为你觉得你反对的那些决议相比之下不是很重要。一般来说，你最终得到的内容和你先前打算为之投票的内容总有些不同。如果你是少数之一，那么你只能接受多数人的投票结果，等待下一次投票机会。但当你每天在超市投票选择商品的时候，你得到的正是你为之投票的，其他人也是如此。投票箱产生的结果是被迫一致而非自愿一致，而市场产生的结果则是自愿一致而非被迫一致。这就是我们为什么仅在需要被迫一致才能做出决策的时候才选择投票箱这种办法，而且能不用就不用。

作为消费者，我们甚至连自己的税后收入都不能自由选择其用途。我们不能自由地购买甜蜜素和维生素 B_{17}，可能用不了多久，连糖精也不能买了。很多药品，即便是那些在国外广泛使用的药品，医生都无法为我们开，尽管他们认为这些药品对我们的疾病是最有效的。我们无法自由地购买没有安全带的汽车，虽然目前我们还能自由地选择系还是不系。

经济自由当中另一重要的部分是根据自己的利益支配手中资源的自由，即选择职业的自由、经营企业的自由、与人交易的自由等，只要我们从事这些活动时严格遵守自愿原则，不诉诸武力强迫他人。

今天，如果没有政府官员的许可或者他们颁发的证书，有许多职业你都无法自由地选择，如律师、内科医生、牙医、管道工、理发师、殡仪人员等。即便你和老板达成自愿协议，你也无法自由地选择加班，除非你们之间的协议符合政府官员颁布的规章条例。

如果没有得到政府官员的允许，你无法自由地开办银行，从事出租车业务，开办电力公司或电信公司，经营铁路、公路、航线。

你无法在资本市场上自由地筹资，想筹资的话，你必须按照证券交易委员会的要求填写一大堆表格；并且为了使委员会满意，你必须在募债说明书中把项目前景描绘得极为惨淡，让他们觉得任何一个头脑正常的投资者看了你的说明书都不会投资。此外，为得到证券委员会的批准所需的花费可能高达 100 000 美元，这无疑会使那些小公司只能望洋兴叹，而政府声称是要帮助这些小公司的。

拥有财产的自由是经济自由中另一重要的部分。当然，我们确实拥有广泛的财产所有权。我们半数以上的人拥有自己居住的房子。但涉及机器设备、厂房以及类似的生产工具时，情形就大不相同了。我们自认为是一个自由的私人企业社会，一个资本主义社会。但就公司企业的所有权来说，我们大概有 46%是社会主义性质的。你拥有某家公司 1%的股权，意味着你有权获得其利润的1%，并且必须用你的全部资产价值来承担其亏损的 1%。1979 年，联邦企业所得税率为：100 000 美元以上的收入缴纳 46%的所得税（1979 年之前要缴纳48%）。也就是说，企业赚 1 美元的利润，联邦政府就可以得到 46 美分，当然如果企业亏损 1 美元，联邦政府也须承担 46 美分的损失（前提是此前获得的利润可以抵消这些损失）。事实上对每家企业而言，联邦政府都拥有 46%的股份，只不过它不能作为股东通过直接投票的方式直接左右公司各项事务。

单是把加诸我们经济自由的种种限制全部列举出来，就比本书厚得多，更不用说详尽地描述这些限制了。上面举的这几个例子，仅仅旨在说明这种限制是多么广泛。

人类自由

对经济自由的种种限制，不可避免地影响到了一般的自由，甚至影响到了言论自由和出版自由。

下面这段文字是从李·格雷斯（Lee Grace）1977 年写的一封信中摘出来的，他当时是一个石油煤气协会的执行副总裁。关于能源立法问题，他写道：

大家知道，真正的问题并不是 1000 立方英尺[⊖]的煤气应该定多高的价格，而是保障言论自由，这一问题可以说是宪法第一修正案的延续。管制愈加详细、严格，就像一位老大哥似的把我们盯得死死的，我们就越发小心翼翼如履薄冰，不敢实事求是，不敢戳穿谎言和谬误。国内收入署的审计、官僚主义的钳制或政府的烦扰都让我们深感恐惧，这种恐惧心理正是反对言论自由的强大武器。

1977 年 10 月 31 日出版的一期《美国新闻与世界报道》在"华盛顿传闻"栏目中指出："石油产业的从业人员声称他们收到了能源部长詹姆士·施莱辛格的最后通牒：'要么就支持政府提出的原油税，要么就接受更严厉的管制，甚至被解散。'"

李·格雷斯的这些话被石油产业人员的公开行为所充分证实。在一次会议上，参议员亨利·杰克逊（Henry Jackson）斥责石油产业赚取了"肮脏的利润"，在场的众多石油产业经理中竟没有一个人敢反驳他，甚至都不敢拒绝再受人身攻击而离开会议室。私底下，不论是对当前限制公司运作的复杂的联邦管制结构，还是对卡特（Carter）总统提出的扩大政府干预的做法，石油产业的经理们都表示强烈的反对，但在公开场合却都发表措辞温和的言论，自称赞成政府管制的目标。

几乎没有哪个企业家认为，卡特总统提出的所谓自愿工资和物价管制，是对付通货膨胀的可取且有效的办法。然而，各家企业、各位企业家都纷纷表示赞成该方案，到处是一片颂扬之声，并且承诺愿意合作。只有少数人有勇气对此表示公开的反对，一位是前国会议员、白宫官员和内阁成员唐纳德·拉姆斯菲尔德（Donald Rumsfeld），还有就是那位虽然年已耄耋却老而弥坚的前劳

⊖ 1 立方英尺 =0.028 316 8 立方米。

联－产联主席乔治·米尼（George Meany）。

当然，人们要想言论自由，应该要付出一些代价；如果代价仅仅是不受欢迎和招来批评，那么此类代价就是合理的也是应该的。但是，言论自由的代价绝不能是"令人胆寒的后果"（套用一句最高法院的著名判词）。然而当前企业经理们的自由言论的确存在这样的后果，这一点几乎毋庸置疑。

"令人胆寒的后果"不仅发生在企业经理们身上，所有人都会面对这样的后果。拿我们自己最熟悉的学术界来说，许多从事经济学的和自然科学的同行，会得到国家科学基金的资助；从事人文科学研究的同行，会得到国家人文科学基金的资助；所有在州立大学任教的教师，其薪水都有一部分是从州立法部门那里得到的。我们认为，设立国家科学基金、国家人文科学基金以及对高等教育给予税收补贴都是不可取的，都应当予以废除。当然，这种观点即便在学术界也还是少数意见，但即便是少数，也要比人们从各种公开言论中所能搜集到的多得多。

出版界在很大程度上也要依赖政府，作为主要的新闻来源，它依赖政府，而且在大量日常事务中它也依赖政府。且看来自英国的一个例子，它足以让人感到震惊。像伦敦《泰晤士报》这样的大报，几年前居然被自己的一家工会干涉而不能正常出版，原因是它打算刊登一篇报道，说工会企图影响报纸的内容。工会之所以能有这样的力量，是因为它们从政府那里得到了特殊的豁免权。在英国，一个全国性的记者联合会正在形成某种圈内人士的职业联盟，威胁说如果哪家报社雇用了非联合会成员做记者的话，他们将集体抵制那份报纸。这一切居然发生在英国，而英国正是美国自由主义的主要发源地。

再来看宗教自由。美国信仰安曼教派的农民，其住房及其他财产曾被没收，因为他们以宗教的理由，既拒绝缴纳社会保障税，也拒绝接受社会保障。教会学校的学生曾被法院传讯，罪名是旷课并违反义务教育法，其实是因为教会学校的教师没有必需的资格证书，来证明自己符合州政府的要求。

　　尽管以上这些事例仅仅触及问题的表面，但也足以说明一点：自由是一个整体，在我们的生活中，减少某一方面的自由，很可能也会影响到其他方面的自由。

　　自由不可能是绝对的，我们的确生活在一个彼此相互依赖的社会中。之所以必须对我们的自由加以限制，是为了避免更坏的限制。然而，我们在这一点上已经走得太远了。眼下的当务之急是消除这些限制，而非再增加限制。

■ 注释

1. *Wealth of Nations*，vol.I，pp.422 and 458.

2. See George J.Stigler，*Five Lectures on Economic Problems*（New York：Macmillan，1950），pp.26-34.

3. "A New Holiday," *Newsweek*，August 5，1974，p.56.

第 3 章

危机的解析

Free to Choose

爆发于 1929 年年中的大萧条，是美国历史上前所未有的大灾难。至 1933 年，美国经济跌入谷底，以美元衡量的国民收入减少了一半；总产出下降了 1/3，失业率史无前例地上升到 25%。对美国之外的世界来说，大萧条同样是一场灾难。萧条所到之处，无不导致产出减少、失业率升高，到处是饥荒和苦难。在德国，经济萧条使希特勒得以篡权，从而为第二次世界大战的爆发铺平了道路；在日本，经济萧条使军国主义势力增强，他们一心想要建立所谓的"大东亚共荣圈"。

在思想观念领域，大萧条使人们相信：资本主义制度是一种不稳定的体制，它注定会导致更加严重的危机。于是，人们转而接受了另一套早已被知识分子日益接受的观点：政府必须扮演更加积极主动的角色；政府必须干预经济，以此来消减无序的私人经营活动所导致的不稳定；政府应当发挥摆轮的作用，促进经济稳定，保障经济安全。从那时起到现在，政府力量特别是中央政府的力量得到了快速增长，而人们对私人企业和政府各自应扮演的适当角色的认识发生的转变，正是促成这种局面的主要因素。

在经济学专业理论当中，大萧条也引起了影响深远的变化。此前，经济学家一直相信货币政策是促进经济稳定的有力工具，这种信念在 20 世纪 20 年代还一度得到强化；但是，经济崩溃将这种信念击得粉碎。由此，经济学理论几乎完全走向另一极端，即"货币根本不起作用"。堪称 20 世纪最伟大的经济学家之一的约翰·梅纳德·凯恩斯（John Maynard Keynes），提出了另外一套理论。经济学领域当中的"凯恩斯革命"不仅征服了经济学家，并且为广泛的政府干预提供了具有吸引力的证明，开出了一整套处方。

公众和经济学家观念的转变，均源自对实际情况的误解。当时只有少数人知道，而我们现在都知道，大萧条并非私人企业的失败所导致的，而是因为政府并未成功地履行它被赋予的责任。这些责任用《合众国宪法》第一条第 8 款的话来说，便是"铸造货币，调节其价值，并厘定外币价值"。[⊖] 不幸的是，在第 9 章我们将会看到，政府在管理货币方面的失败不仅是历史上的一桩怪事，而且仍是今日之现实。

■ 联邦储备体系的起源

1907 年 10 月 21 日，星期一，其时大约在一次经济衰退开始之后 5 个月，纽约市第三大信托公司——尼克波克信托公司开始遭遇金融困难。第二天，人们对银行的挤兑导致了它的破产（后来的情况表明这只是暂时的，该公司于1908 年 3 月重新开业）。尼克波克公司的倒闭，一下子引发了人们对纽约其他信托公司的挤兑，之后挤兑风潮蔓延全国，一场银行业的"恐慌"便开始了，这种恐慌在 19 世纪也时有发生。

一个星期之内，全国各地的银行纷纷针对"恐慌"采取行动，它们的办法是"限制支付"，即宣布不再向想要提取存款的储户们支付货币。在某些州，州长或司法部长采取措施，对限制支付的做法给予法律上的支持；在其他州，政府对限制支付的做法干脆隐忍不究，即便银行在操作上违反了州银行法，但仍获准继续营业。

限制支付的办法遏制了银行倒闭，刹住了挤兑风潮，但却使企业经营活动大为不便。这种做法导致了铸币和通货短缺，木制硬币以及合法货币的其他临时替代品开始在私人交易中流通起来。在通货短缺最严重的时期，购买 100 美元通货需要 104 美元存款。恐慌加上限制支付，对人们的信心和企业经营活动的效率产生了恶劣的影响，并且迫使货币数量减少；这两种影响分别通过直接和间接两种途径，使得那次衰退成为到那时为止美国所经历的衰退中最为严重的一次。

⊖ 此句译文转引自《美国赖以立国的文本》，J. 艾捷尔编，赵一凡，郭国良主译，第 54 页，海南出版社 2000 年版。——译者注

不过，衰退最为严重的一段时间不是很长。至 1908 年初，各银行便开始支付提款；几个月之后，经济开始复苏。衰退从头到尾仅持续了 13 个月，而其最严重的阶段大概只有半年左右。

这一戏剧性的事件是促成 1913 年《联邦储备法案》得以通过的主要原因，由此人们觉得在货币和银行领域采取一些政策措施很有必要。在西奥多·罗斯福（Theodore Roosevelt）所代表的共和党主政时期，成立了一个国家货币委员会，并由著名的共和党参议员纳尔逊 W. 阿尔德里希（Nelson W. Aldrich）来领导。在伍德罗·威尔逊（Woodrow Wilson）所代表的民主党主政时期，著名的民主党众议员（后来也成为参议员）卡特·格拉斯（Carter Glass）重新起草整理了国家货币委员会的政策建议。后来因此成立的联邦储备体系便成了主要的国家货币管理机构。

可是，"挤兑"、"恐慌"、"限制支付"这些提法究竟是什么意思呢？这些提法为何会按照我们赋予它的含义而产生极为深远的影响呢？为了避免类似事件发生，《联邦储备法案》的起草者又提出了什么建议呢？

对银行的挤兑是指，大量的储户在同一时刻要求"提取"其存款。挤兑之所以发生，是因为储户担心银行可能要破产从而无法履行其偿付的义务，这种担心可能就是事实，但也可能纯属谣言。说到底，挤兑就是人们试图在其存款消失之前从银行里取出"他自己的"钱。

不难理解，挤兑会使那些本无偿债能力的银行加速破产。可挤兑为什么还会给那些具备偿债能力，愿意履行其义务的银行带来麻烦呢？这是因为，当我们对银行提出某种要求权时，使用了"存储"一词，而我们对这个词的理解是极其错误的。把货币"存储"到银行之后，你很自然地认为银行只不过是把你的一沓钞票"存储"在保险柜里，随时等着你来取。可事实绝非如此，要真是这样的话，银行靠什么来支付其运营成本呢？又靠什么来为存款支付利息呢？事实是，银行只把一小部分钞票锁在保险柜里作为"储备"，剩下的大部分都拿去放贷并收取贷款利息，或者拿去购买生息证券。

另外一种典型的情况是，你存入银行的根本就不是货币，而是其他银行的支票。这样的话银行手头根本就没有货币，也就没什么可锁进保险柜的，它所拥有的只是对其他银行的货币要求权。但一般情况下它不会行使这种权利，因为其他银行往往也对它有同样的要求权。对 100 美元的存款来说，所有银行加起来也只有几美元的现金放在保险柜里。我们的制度是"部分准备金银行体制"。只要人人都相信他随时能够从银行提出现金，并且仅当他确实需要现金时才这么做，那么这种体制运行起来就没什么问题。通常情况下，银行新吸收的现金存款额大约和取款额相持平，因此少量的准备金就足以应付当前的取、存款缺口。然而，若是人人都想马上就取出存款，那情形就大不同了，很可能就会发生恐慌。那情形，就好比在一个满是观众的剧场里，突然有人喊了一声"着火啦"，于是人们便争先恐后地夺路逃生。

如果仅有一家银行受到挤兑，那么它尚能应付得了，办法是向其他银行拆借，或者要求贷款者还贷。贷款者可以从其他银行提出存款来偿还这家银行的贷款。可要是挤兑风潮蔓延开来，那么整个银行业就无法通过这种方式应付了。原因很简单，所有银行金库里的货币加起来也不足以应付储户的提款要求。此外，动用金库现金来应付挤兑风潮，只能使银行存款进一步减少，除非这样做能够迅速提升储户的信心并结束挤兑风潮，从而人们愿意重新把钱存入银行。1907 年，对每 100 美元的存款来说，各家银行保有的现金平均只有 12 美元。这样的话，银行若想保持原先的准备金与存款比率，每支付 1 美元的提款就要额外减少 7 美元的存款，如此才能把现金从保险柜里拿出来交给储户，储户才能够拿回家去压在床垫下。正因为挤兑的结果是公众手中囤积了大量的现金，由此经济中的货币总供给就减少了。所以，如果挤兑风潮不能及时刹住，我们就会遭受极大的痛苦。各家银行为了拿到足够的现金来应付储户的提款要求，纷纷向其贷款者催促还贷，并声明不准续借也不再发放新的贷款。但是，那些贷款者却求助无门，因而结果便是银行破产，企业倒闭。

如果恐慌来临，怎样才能使其立即停止呢？或者，怎样才能提前避免恐慌发生呢？制止恐慌蔓延的办法之一是，银行业联合起来一致采取限制支付的策略，1907 年采用的就是这种办法。各家银行仍然开门营业，但彼此达成一致：储户提款时不支付现金，采用记账、转账的办法来应付。如果甲乙二人都是在本银行开户的，那么接到甲开给乙的支票时，本银行并不兑换现金，而是按照支票数额减少甲的存款账户余额，同时等量增加乙的存款账户余额。如果甲是在本行开户的，乙是在其他行开户的；或者甲是在其他行开户的，乙是在本行开户的，那么接到甲开给乙的支票时，两家银行都不兑换现金，而是像往常一样"通过票据交换所"来操作，即用本行接到的其他行储户的支票，冲抵其他行接到的本行储户的支票。与往常不同的是，本行对他行的应付账款，与他行对本行的应付账款之间的差额，是用支付保证来解决，而不是以现金偿付。银行也支付一些现金，但不是对所有要求提款的储户，仅有银行的老客户才有这般待遇，以供他们发放工资或类似的应急之用；同样，银行也能从这些老客户那里得到一些现金以解燃眉之急。即便在这种体制下，某些"不殷实的"银行仍然可能倒闭。但这些银行的倒闭，不仅仅是因为它们未能把殷实的资产转换成现金。随着时间的推移，恐慌逐渐平息，公众对银行的信心渐渐恢复，银行又可以向提款的储户支付现金了，这样便不会引发新一轮的恐慌。当然，这种制止恐慌的办法颇为严厉，但确实管用。

还有一种制止恐慌的办法是，让殷实的银行能够把其资产迅速转换成现金，当然这种办法不是以损害其他银行为代价的，而是通过创造额外的现金——也可以说是通过应急印钞机来转换的。这正是《联邦储备法案》提供的办法。据说这一方法甚至连限制支付引起的暂时混乱都能避免。根据该法案建立的 12 家地方银行，直接在华盛顿联邦储备委员会的监管下营业，委员会授权给这几家银行，使其充当各商业银行"可求助的终极放贷者"。它们以两种形式发放贷款，一种是以货币形式发放（即联邦储备券，它们有权印刷这种储备券），一种是以银行账目上的存款信贷形式发放（它们也有权创造这种信贷资金，只要记账员笔尖一动即可）。这几家银行可谓是其他银行的银行；美国的这几家地方银行，其地位就相当于英国的英格兰银行和其他国家的中央银行。

最初人们认为，联邦储备银行主要是采取直接贷款给各家银行的方式来运作，以各家银行自己的资产——尤其是它们的期票（即提供给企业的贷款）——为担保。但在许多贷款行为中，各家银行却对期票进行"贴现"，即支付的额度比面值额度少，其贴现额权当银行收取的利息。于是联邦储备银行便反过来对期票进行"再贴现"，由此从各家银行收取贷款利息。

随着时间的推移，"公开市场业务"（即买卖政府债券）取代了再贴现，成为联邦储备体系放松或收紧银根的主要手段。当某家联邦储备银行购买政府债券时，它便以联邦储备券（可能是金库里的存货，也可能是新印刷出来的）来支付；不过更典型的做法是，在其账簿上为某家商业银行增加存款。这家商业银行可能本身就是政府债券出售者，也可能是其他债券出售者开立存款账户的银行。由此增加的额外通货和存款，就可作为商业银行的储备，使它们能够在此基础上成倍地扩大其存款额，这正是联邦储备银行的通货和存款被称为"高能货币"或"基础货币"的原因。当某家联邦储备银行卖出债券时，整个过程正好相反：商业银行的储备下降，整体上趋于收缩。直到晚近，联邦储备银行创造通货和存款的能力，还受到联邦储备体系掌握的黄金储备量的限制。但现在这一限制已被取消了，所以我们除了指望联邦储备体系负责人审慎明智的品性之外，再也不能指望其他任何有效的限制了。

20 世纪 30 年代初期，联邦储备体系未能成功地完成它的使命，最后只能在 1934 年采取了一个防止恐慌的有效方法，这便是建立了联邦存款保险公司，以此来保证存款最大限度地不受损失。该公司给存款人以信心，使其相信存款是安全的。由此，不殷实的银行倒闭或发生金融困难，就不会对其他银行造成挤兑。如同在拥挤的戏院里，观众们相信再不会发生火灾了。1934 年之后，虽然也曾有银行倒闭，也有过对个别银行的挤兑，但再没有发生过先前那样的银行恐慌。

此前，银行就经常采取对存款进行担保的办法来防止恐慌，只不过不是全部担保，效果也不很明显。当某家银行遇到金融困难，或是因为谣传而面临挤兑风险时，其他银行就自愿联合起来筹集一笔资金，为遇到麻烦的银行提供存款担保，这样的事已发生过多次。这种机制防范了许多假想中的恐慌出现，也大大缩短了许多真实恐慌的持续时间。当然，这一机制并非总是有效，有时是因为各家银行没有达成一项令大家彼此满意的协议，有时是因为公众对银行的信心没有立即恢复。稍后，我们将考察一个失败的案例，这个案例很重要，而且颇有几分戏剧性。

■ 联邦储备体系的早期岁月

联邦储备体系于 1914 年年底开始运作，就在几个月之前，欧洲爆发了战争。因这场战争，联邦储备体系的角色和重要性大大改变了。

该体系建立之时，英国是世界的金融中心。人们常说当时的世界建立在金本位制上，其实完全可以说是建立在英镑本位制上。建立联邦储备体系，首先是为了防止银行恐慌并为商业发展提供便利条件；其次才是担当政府的银行。人们想当然地认为，联邦储备体系会在一个金本位制的世界中运作，它仅是对外部事件做出反应，而不会对外部世界进行重塑。

但到战争结束时，美国却取代了英国，成为世界的金融中心。整个世界实际上建立在了美元本位制上，虽然战前的金本位制重新得以确立（只不过有所弱化），但我们还是可以说世界建立在了美元本位制之上。此时的联邦储备体系已不再无足轻重，不再是一个被动地对外部事件做出反应的机构了。它已经成为一支独立的力量，足以塑造整个世界的货币体系。

战争的几年间特别是美国参战后，不论起的作用是好是坏，联邦储备体系都展示了其巨大的力量。像在以前的（和以后的）一切战争中一样，为了筹措军费，联邦储备体系恢复了其类似于印钞机的功能。不过，它发挥这一功能的手段，要比以前的手法更为老练和微妙。只有当联邦储备银行用联邦储备券向财政部购买债券，使财政部能用储备券应付一些开销时，它才在某种程度上真正使用印钞机。但在多数情况下，联邦储备银行向财政部购买债券时，并不真的支付联邦储备券，而只是在财政部开立的账户上记下一笔存款。财政部便用这笔存款的支票来应付自己的开支。当收到支票的人把支票存到他们自己开立账户的银行时，这些银行又把它转存到联邦储备银行，如此一来，财政部在联邦储备银行的存款就转给了各家商业银行，增加了它们的储备金。储备金的增加，使商业银行体系的规模得以扩张，在当时扩张的途径主要有二，一是自己亲自购买政府债券，二是贷款给他人，使其能够购买政府债券。通过这种迂回的途径，财政部便得到了新创造出来的货币以支付战争费用，但货币的增加大多采取商业银行存款增加的形式，而不是采取通货增加的形式。当然，这种途径虽然巧妙，却也未能避免通货膨胀；但它的运作过程确实非常平稳，将实际发生的情况掩盖起来，由此减轻、延缓了公众对通货膨胀的担忧。

战争结束之后，联邦储备体系继续快速地增加货币供给量，从而加剧了通货膨胀。但在这一阶段，增加的货币并非用于政府开支，而是用于资助私人企业的经营活动。战时通货膨胀持续的时间，有 1/3 是在战争结束之后，同时也是在政府战争赤字结束之后。联邦储备体系发现自己错了的时候为时已晚。随后它马上做出激烈的反应，从而使国家在 1920~1921 年陷入萧条之中，这次萧条虽然为时不长但是很严重。

联邦储备体系最为成功的时期，是在 20 世纪 20 年代剩下岁月里。在那几年当中，它的作用确实像一个效果显著的摆轮，当经济出现衰退的迹象时，它就提高货币供给的增长率；当经济扩张过快时，它就降低货币供给的增长率。联邦储备体系并没有防止经济波动，但它确实使经济波动得不那么剧烈。此外，由于它行事十分公平，因而防止了通货膨胀。货币体系和经济形势稳定，由此经济获得了高速增长。当时的人们都吹嘘说一个新的时代到来了，商业周期被一个高度警觉的联邦储备体系消除了，一去不复返了。

20 世纪 20 年代所取得的成功，主要应归功于一位名叫本杰明·斯特朗（Benjamin Strong）的银行家；他是纽约联邦储备银行的第一任行长，在 1928 年突然去世前一直担任这一职务。在他去世之前，纽约联邦储备银行是执行联邦储备体系对内对外政策的主力军和急先锋；而本杰明·斯特朗无疑起到了举足轻重的作用。此人能力非凡，联邦储备委员会的一位成员称其为"天才，银行家中的汉密尔顿"。同联邦储备体系内的其他人相比，斯特朗得到了圈内圈外金融界领袖们更多的信任和支持，他的个人魅力能够使大家接受其观点，而且他也有勇气将自己的观点付诸实践。

斯特朗之死在联邦储备体系内部引发了权力之争，斗争的结果必然是影响深远的。正如为斯特朗作传之人所说："斯特朗死后，联邦储备体系再难找到一位魄力非凡、深孚众望的核心领袖。联邦储备委员会（位于华盛顿）决定，不再让纽约联邦储备银行扮演其先前的角色。但委员会自身又没有那份魄力，扮演不了那个角色，它当时仍然四分五裂，不够坚强……而且，其他联邦储备银行也和纽约联邦储备银行一样，都不愿接受委员会的领导……因此，联邦储备体系陷入了遇事难以决断，各方意见不一的尴尬境地。"[1]

谁也没有预料到，这场权力之争竟然成了权力迅速转移的第一步，此后，权力从私人市场转到政府、从地方政府和州政府转到了联邦政府。

■ 萧条的开始

普遍流行的看法是，大萧条始于黑色星期四，即 1929 年 10 月 24 日，这一天纽约股市发生了大崩盘。经过几次上下波动，最后大盘指数在 1933 年跌落到仅有 1929 年的 1/6，这一水平足以令人昏厥。

股市大崩盘固然很关键，但大萧条并非始于此。在 1929 年 8 月，即股市发生崩盘前两个月，企业经营活动就达到了其最高点，到 10 月份已经大幅回落了。股市崩盘是经济困难不断积累的后果，同时也反映了投机经济泡沫的破灭。当然，在企业家以及那些对新时代的到来寄予厚望的人当中，证券市场崩盘必然会引发焦虑的情绪。由此消费者和企业家都不愿支出，都希望增加自己的流动性储备以备不虞。

联邦储备体系随后的所作所为，使股市崩盘所造成的影响进一步扩大，危机进一步加深。崩盘发生时，纽约联邦储备银行为了缓和这一冲击，几乎是出于斯特朗主事时期形成的条件反射，当即亲自买进政府债券，从而增加了银行储备。这使商业银行能够向上市公司提供额外贷款，并从它们和其他受到崩盘影响的公司手中买进证券，以此来缓和冲击。但斯特朗已经去世，联邦储备委员会希望确立自己的领导地位。委员会迅速采取行动来约束纽约联邦储备银行，后者屈服了。此后联邦储备体系的所作所为，与它在 20 世纪 20 年代早期的经济衰退中的作为大不一样了。它没有采取积极的政策，扩大货币供给量以应对经济萧条；在整个 20 世纪 30 年代里，听任货币数量的逐渐减少。从 1930 年末到 1933 年初，货币数量大约减少了 1/3；与此相比，1930 年 10 月前货币数量减少的幅度显得比较温和，仅仅减少了 2.6%。但与过去相比，这个幅度仍然是比较大的。的确，同以前的衰退相比，不论是在衰退期间还是在衰退之前，几乎哪一次货币也没有减少这么多。

股市崩盘与 20 世纪 30 年代货币数量的缓慢减少，最终导致了一次相当严重的衰退。即便衰退在 1930 年末或 1931 年初就告结束（如果不是发生货币崩溃的话，衰退很可能不会发生），它也是有史以来最为严重的衰退之一。

■ 银行业危机

但是，最坏的情况还在后面。直到 1930 年秋为止，衰退虽然很严重，但银行业还没有发生困难，也没有发生对银行业的挤兑。当中西部和南部一系列银行发生倒闭，使人们对银行的信心大为降低，从而普遍想把存款转化成通货时，衰退的性质就发生了根本的变化。

银行倒闭的浪潮最终波及了全国金融中心纽约。1930 年 12 月 11 日是个非常关键的日子，这一天美国银行宣布倒闭。这是到那时为止美国有史以来倒闭的最大一家商业银行。而且，虽然它不过是一家普通的商业银行，但它的名称却使国内外许多人认为它是一家官方银行，因而它的倒闭对公众信心的打击尤其严重。

美国银行扮演了如此重要的角色，在某种意义上是纯属偶然的。由于美国的银行体系的结构是非中心化的，并且联邦储备体系听任货币存量减少，没有对银行倒闭做出积极的应对，所以若干小银行的倒闭迟早会引发对其他大银行的挤兑。即使当时美国银行不倒闭，也会有另一家大银行来引发雪崩似的银行倒闭。美国银行而不是其他银行倒闭，也可说是纯属偶然。该银行其实颇为殷实，虽然是在萧条最严重的几年里进行资产清算，但最后还是为储户的每 1 美元存款偿付了 83.5 美分。我们有理由相信，如果它经受得住突如其来的危机，那么储户是一分钱也不会损失的。

各种有关美国银行的谣言开始散布开来，纽约州银行业主管、纽约联邦储备银行和纽约票据交换所银行协会，曾试图制订若干计划来挽救这家银行，办法是为其提供保证金或将其与其他银行合并。这些办法是原来发生恐慌时的标准做法。直到银行倒闭前两天，人们还认为这些努力一定能成功。

但计划失败了，这主要是因为美国银行自身的特点，其次还有人们对银行界的偏见。别的银行十分嫉恨它的名号，因为这一名号对到美国来的移民很有吸引力。更主要的是，美国银行为犹太人所拥有，也是犹太人经营，并主要为犹太人提供服务。它是少数几家犹太人拥有的银行之一；而且同其他行业相比，银行业的服务对象几乎都是显贵名流。对它的救助计划之一便是，使美国银行同纽约市内另外一家主要为犹太人所有和经营的大银行，以及两家小得多的犹太人银行合并，这并不是偶然的。

纽约票据交换所在最后一刻退出了先前的协议（据说主要原因是一些银行界领导人采取了反犹主义立场），于是便导致了计划的失败。在银行家的最后一次会议上，纽约州银行业总管约瑟夫 A . 布罗德里克（Joseph A.Broderick）曾试图说服他们，但没有成功。后来在法庭作证时他说：

向它（美国银行）借钱的人成千上万，许多小商人，特别是犹太商人都得到它的资助，它若是倒闭，就可能使大批存贷款人破产。我警告说，它的关闭会使市内至少另外十家银行关闭，还可能影响储蓄银行。我还告诉他们，美国银行若是倒闭，其影响范围甚至可能波及纽约市以外。

我提醒说，两三个星期之前，他们还援助了纽约市两家最大的私人银行，心甘情愿地为其提供所需要的资金。我回忆说，不过七八年前，他们曾帮助过纽约市最大一家信托公司，为其提供的资金量比挽救美国银行所需的资金量要多许多倍，而且是几位主要领导人仓促地碰了碰面就议定下来了。

我问他们是否还是要放弃援助计划，他们告诉我说是的。于是我警告他们说，这样做将是纽约银行业历史上最大的错误。[2]

美国银行的倒闭，对它的所有者和储户来说都是悲剧。其中有两位所有者在审讯之后被判刑，从而身陷囹圄，人们一致认为他俩违反了法律，构成了技术犯罪。储户的存款后来虽然得到部分偿还，但却被套牢了若干年。对整个国家来说，其影响更为深远。零零散散的挤兑行为早就开始了，现在全国各地的存款人担心其存款的安全，也加入了挤兑活动。由此银行纷纷倒闭，仅1930年12月那一个月，倒闭的银行就有352家之多。

如果没有建立联邦储备体系的话，那么一旦发生挤兑风潮，人们自然就会采用1907年用过的办法，即限制支付。而且，这种限制要比1930年最后几个月实际实行的限制更加严厉。然而，限制支付可以防止一些优秀的银行发生储备流失，因而几乎必然能避免后来1931年、1932年和1933年的大批银行倒闭，正如1907年的限制支付很快就制止了当时的银行倒闭一样。果真如此的话，美国银行也许就能够重新开业，就像尼克波克信托公司在1908年重新开业一样。如果恐慌结束，公众信心恢复，那么经济很可能在1931年年初就开始复苏，就像在1908年年初那样。

联邦储备体系的存在，避免了采取这种激烈的治疗措施：直接原因是，它使一些大银行不那么担忧了，这些银行相信，一旦发生困难，它们就能向联邦储备体系借钱，从而能够平安渡过困难时期；间接原因是，它使全社会特别是银行界相信，有联邦储备体系对付挤兑风潮，再不必采取那种严厉措施了。

联邦储备体系本可以拿出一种好得多的解决办法，即在公开市场上大规模买进政府债券。这样将为银行提供额外的现金来满足储户的要求；也能防止银行的大量倒闭，至少是大幅减少倒闭银行的数量；也能防止公众把存款转化成通货，从而不致使货币数量减少。不幸的是，联邦储备体系优柔寡断，没有大刀阔斧地采取行动。它基本上袖手旁观，听任危机发展；在接下来的两年中，它也一而再、再而三地如此行事。

1931 年春天，当第二次银行业危机来临时，联邦储备体系就是这样行事的。1931 年 9 月，当英国放弃金本位制时，它采取的政策甚至更为反常。在严重的衰退持续了两年之后，联邦储备体系采取的应对是，将其提供给银行的贷款利率（贴现率）大幅提高，提高的程度可谓史无前例。它之所以采取这一策略，是为了防止持有美元的外国人来汲取它的黄金储备，这正是它担心英国放弃金本位制后可能发生的事情。但这一举措在国内引起的后果却是高度的通货紧缩，这使商业银行和工商企业面临的压力更大了。当时的经济本就步履维艰，联邦储备体系本可以在公开市场上买进政府债券，以此来抵消剧烈的货币冲击所带来的后果，但它没有这么做。

1932 年，在国会的强大压力下，联邦储备体系终于在公开市场上大规模买进政府债券。人们刚刚尝到点甜头，国会却休会了，结果联邦储备体系立刻废止了这一活动计划。

这一惨痛经历的最后，是 1933 年的银行业恐慌，这次又是以一系列的银行倒闭为开端。赫伯特·胡佛（Herbert Hoover）卸任和富兰克林·德拉诺·罗斯福（Franklin Delano Roosevelt）就任之间的过渡期使这次恐慌的程度更为加剧。罗斯福于 1932 年 11 月 8 日当选，但直到 1933 年 3 月 4 日才就职。胡佛不愿在未得到新当选总统合作的情况下采取严厉措施，罗斯福也不愿在就任之前承担任何责任。

恐慌在纽约金融界蔓延开来，联邦储备体系自己也乱了阵脚。纽约联邦储备银行行长试图说服胡佛总统在他任期的最后一天宣布全国银行休假，但未能成功。于是他便与各家纽约票据交换所银行、纽约州银行业主管一道，说服纽约州州长莱曼宣布全州银行在 1933 年 3 月 4 日罗斯福就任总统那天休假。联邦储备银行与各商业银行一起歇业，其他各州州长也采取了同样的行动，最后罗斯福总统于 3 月 6 日宣布全国休假。

建立中央银行体系，原本是为了使商业银行不必实行限制支付，但后来它却同各家商业银行一道，对银行支付实行了更为广泛、更为彻底的限制，其程度之严重是美国前所未有的，从而使经济受到了严重的干扰。胡佛曾在他的回忆录中说过这样一句话："归结起来，它（联邦储备委员）在国家危难之际，根本就指望不上。"[3] 对此说法人们必会深表赞同。

1929 年中期，经济活动处于最高点时，美国有近 25 000 家商业银行。到 1933 年初，银行数量缩减至 18 000 家。罗斯福总统于银行开始休假 10 天后宣布其结束，此时只有不到 12 000 家银行获准开业，后来陆续获准开业的银行也只有 3000 家。因此，在 1929～1933 年这段时期里，由于倒闭、合并或资产清算，在原有的 25 000 家银行中，消失的银行总计约有 10 000 家。

同样，货币存量也急剧减少。如果 1929 年公众手中的存款和通货总计为 3 美元的话，那么到 1933 年就只剩下了不到 2 美元，这可谓是一次空前的货币锐减。

■ 事实与解释

今天，这些事实已经没有人会怀疑了。不过应当强调指出的是，包括约翰·梅纳德·凯恩斯在内，当时大多数观察家却并不了解这些事实。但他们很可能会对这些事实给出不同的解释。货币崩溃是经济崩溃的原因还是结果？是联邦储备体系本来能够防止货币锐减，还是像当时许多观察家得出的结论那样，联邦储备体系已经尽了最大的努力，但货币锐减仍然不可避免？萧条是始于美国然后扩展到国外，还是源自国外，传入美国后把国内原本可能是相当温和的衰退加重了？

原因还是结果

联邦储备体系对自己扮演的角色没有任何怀疑。联邦储备委员会自认为能力非凡，竟然在其 1933 年的年度报告中大言不惭地说："联邦储备银行能够应付危机期间对通货的巨大需求，这显示了我国根据《联邦储备法案》建立的货币体系的效能……若非联邦储备体系在公开市场上自由地购进政府债券，很难说萧条会发展成什么样。"[4]

货币崩溃既是经济崩溃的原因，也是它的结果。货币崩溃在很大程度上是因为联邦储备体系所采取的策略，当然它也加剧了经济崩溃，否则经济崩溃也不会这么严重。然而经济崩溃一旦开始，又使货币崩溃更加严重。银行贷款在比较温和的衰退时期可能是"好的"贷款，但到了严重的经济崩溃时期，就变成"坏的"贷款了。拖欠偿付贷款的行为，使发放贷款的银行更加脆弱，更促使存款人开始对它进行挤兑。企业倒闭、产量下降、失业增加，这些都使人们觉得未来的不确定性更加严重，由此对未来的担忧也就更为严重。于是人们普遍渴望把资产转化成流动性最强的形式，即转化成货币持有；再把货币转化成最安全的形式，即转化成通货持有。"反馈"是经济制度的普遍特征。

现在几乎可以肯定，就防止货币崩溃而言，联邦储备体系不仅得到了法律授权，而且如果它明智地运用《联邦储备法案》赋予它的权力，本来也是能够做到这一点的。联邦储备体系的辩护者找出了各种各样的借口，但没有一个经得起仔细推敲。该体系的创始人建立它时希望它能完成的那些任务，它却未能完成，对于这一失败，任何借口都无法给出令人信服的解释。联邦储备体系不仅有权力防止货币崩溃，而且也知道如何运用这个权力。在 1929 年、1930 年和 1931 年，纽约联邦储备银行曾反复敦促联邦储备体系，希望它在公开市场上大规模地购进政府债券，这是联邦储备体系本应采取的关键性举措，但它却没有这样做。纽约联邦储备银行的建议之所以被否决，并不是因为这些建议不正确或行不通，而是因为联邦储备体系内部的权力斗争，使得位于华盛顿的其他联邦储备银行和联邦储备委员会都不愿接受纽约方面的领导。结果表明，由优柔寡断的联邦储备委员会来领导，各项决策都混乱不堪。体系外的智识之士也呼吁采取正确的行动。伊利诺伊州议员 A. J. 萨巴思（A. J. Sabath）在议会上说："我认为，解除金融界和商业界的困苦，完全是联邦储备委员会权力范围内的事。"学者们的批评也表达了类似的意见，其中就包括后来成为费城联邦储备银行行长的卡尔·鲍普（Karl Bopp）。在一次联邦储备会议上（这次会议在国会的直接压力下批准了 1932 年的公开市场购买），财政部部长、联邦储备委员会委员奥格登 L. 米尔斯（Ogden L. Mills）在说明他之所以赞成买进政府债券的举措时指出："一个拥有 70% 黄金储备的中央银行体系，在这样的形势下袖手旁观，不采取积极的举措，这可以说是不可想象的，也是不可饶恕的。"然而这恰恰就是联邦储备体系前两年的做法，而且在几个月之后国会休会时，以及在 1933 年 3 月银行危机最终达到顶点时，它又采取了这种做法。[5]

萧条始于何处

萧条是从美国蔓延至世界各地而不是从外国蔓延至美国，这可以从黄金的流动得到明确的答案。1929 年，美国实行的是金本位制，也就是说美国政府根据所需买卖黄金时，是按照一个官方的黄金价格（每盎司 20.67 美元）来进行的。其他大多数主要国家实行的是所谓金汇兑本位制，它们也给黄金规定了按本国货币计算的官方价格。用本国货币计算的黄金官方价格除以美国的官方黄金价格，便得出官方汇率，也就是以美元表示的本国货币价格。它们可以按照也可以不按照官价自由买卖黄金，但是把汇率固定在两种黄金官方价格确定的水平上，需要时按此汇率买入或抛出美元。在这种体制下，如果美国的居民或其他持有美元的人在国外花费（或借出或赠送）的美元数量，比接受这些美元的人愿意在美国花费（或借出或赠送）的美元数量多，那么后者就会用多余的美元兑换黄金。于是黄金就会从美国流向外国。如果这一差额方向相反，持有外国货币的人想在美国花费（或借出或赠送）的美元，比持有美元的人愿意兑换成外国货币在国外花费（或借出或赠送）的多，那么他们可以向其中央银行按官方固定汇率购得更多的美元。其中央银行将把黄金送到美国以换得更多的美元。（当然，实际上这种转换无须真的远渡重洋运送黄金。外国中央银行拥有的黄金，有很大一部分锁在纽约联邦储备银行的金库里，打上所属国家的"标记"即可。转换的时候，只要将盛放金条的箱子上的标签改写一下就行了，这些装满金条的箱子就在华尔街地区自由大街 33 号银行大厦的地下室里。）

如果萧条起源于外国，而美国经济在一段时间里继续保持繁荣，那么国外经济状况恶化就会减少美国的出口；而外国商品价格降低，会鼓励美国进口。这样一来结果便是，人们想在国外花费（或借出或赠送）的美元，要比美元接受者想在美国花费的多，于是黄金就会从美国流出。黄金流出便会减少联邦储备体系的黄金储备，从而促使联邦储备体系减少货币供给量。固定汇率制就是这样把通货紧缩（或通货膨胀）的压力从一国转移到另一国的。当时的情况如果真是这样，那么联邦储备委员会就可以当之无愧地说，它采取的措施是为了应对来自国外的压力。

反过来，如果萧条起源于美国，那么其最初的影响将是，持有美元的人想在国外花费的美元数量减少，而其他人想在美国花费的美元数量增加。于是黄金就会流入美国，这又会迫使各国减少其货币供给量。这样，美国的通货紧缩就转移到了外国。

事实是很清楚的，从 1929 年 8 月到 1931 年 8 月，即通货紧缩的头两年，美国的黄金储备是增加的。铁证如山，美国才是大萧条的始作俑者。如果联邦储备体系遵循金本位制原则，那么它就应当增加货币供给量来应对黄金流入。然而，实际上它却听任货币数量减少。

萧条一旦爆发并蔓延至其他国家，就必然会对美国产生反作用。这再次说明在任何一个复杂的经济中，都普遍存在着反馈作用。一个国家引领了一场国际潮流，并不代表就永远担当领头羊。法国在 1928 年重新实行金本位制后，所规定的汇率使法郎贬值，因而积聚了大量黄金储备。所以在应对来自美国的通货紧缩压力上，它本来是游刃有余的。然而法国却实行了比美国更严厉的通货紧缩政策，不仅继续增加本已十分巨大的黄金储备，而且从 1931 年年末起还开始从美国汲取黄金。美国经济在 1933 年 3 月停止支付黄金时跌到了谷底，法国经济直到 1935 年 4 月才跌至谷底，这就算是担当领头羊的好处吧。

对联邦储备体系的影响

联邦储备委员会将纽约联邦储备银行的好心劝告当成耳旁风，继续采取乖张的货币政策，由此导致的具有讽刺意义的结果之一是，在同纽约和其他联邦储备银行的权力斗争中，委员会取得了完全的胜利。当时流传的一种说法是：私人企业和私人银行都失败了，既然人们断言自由市场体制本身是不稳定的，那么政府就需要更多权力以消除市场的不良影响。这种说法也就意味着，联邦储备体系的失败所导致的政治环境，有利于联邦储备委员会对地方银行进行更多的管制。

这种变化的象征之一是，联邦储备委员会从美国财政部大厦里那几间不起眼的办公室，搬到了宪法大道一座宏伟的希腊庙宇式建筑里（自那之后又进行了大规模的扩建）。

这场权力转移最终完成的标志是，联邦储备委员会的名称和地方银行负责人员的称号改变了。在中央银行体系内，最受尊敬的称号是主管而不是总裁。在 1913 ~ 1935 年，地方银行的领导人都被称作"主管"；华盛顿的中央机构叫作"联邦储备委员会"，只有该委员会的主席被称为"主管"，其他成员就叫"联邦储备委员会委员"。但 1935 年的银行法案把这些称呼都改了。地方银行的领导人不再叫"主管"而改叫"总裁"；"联邦储备委员会"这个紧凑的称呼也改成了冗长的"联邦储备体系主管委员会"，这只不过是为了使每一位委员都能被称为"主管"。

可惜，权力和威望的增加、办公地点的粉饰并没有带来工作上的进步。自

1935 年以来，在联邦储备体系的统辖（在很大程度上是它导致的）之下，发生了 1937 ~ 1938 年的大衰退、战时和战后的通货膨胀；自此经济总是剧烈波动，通货膨胀时高时低，失业时增时减。通货膨胀的波峰点和短暂的波谷点，都一次比一次高；平均失业率也逐渐升高。联邦储备体系没有再犯它在 1929 ~ 1933 年所犯的错误（听任甚或促进货币锐减），但它犯了相反的错误，也就是使货币量增长过快，从而加剧了通货膨胀。此外，联邦储备委员会也常常在两个极端之间摇摆不定，有时促进经济繁荣，有时却使经济萧条；有些萧条比较温和，有些则十分剧烈。

只有在一个方面，联邦储备体系始终如一。这便是，它把所有问题都归咎于超出自己控制能力的外部影响，而把所有合意的结果都归功于自己。由此它继续维持着那个谬传，说私人经济是不稳定的；而它的所作所为却不断证明这一事实，即政府才是导致今天经济不稳定的主要根源。

■ 注释

1. Lester V. Chandler, *Benjamin Strong*, *Central Banker*（Washington, D.C.: Brookings Institution, 1958）, p.465.

2. Milton Friedman and Anna J.Schwartz, *A Monetary History of the United States*, 1867-1960（Princeton: Princeton University Press, 1963）, p.310.

3. *The Memoirs of Herbert Hoover*, vol. III: *The Great Depression*, 1929-1941（New York: Macmillan, 1952）, p.212.

4. *Annual Report*, 1933, pp.1 and 20-21.

5. For a fuller discussion see Friedman and Schwartz, *Monetary History*, pp.362-419.

第 4 章

从摇篮到坟墓

Free to Choose

1932 年的总统大选，是美国政治上的分水岭。共和党候选人赫伯特·胡佛希望能够连任总统，但严重的大萧条使他深感困扰。当时，数百万人失业，购买食品的人排着长长的队伍，失业者在街角摆摊卖苹果，这正是这一时期的标准景象。就大萧条来说，独立的联邦储备体系固然难辞其咎，因为正是它错误的货币政策使一次普通的衰退变成了灾难性的萧条；但作为一国元首，总统也不能推卸责任。公众对当时的经济体制已经丧失了信心，人们普遍感到绝望，需要一个能够摆脱困境的承诺。

具有超凡魅力的纽约州州长富兰克林·德拉诺·罗斯福，是民主党候选人。对公众来说，罗斯福是一张新面孔，他满怀希望并洋溢着乐观主义情怀。罗斯福确实也按照旧的章程参加竞选，并承诺说，他如果能够当选，将改变政府的浪费行为，平衡政府预算。他还抨击胡佛政府开支无度，任由政府赤字上升。另外，在选举之前以及就任前的过渡时期，罗斯福经常在其奥尔巴尼的州长官邸与他的"智囊"们碰面。他们帮助他制定的就任后拟实行的措施，正是罗斯福在接受民主党候选人提名时，向美国人民许诺要奉行的"新政"的雏形。

1932 年的总统大选，仅就其政治意义来讲也堪称分水岭。1860～1932 年的 72 年中，共和党执政 56 年，民主党 16 年。在 1932～1980 年的 48 年中，情形就完全倒转过来了，民主党执政 32 年，共和党 16 年。

之所以说这次总统大选是分水岭，还有更重要的原因。自此以后，政府的角色发生了巨大的转变，不论是在公众心目中政府应当扮演的角色，还是政府实际上扮演的角色，都发生了巨大的转变。从一组简单的统计数字就可以看出这一变化之大。自美国成立以来到 1929 年，各级政府的开支（包括联邦政府、州政府和地方政府的开支）除有重大战事外，平时从未超过国民收入的 12%；而且，其中有 2/3 都是州政府和地方政府的开支。联邦政府的开支通常只占国民收入的 3% 甚至更少。然而自 1933 年以来，政府开支从未低于国民收入的 20%，而目前已超过 40%，其中 2/3 是联邦政府的开支。当然，第二次世界大战结束之后，大部分时间不是冷战就是热战。然而自 1946 年以来，单是非国防开支就从未低于国民收入的 16%，目前大约占国民收入的 1/3。仅联邦政府开支就已超过国民总收入的 1/4，其中用于非国防方面的开支就已超过了 1/5。以此来衡量的话，在过去的半个世纪中，联邦政府在经济中的作用大约扩大了 10 倍。

罗斯福是在 1933 年 3 月 4 日，即经济衰退最严重的时刻就任总统的。很多州宣布了银行放假，各地银行纷纷歇业。就任两天之后，罗斯福总统下令关闭全国所有的银行。不过罗斯福向全国公众发表了一通鼓舞人心的就职演说。他说："唯一使我们感到恐惧的就是恐惧本身。"后来他马上就发起了一场风风火火的立法活动，即国会特别会议"100 天"。

罗斯福智囊团的成员主要都来自大学，特别是哥伦比亚大学。他们的思想表明，学院派知识分子的信仰早已发生了变化，即从信仰个人责任制、自由放任、分权的和有限的政府，转而信仰社会责任制、集权和强有力的政府。他们认为，政府的职能应当包括保护个人免受时运不济的影响，并按照"总体利益"来控制经济的运行，为实现这些目标，即便需要政府亲自拥有和运用生产资料也无所谓。其实，这两条思路早在爱德华·贝拉米（Edward Bellamy）1887 年出版的著名小说《回顾》中就已提出来了。在这部乌托邦式的幻想小说中，有一位名叫瑞普·范·温克的人物。他从 1887 年开始睡觉，一觉醒来已是 2000 年，他发现世界变了样。在温克"回顾"时，新伙伴们向他解释了，令他感到惊讶的 20 世纪 30 年代（这是一个预言中的时期）的乌托邦社会，是如何从 19 世纪 80 年代的苦难生活中产生的。这个乌托邦社会承诺"从摇篮到坟墓"的社会保障，还制订了详尽的政府计划，其中有一项计划要求所有人都必须为国家无偿服务一段时间。[1]

罗斯福的顾问都是知识分子出身，所以自然会把大萧条看作资本主义的失败；他们相信，政府特别是中央政府对经济积极干预，才是恰当的举措。在他们看来，仁慈的公仆和无私的专家，应当从狭隘、自私的"经济保皇派"手中接管他们滥用的权力。用罗斯福在就职演说中的话来说，"货币兑换商从我们文明圣殿的宝座上逃走了"。

在为罗斯福制订施政计划时，智囊团不仅从学院派，而且还从以前俾斯麦的德国、费边主义的英国以及走中间道路的瑞典等国的经验中汲取营养。

20 世纪 30 年代出现的"新政"，明白无误地反映了这些观点。"新政"当中的一些计划，旨在改革基本经济结构。其中有些被最高法院判为违宪，于是只能放弃，放弃的计划中最著名的有建立国家复兴署和农业调整署的计划。有些计划则付诸实践，著名的有证券交易委员会和国家劳工关系委员会，此外还在全国规定了最低工资。

"新政"还包括一些针对天灾人祸的保险计划，其中最著名的有社会保险（养老和遗属保险）、失业保险和公共援助。本章将讨论这些措施及其后果。

"新政"还包括某些临时性计划，以对付大萧条导致的紧急情况。不过某些临时性计划后来都变成了永久性计划，因为政府计划的结局往往如此。

当时最重要的临时性计划有：在工作促进署的指导下"创造就业"；由平民环保队调动失业青年改造国家公园和森林；联邦政府直接向贫民提供救济。这些计划确实发挥了一定的作用。当时到处弥漫着悲观沮丧的情绪，因而很重要的一点便是迅速采取某些措施来消除这种情绪，对那些陷于苦难中的人们提供帮助，并使其恢复希望和信心。这些计划制订得很仓促，无疑是不完善、不经济的，但在当时的情形下，这是可以理解的，也是无法避免的。在消除当时的沮丧情绪和恢复公众信心方面，罗斯福政府还是取得了很大的成功。

第二次世界大战打断了"新政"，但同时也极大地夯实了它的基础。战争导致了庞大的政府预算，而且政府对经济生活的方方面面进行了前所未有的控制：通过颁布法令冻结物价和工资，实行消费品配给制，禁止生产某些民用品，分配原材料和制成品，控制进出口，等等。

失业现象的消除、战争物资的大量生产（由此美国成为"民主国家军火库"）以及德国和日本的无条件投降，人们普遍认为这些都表明政府管理经济的能力超强，与"无计划的资本主义"相比，政府能够更有效地使经济运行起来。战后通过的第一批重要法令之一便是1946年制定的《就业法案》。该法令表明政府在维持"最大限度的就业、生产和购买力"方面负有责任，这实际上是把凯恩斯的政策主张以法律的形式明确下来了。

战争对公众态度的影响，几乎是大萧条影响的翻版。萧条使人们确信资本主义是有缺陷的；而战争则使人们相信中央集权的政府是有效的。其实二者都不正确。萧条反映的是政府的失败，而不是私人企业的失败。在战争时期，为了一个压倒一切的目标，政府可以暂时行使巨大的权力；因为几乎全体公民都认同这一目标，且都心甘情愿为其做出重大牺牲。但是，政府声称为了促进所谓的"公共利益"而对经济进行永久控制，这就是另一码事了；因为"公共利益"的定义含混不清，它是由全体公民各式各样、变化万千的无数个人目标构成的。

战争结束时，中央计划经济似乎成了未来的潮流。有些人对实行中央计划经济的后果满怀激情地表示拥护，他们将其视为新世界的黎明，新世界富裕繁荣，大家平等共享。而另外一些人，包括我们在内，则是同样感到恐惧。在我们看来，中央计划经济是通往专制和苦难的转折点。不过到目前为止，无论是前者的希望还是后者的恐惧，都没有成为现实。

政府确实扩大了许多。不过，这种扩大并不是那种制订详尽的中央经济计划，并将工业、金融业和商业日益国有化的扩大形式，这种形式正是许多人所担心的。以往的经验告诉我们，不能再制订详尽的经济计划了，这一方面是因为它未能成功地实现其宣称的目标，另一方面也因为这样做是与自由相冲突的。

当英国政府企图控制百姓找工作的时候，这一冲突是十分明显的；由于公众的反抗，政府最终放弃了这种企图。在英国、瑞典、法国和美国，国有化之后的工业，其效率极其低下，造成了巨大的损失。很多人曾认为国有化能够提高生产效率，但现在他们的幻想破灭了。当然，有时候还是会有国有化，如美国的铁路客运和部分货运业务、英国的利兰汽车公司以及瑞典的钢铁行业，都实行了国有化。但实行国有化的原因却不尽相同：有的是由于市场的具体情况本应削减其服务供给量，但消费者却不希望削减这些需要政府补贴的服务；有的是由于行业虽然不盈利，但其工人们害怕失业，这些都是实行国有化的理由。不过，即便是那些支持这种国有化的人，至多也将这种做法视为"必要的恶"。

要求扩大政府的压力仍然存在，计划和国有化的失败，并没有消除这种压力，只是改变了压力的方向。政府的扩张现在采取的形式是，福利计划和管制活动。正如 W. 艾伦·沃利斯（W. Allen Wallis）从另一种不同的视角所阐述的："一个多世纪以来，关于生产手段社会化的论据接二连三地被戳穿，在理论上破产了，现在又开始谋求生产结果的社会化。"[2]

在社会福利方面，压力方向的改变使得近几十年来福利事业发展得十分迅猛，特别是在 1964 年林顿·约翰逊（Lyndon Johnson）总统宣布"向贫穷开战"之后更是如此。"新政"时期的一些计划如社会保障、失业保险和直接救济等，均有所扩大并惠及更多的人群；这方面的开支增加了；而且还新增了医疗保障、医疗补助、食品券和另外一些多如牛毛的计划。公共住房和城市复兴计划也扩大了。到目前为止，共有数百种政府福利和收入转移计划。1953 年，为把零散的福利计划合并集中起来，成立了卫生、教育和福利部，开始时其财政预算为 20 亿美元，还不到国防开支的 5%。而到了 25 年后的 1978 年，其预算达到了 1600 亿美元，为陆海空三军总开支的 1.5 倍。预算之大在全世界位列第三，仅次于美国政府的全部预算和苏联政府的全部预算。卫生、教育和福利部统辖着一个庞大的帝国，渗透到全国的每个角落。国内每 100 名雇员中就有 1 名以上受雇于该帝国，或者直接为该部服务，或者为由该部负责的、由州或地方政府机构执行的计划服务。其活动影响到了我们所有人。（1979 年年底，从卫生、教育和福利部分离出了一个独立的教育部。)

大家都承认，实际上存在着两个貌似矛盾的现象：人们一方面对福利事业激增的后果普遍不满；一方面却又继续施加压力要求进一步扩张福利事业。

目标都是崇高的，结果却令人失望。社会保障开支剧增，社保体系在财政上陷入了严重的困境。公共住房和城市复兴计划不但没有增加反而减少了提供给穷人的住房。尽管就业人数不断增加，但公共援助的名单却越来越长。人们普遍认为，福利计划搞得一团糟，充斥着欺诈和腐败。全国大部分医药费由政府支付后，病人和医生却都抱怨开支剧增，抱怨医疗行业越来越缺少人情味。在教育方面，随着联邦政府干预的扩大，学生的成绩却不断下降（见第 6 章）。

这些原本出于好心的计划一而再、再而三地失败，并不是偶然的，也不单单是执行过程中的错误造成的。其失败的根本原因在于，用坏的手段来实现好的目的。

尽管这些福利计划失败了，然而要求扩大这些计划的压力仍然不断增长。有人认为失败的原因在于国会在拨款时过于吝啬，因此呼吁规模更为宏大的计划。某些特殊计划的受益者不断施加压力，要求进一步扩大这些计划；特殊利益者当中最主要的就是实施计划的大批官僚，他们正是靠着这些计划过活的。

有一个办法可以取代当前的福利制度，这便是实行负收入所得税制度。这一主张颇具吸引力，得到了具有各种不同政治信仰的个人和集团的广泛支持。目前已有三位美国总统提出了类似的建议，然而在可以预见的将来，这在政治上可能是行不通的。

■ 现代福利国家的出现

第一个大规模推行福利措施的现代国家，是在"铁血宰相"奥托·冯·俾斯麦（Otto von Bismarck）主宰下新建立的德意志帝国，当然这些措施现在已被大多数国家普遍采用。19 世纪 80 年代初期，俾斯麦提出了一个综合而全面的社会保障方案，向工人提供事故、疾病和养老保险。他这样做的动机颇为复杂，既是对社会底层人民表达家长式的关心，同时也是一种精明的政治手腕。这些措施是为了削弱当时刚出现的社会民主党的政治吸引力。

一个本质上由贵族实行独裁统治的国家（用今天的行话来说就是右翼独裁国家），比方说第一次世界大战之前的德国，竟然率先实行了通常只有左翼才会采用的措施，这似乎是一种悖论。但这实际上并非悖论，即使我们不考虑俾斯麦政治动机也是如此。不论是赞成贵族专制之人，还是左翼人士，都信奉中央集权，信奉靠命令而非自愿协作来进行统治。二者的分歧在于让谁来统治：是让那些由出身决定的精英来统治，还是让那些理论上择优选拔出的专家来统治。二者都非常真诚地宣称，他们想要提高"全体人民"的福利；他们都声称自己比普通人更知道什么是"公共利益"，也比普通人更知道如何才能实现"公共利益"。因此，二者都宣称某种家长式的哲学。然而他们一旦掌权，就会在"全体福利"的幌子下，为本阶级谋取利益。

与 20 世纪 30 年代的社会保障措施更为接近的先例，是英国采用的措施。1908 年通过的《养老金法案》和 1911 年通过的《国民保险法案》，标志着英国的社会保障措施开始实施。

根据《养老金法案》，任何年过 70 岁、收入低于某一具体数额的老人，每周都可以领取一次养老金，领取金额视其收入之多寡而定。养老金不是集资性质的，因此从某种意义上说就是直接救济，即以各种形式在英国存在了数百年的《济贫法》的延续。但在 A.V. 迪塞（A.V. Dicey）看来，这两者之间存在着根本区别。养老金被认为是一种权利，用《养老金法案》中的话来说，不能因为领取养老金而"剥夺人们的选举权、公民权或原有的特权，也不能因此而使人们丧失任何资格"。该法案开始实施的时候，养老金的发放还比较适度，可后来就越来越离谱。《养老金法》实施满 5 年时，迪塞评论道："凡是明智仁慈之人必会提出这样的问题：领取养老金也即救济金的人依然有资格参加两院议员的选举，这样做是否对整个英国有利？"[3]可是现在，如果接受政府的慷慨赠与就意味着丧失选举资格的话，那么无论第欧根尼（Diogenes）打着多么明亮的灯笼，他也找不到一个有选举资格的人。

《国民保险法案》是"为了达到两个目的：第一，给所有受雇于联合王国的、年龄在16~70岁之间的人上健康保险，保证他们有钱看病；第二，给受雇于该法令规定的那些特定行业的人上失业保险，保证他们在失业期间生活上有保障。"[4]与养老金不同的是，国民保险是集资性质的，它的资金由雇员、雇主和政府三方共同负担。

由于国民保险是集资性质的，并且主要针对意外事故，因此与养老金比较起来，它对其最初实践的偏离更为严重。迪塞写道：

实施《国民保险法案》，给国家带来了新的、可能是很沉重的负担。而工薪阶层则得到了新的、很广泛的收益……在1908年以前，一个人不管有钱没钱，究竟要不要为自己的健康上保险，完全根据他自己的判断来决定。他的决策就好比穿黑色上衣还是棕色上衣一样，完全是他自己的事，与国家没有任何关系。

但是从长远来看，《国民保险法案》给国家即给纳税人带来的负担，比英国选民所预期的要沉重得多……失业保险……实际上是国家承认自己有责任使每一个人免受失业之苦……《国民保险法案》与自由主义，甚至与1865年的激进主义之间的矛盾几乎是无法调和的。[5]

1904年，温斯顿·丘吉尔（Winston Churchill）脱离贵族的保守党，转而加入了自由党。作为劳合·乔治（Lloyd George）内阁的成员，他在推动社会改革的立法方面发挥了重要作用。此时改投其他政党（后来的情况表明这只是暂时的）并不需要改变政治信仰，当然距此半个世纪之前是需要的，那时自由党对外奉行自由贸易政策，对内也奉行自由放任主义。丘吉尔发起的各项社会立法，虽然在范围和种类上与以前的立法有所不同，但仍然继承了家长式《工厂法》的传统。[6] 各种工厂法案主要是在 19 世纪所谓的激进派保守党人的影响下通过的。这些激进保守党人当中，有很大一部分来自贵族阶层，他们对工人阶级的利益深表关切，认为这是义不容辞之事；而且要通过工人的认同和支持来实现，而不是靠强制。可以毫不夸张地说，英国之所以能成为今天这个样子，主要是得益于 19 世纪保守党的原则。

无疑，对罗斯福的"新政"产生影响的另一样板，是瑞典的中间道路。"中间道路"是马奎斯·切尔兹（Marquis Childs）1936 年出版的一本书的名字。瑞典于 1915 年出台了强制性的养老金法案，养老金是集资性质的。根据该法案，不论其经济状况如何，凡年龄超过 67 岁的人均可领取养老金。能够领到多少养老金，要看你出资多少；另外，政府也会拨付一部分资金。

除了实行养老金和后来的失业保险制度外，瑞典还大规模地实行工业国有化，兴建公共住房以及建立消费者合作社。

■ 福利国家的后果

英国和瑞典两国，长期以来每每被标榜为福利国家的成功典型，却遇到了越来越多的困难，公众的不满情绪也日益增长。

日益增加的财政负担使英国不堪重负，税收成了公众不满情绪的主要根源，通货膨胀更是给这种不满情绪火上浇油（见第 9 章）。国民卫生事业，曾经是福利国家皇冠上的明珠，且至今仍被许多英国百姓视为工党政府的伟绩之一，却陷入了越来越严重的困境，饱受罢工、成本上涨和病人等候时间过长等问题的困扰。越来越多的人们转向个体医生、私人健康保险、私人医院和私人疗养院来寻求医疗服务。虽然私人成分在整个医疗卫生事业中所占的比重仍然很小，但这部分却在迅速增长。

在英国，伴随着通货膨胀一起增长的，还有失业，因此政府只得背弃充分就业的诺言。最糟糕的是，英国的生产率和实际收入至多也只能说是停滞不前，大大落后于欧洲大陆的邻国。公众不满情绪的集中表现便是，保守党在 1979 年的选举中大获全胜，玛格丽特·撒切尔（Margaret Thatcher）向公众许诺彻底改变政府的施政方向。

瑞典的情况要比英国好得多。两次大战均未给它造成任何负担，瑞典恪守中立地位，由此也确实获得了一些经济利益。尽管如此，近来瑞典也经历了与英国同样的困难：通货膨胀率和失业率都很高；高税率使一些最有才能的人移居国外；人们对各种社会计划普遍不满。瑞典的选民同样以投票选举的方式，表达了自己的意见。1976 年，选民们结束了社会民主党长达 40 多年的统治，代之以其他政党的联合执政。当然，政府的施政方向仍没有发生根本性变化。

在美国，企图通过政府规划来为百姓办好事的最生动的例子，便是纽约市。纽约是美国最注重福利的城市，按人均计算，纽约市的政府开支比美国其他城市都要高，是芝加哥的两倍。纽约市市长罗伯特·瓦格纳（Robert Wagner）1965 年的预算演说中，明确表达了指导该市各项活动的基本原则，他说："我认为，政府为满足市民基本需求所许下的承诺，不应受到财政问题的干扰。"[7]瓦格纳及其继任者对市民的"基本需求"定义得非常宽泛。但是，再多的金钱、再多的规划、再多的税收都无济于事。这些做法导致了财政上的灾难，不要说瓦格纳讲的广泛需要，就连狭义的"人的基本需求"也未能满足。依靠联邦政府和纽约州政府的资助，纽约市财政才免于破产。这种资助的代价是，纽约市交出了各项事务的控制权，从而接受州政府和联邦政府的密切监管。

纽约市民自然会把自己遇到的问题归咎于外界势力的影响。但是，正如肯·奥雷塔（Ken Auletta）在新近的一本书中写道，纽约市"并非出于被迫，才去建设规模庞大的市立医院和市立大学体系；也没有谁逼着它实行免费教育和自由入学制，不顾预算限制，征收国内最高的税负，大举借债，向中等收入家庭提供住房补贴，严格控制房租，给城市工人以优厚的养老金、薪水和各种福利待遇"。

奥雷塔讽刺说："纽约的官员们，一方面出于自由主义的悲天悯人情怀，一方面在意识形态上又坚持财富再分配的理念，从而把大量税基和成千上万的就业岗位分配给了纽约之外的地方。"[8]

幸运的是，纽约市没有发行货币的权力，因此它不能利用通货膨胀来征税，这才推迟了灾难的到来。不幸的是，它并未正视自己面临的问题，只是一味地求助于纽约州政府和联邦政府。

我们来仔细地考察下面几个例子。

社会保障

在美国，联邦一级的主要福利项目是社会保障，包括对老年人、遗属、残疾和健康的保险。1964 年，巴里·戈德华特（Barry Goldwater）发现，社会保障既是一头圣兽，任何政治家都不敢对其有半点微辞；同时又是各种抱怨批评的对象，可谓是众矢之的。领取津贴的人抱怨说，津贴太少根本不足以维持期望的生活水平；缴纳社会保障费的人抱怨负担太重；雇主们抱怨说，多雇一名工人就要多发一份工资，但这份工资并不等于工人的净收入，各种赋税就像一枚楔子一样插在二者之间，由此引发了了失业；纳税人抱怨说，社会保障系统的资金不够充裕，负担总额已达数百亿美元，虽然目前的税率已经很高，但这样长久下去也难以为继。真是公说公有理，婆说婆有理！

20 世纪 30 年代实行的社会保障和失业保险政策，是为了使工人自己能够维持暂时失业和退休之后的生活，而不必依靠慈善救济。公共援助也只针对那些穷困潦倒之人；而且原本打算的是，一旦就业情况好转并且社会保障将这项任务接过手来，就逐步取消公共援助。这两个计划开始时规模都很小，但后来却日渐扩大，最终一发不可收拾。到目前为止，没有迹象表明社会保障已将公共援助的职能接过手来。而且，社会保障和公共援助的开支都高得惊人，领取救济的人群也十分庞大。1978 年为退休、残疾、失业、医疗保健和遗属抚恤支付的社会保障金总计超过 1300 亿美元，领取人数超过 4000 万。[9] 公共援助救济金发放了总计 400 多亿美元，领取人数超过 1700 多万。

为便于讨论，本节的探讨将仅限于社会保障的主要内容，即对老年人和遗属的补贴上。他们领取的津贴几乎占全部支出的 2/3，人数占领取福利金总人数的 3/4。我们下一节讨论公共援助计划。

《社会保障法案》于 20 世纪 30 年代通过，自那时以来，社会保障事业便贴着假标签，通过骗人的广告宣传，到处推销自己。如果是一家私人企业进行这种骗人的宣传活动，必然会遭到联邦贸易委员会的批判和斥责。

一直到 1977 年，在卫生、教育和福利部发行的一本名为《你的社会保障》的匿名小册子上（发行了数百万本），每年都载有这样一段话："社会保障的基本思想很简单：就是在就业期间，雇主、雇员和自雇人员为社会保障集资，用这些钱设立特殊的信托基金。当工人由于退休、残疾或死亡而没有收入或收入减少时，每月就能领到一笔现金补贴，以弥补家庭收入的减少。"[10]

这是一种同时接受两种相互矛盾的观念的奥威尔式（Orwellian）的双重信念。

工资税被称为"集资"（像在《一九八四》[11] 这部书中，党便会说，"强制即自愿"）。

人们推断，信托基金似乎发挥了重要作用。事实上，其数额向来很少（1978年 6 月，养老和遗属保险基金为 320 亿美元，按当时的支出情况，不足半年之用），而且只是政府的一个机构答应向另一机构付款。当前按《社会保障法案》已经许诺给退休或尚未退休的人的养老金的总值，已高达数万亿美元。要证明小册子里说得正确，就需要这么多的信托基金（用奥威尔的话说，"少即多"）。

人们得到的印象是，工人的"福利"是靠自己的"集资"来支付的。实际上，支付给退休工人、退休工人家属和工人遗属的福利金，是从就业工人那里征收的税款。根本就没有设立真正的信托基金（也就是奥威尔所谓的"我即你"）。

今天纳税的工人从信托基金那里无法得到保证说，他们退休时将得到福利金。任何保证都取决于未来的纳税人，要看他们是否愿意为现在的纳税人许诺给自己的津贴纳税。这种单方面的"隔代契约"被强加给一代代的人，不管他们是否同意。这与"信托基金"是两码事，倒不如说更像一封连锁信。

卫生、教育和福利部的小册子还说："在美国，在社会保障制度之下，每10名就业者中有9名都是自己为自己挣得保障。"[12]

还有更甚的双重信念。现在每10名就业者中，有9名在为非就业者的津贴纳税。向私人养老金机构捐款的人可以说是在为自己"挣得"保障。而向政府机构纳税的人则不能说是在为自己和家庭"挣得"保障。他只是在政治意义上"挣得"保障，即满足政府一定的要求以取得享受福利的资格。现在接受补助的人们所得到的，要比他们自己缴纳的税款和别人为他们缴纳的税款的总值高得多。而许诺给现在缴纳社会保障税的年轻人的，要比他们将要缴纳的税款和别人将为他们缴纳的税款的总额少得多。

社会保障并不是一种交多少钱就能拿到多少津贴的保障计划。连它最坚决的支持者也承认，"个人所捐的钱（即工资税）与他所得到的津贴之间几乎没有什么关系。"[13]社会保障毋宁说是一种特殊的税收和一种特殊的转移支付计划的混合体。

有意思的是，我们没有发现有人（不论其政治倾向如何）为税收制度或福利制度本身辩护。如果把这两种制度分开来考虑，哪种制度也不会被人们采纳！

至于福利方面的赋税，虽然最近做了一些小的改革（即根据收入情况给予贴现），但仍然是对所有等级的工资按统一比率征税。因而这是一种累退税，低收入者负担最重。这是对工作征税，从而雇主不想雇用工人，工人也不想找工作。

至于津贴的安排，它既不由领取者所付钱之多寡来决定，也不由他的收入情况来决定，既不能公平地偿还原先所付的钱，也不能有效地帮助贫困者。在所付的税款和所得到的津贴之间虽然也有某种联系，然而它最多不过是一块遮羞布，以使人们能大言不惭地把这种结合叫作"保险"。一个人能够得到多少津贴完全取决于各种偶然因素。如果他恰好在有保险的行业工作，他就可得到津贴；如果他恰好在一个没有保险的行业工作，他就得不到津贴。如果他在一个有保险的行业中干的时间不长，那么不管他多么贫困，还是什么也得不到。而一位从不工作的妇女，如果她是一位可以享受最高津贴的人的妻子或未亡人的话，那她得到的津贴会和一位同她情况相同的劳动妇女除工资外得到的津贴相等。一位年过 65 岁的人，如果决定去工作，而且每年挣得中等以上的收入，那他不仅得不到津贴，更倒霉的是，还要额外纳税——可能是为了补偿那没有支付的津贴。这种事例举不胜举。

人们普遍认为，社会保障计划是"新政"所取得的最伟大的成就之一，该计划把一种人们不能接受的赋税和一种人们不能接受的补贴方法结合在一起。我们很难想象有哪个异想天开的计划能比这个计划取得更大的成功。

纵观社会保障方面的各种文章和书籍，我们对那些用来为该计划辩护的论证感到震惊。一些不会对自己的孩子、朋友或同事撒谎的人，一些在日常的私人交往中最让人信得过的人，竟然会在社会保障这一问题上宣传错误的观点。他们的才智和对相反观点的揭露，使人难以相信他们在进行这种宣传时，是出于无意和无知。他们显然把自己看作社会的精英，最知道什么对别人有益，认为有责任和义务去说服选民为那些会对他们有益的法律投票，为此，即使欺骗他们也在所不惜。

长期以来，社会保障计划的财政困难是由一个简单的事实造成的：领取福利津贴的人数，比可以为福利津贴纳税的人数增长得快，而且今后还将更快。1950 年，每一个领取福利津贴的人，有 17 个人为其纳税；到 1970 年只剩下了 3 人为其纳税；如果目前这种趋势继续下去的话，到 21 世纪初，最多将只有 2 人为其纳税。

上述情况表明，社会保障计划把收入从青年人那里转移给了老年人。从整个历史来看，这种转移在某种程度上早已存在了，以往青年人总是供养他们的父母或其他上了年纪的亲属。的确，在许多像印度那样婴儿死亡率很高的贫穷国家，养儿防老是造成高出生率和大家庭的主要原因。社会保障和早先供养父母的习惯的区别在于，社会保障是强制性的非个人的事情，而供养父母则是自愿的个人私事。道义的责任是个人而不是社会的事情，孩子照顾自己的父母是出于爱或责任感。现在，他们为供养别人的父母解囊是由于受到政府的强制和出于恐惧。早先的那种转移加强家庭的纽带，而强制的转移则削弱这种纽带。

除了从青年人向老年人的这种转移，社会保障还包括从不很富裕者向比较富裕者的转移。福利津贴的发放确实是偏于照顾工资较低的人。然而，这种照顾被另外一种情况大大地抵消了。穷人家的子弟开始工作因而开始纳税的年龄都比较早；而富人家的子弟则晚得多。另一方面，就生命周期而言，低收入者的平均寿命比高收入者的平均寿命短。结果，穷人纳税的年头比富人长，领取福利津贴的年头比富人短，而这一切都是为了帮助穷人。

社会保障的其他一些特征更加强了这种反常的效果。福利津贴领取者的其他收入越高，从所得税中扣除的福利额就越大。对于年龄在 65 ～ 72 岁（1982年将改为 70 岁）之间的老人，发给的津贴数额完全取决于他在那些年的工资收入，而不看其他方面的收入——有 100 万美元的股息收入也不妨碍领取社会保障津贴；而年薪超过 4500 美元的人，却要为他所得的每 2 美元收入损失 1 美元的津贴。[14]

总之，社会保障是"董事法则"实际运作的极好范例，即"公共支出是为了中产阶级的基本福利，而作为公共支出来源的赋税则主要由穷人和富人来负担"。[15]

公共援助

讨论"一团糟的福利"要比讨论社会保障简单得多，因为人们在这个问题上看法比较一致。我们现行的福利制度的弊病已被广泛地认识到了。尽管富裕程度在增长，但领取救济金的人数也在增加。庞大的官僚机构主要忙于来往公文的处理，而不是真正为人民办事。人们一旦靠上救济，就很难脱离救济金而生活。国家日益分化为两类公民，一类人领取救济，另一类人为救济出钱。那些领取救济的人就不想再挣钱了。救济金在国内各个不同的地方差异很大，这鼓励了人们从南方和农村地区向北方特别是城市中心移居。尽管经济情况可能相同，但是，正在接受救济或受到过救济的人与没有受过救济的人（即所谓穷工人）却往往受到政府的不同对待。贪污腐化和欺诈行贿行为，以及大肆报道的福利"皇后"驾着用多种救济券买来的凯迪拉克轿车到处周游的新闻，一再地激起公众的愤怒。

在对福利计划的抱怨增加的同时，遭到抱怨的福利计划的数目也在不断增加。已经通过的帮助穷人的联邦计划，乌七八糟地有 100 多个。其中主要的计划有社会保障、失业保险、对老年人的医疗照顾、对穷人的医疗补助、对有子女家庭的补助、保险收入补助、食品券；还有大多数人从未听说过的无数小计划，如对古巴难民的援助、对妇女及婴儿和儿童的营养补助、对婴儿的特别照顾方案、房租补助、城市灭鼠方案、综合治疗血友病中心等。许多计划是重叠的，有些设法得到多项福利补助的家庭，其最后的收入肯定要比全国平均收入还高。而另一些家庭或则由于行动得慢了些，或则由于不太关心这种事，往往申请不到补助来减轻他们真正的贫困。然而，每项计划都需要有官僚机构去管理。

社会保障每年耗资 1300 多亿美元，除此之外每年还要在这些福利计划上开支大约 900 亿美元（10 倍于 1960 年的开支）。这显然是太多了。1978 年的所谓贫困线是，一个非农业的四口之家的年收入在 7000 美元以下。据人口普查估计，当时大约有 2500 万人生活在贫困线以下的家庭中。这是个粗略的过高的估计，因为它仅仅根据工资收入来画线，全然忽略了其他方面的收入，如房产、花园、食品券、医疗补助、公共住房。有些研究报告认为，算上这些收入的话，"人口普查"的数字可以减少一半或 3/4。[16] 但是，即使根据人口普查的估计数字来计算，福利计划的开支分给每个贫困线以下的人，也合 3500 美元左右，分给每个四口之家合 14 000 美元左右，约为贫困线水平的两倍。如果这些福利资金确实都花在"穷人"身上，就不会还有穷人，至少他们也可以舒服地过富裕的生活了。

显然，大部分福利开支没有用在穷人身上。其中有些被行政开支挪用，以优厚的薪金维持一个庞大的官僚机构。有些到了那些绝不能被认为是穷人的手中。这些人中间有领取食品券或其他补助的大学生，有收入相当不错而又领取住房补贴和其他各种我们想象不到的补贴的家庭。还有些则到了骗取福利金的人手中。

我们有必要在这些福利计划上多费些口舌。同领取社会保障津贴的人们不同，靠这一巨额福利款项补助的人们的平均收入，可能比为补助他们而纳税的人们的平均收入要低，不过即使这一点也很难确定。正如马丁·安德森（Martin Anderson）所说：

我们的福利计划可能效率很低，弊病很多，管理质量很差。有些计划彼此重叠，福利金的分配很不公平，而且没有能够在物质上刺激人们去工作。但是，如果我们倒退一步，按照以下两个基本标准来考察各色各样的福利计划，情况就大不一样了。这两个标准是：福利计划服务的对象之广泛和人们得到的服务之全面。按这两个标准衡量，我们的福利制度是辉煌的成就。[17]

住房补贴

政府提供住房的计划在"新政"初始之时规模不大，后来迅速扩大。1965年新设立了一个部，即住房和城市发展部。该部现有近 20 000 名雇员，每年开支 100 亿美元以上。联邦住房计划得到各州和市政府计划的补充，特别是在纽约州和纽约市得到了大力补充。开始实行该计划时，政府只是为低收入家庭建造住房。战后，又增添了城市复兴计划。许多地区扩大了住房计划，向"中等收入的"家庭也提供公共住房。最近，又增加了"房租补贴"计划，政府为租赁私人住房提供房租补贴。

按最初的目标来看，这些计划显然是失败了。遭到破坏的住房，比建造起来的住房要多。住在享有房租补贴的公寓里的家庭，得到了好处。而那些由于自己的住房毁坏，无处栖身而被迫迁入更差的住宅的人家，住房情况则有所恶化。今天美国的住房和分配情况胜于公共住房计划开始实行之日，然而，这全赖私人企业之力，跟政府补贴没有多大关系。

公共住房常常沦为贫民窟和犯罪特别是青少年犯罪的温床。最明显的例子是圣路易斯的普鲁特·艾戈公共住房工程。该工程是一个占地 53 英亩[⊖]的巨大的公寓群。其设计曾荣获建筑奖。然而，它已损坏得如此严重，以致不得不炸掉其中一部分。那时，它的 2000 个单元中只有 600 个住了人。人们说，它看上去像是个发生过巷战的地方。

1968 年游历洛杉矶市瓦茨区时遇到的一件事，我们至今记忆犹新。陪同我们参观的是一位管理完善的自助工程的负责人，该工程是由工会倡议的。当我们赞扬这一地区的一些公寓时，他气愤地打断了我们的话，说："瓦茨区最让人头疼的问题正是那些公共住宅。"他接着又说："你怎么能指望那些住在完全由破裂家庭组成的开发区里，几乎完全靠福利救济为生的年轻人，养成良好的品德呢？"他还慨叹开发区对少年犯罪和附近学校产生的不良影响，那些学校的孩子很多来自破裂的家庭。

最近，我们从纽约南布朗克斯的一个叫作"血汗资本"住房工程的领导人那里听到了类似的议论。该地区看上去像是被轰炸过的城市。许多建筑由于房租控制而被抛弃，另一些则毁于暴乱。"血汗资本"团体同政府商定，他们依靠自己的力量修复那些被废弃的住房，修好后，所有权归私人所有。开始时，他们从外界只得到少数私人捐款的支援，最近，也从政府那里得到一些帮助。

当我们问他人们为什么不直接搬进公共住宅而费这么大的力气去修复旧房时，他的回答与我们在洛杉矶听到的一样，不过又添了一句说，建造并拥有自己的住宅会使参加这一工程的人具有一种自豪感，这会使他们精心维护住宅。

"血汗资本"团体得到的政府援助，一部分是工人的劳务。这些工人根据

⊖　1 英亩 =4046.856 平方米。

《综合就业训练法》由政府支付工资，被派到各种不同的公共工程去接受训练，以便获得技能后能在私人企业中就业。当我们问他，"血汗资本"团体是愿意让根据《综合就业训练法》雇用的工人来帮忙，还是宁愿得到支付给工人的钱时，他毫不犹豫地回答说宁愿得到钱。总之，人们在这种自助工程上表现的自力更生精神和干劲，与他们在公共住宅工程上表现的那种明显的冷漠、无谓和厌倦情绪形成了鲜明的对照。看到这些是令人鼓舞的。

纽约市实施的据说可以防止"中等收入家庭"逃离城市的住房补贴计划，情景大不一样。宽敞豪华的公寓以补贴的方式租给那些勉强称得上是"中等收入"的家庭。对每套公寓的补贴平均每月在 200 美元以上。"董事法则"又在起作用。

城市复兴计划旨在消灭贫民窟——"城市枯萎病"。对于需要重建的地段，政府出钱征用和清除，清理了的地皮大多以人为的低价供私人开发者利用。城市复兴计划"要拆迁 4 座住宅，才能建造 1 座住宅，拆迁的大多是黑人居住的房屋，而建造好的房屋大多供中等或上等收入的白人家庭居住。"[18] 原先的住户被迫迁移到其他地方，常常又使新的地段患上"枯萎病"。某些批评者把城市复兴计划称为"贫民窟迁移计划"和"黑人迁移计划"，倒是名副其实。

公共住宅和城市复兴计划的主要受益者并不是穷人，而是某些房地产主（他们的财产被政府征购来建造公共住房或者其财产正好位于要重建的地段）、中等和上等收入的家庭（它们能在高价公寓中或者在那些常是靠拆除低租房子重新盖起的市内公寓中找到住房）、市区商业中心的开发者和占有者以及能够利用城市复兴计划改善自己附近环境的大学和教会等公共机构。

正如《华尔街日报》最近的一篇社论指出的：

联邦贸易委员会考察了政府的住宅政策，发现这些政策并非完全出于利他主义的目的。该委员会的一份政策简报发现，联邦住房政策的主要推动者似乎是那些靠盖房发财的人，如承包商、银行家、工会、建筑材料商等。一旦住宅建成后，政府和上述各色各样的"赞助人"就对它不那么感兴趣了。因此，联邦贸易委员会常常听到人们抱怨住宅的质量，指责根据联邦计划建造的房子屋顶漏水，管道不足，地基不牢，等等。[19]

另外，由于政府实行房租管制等措施，即使不是由于故意毁坏，一些低价出租的住宅也因无人修缮而日益破旧。

医疗护理

医药是政府在最近一个时期扩大其作用的一块福利阵地。在公共卫生（环境卫生、传染病等）以及提供医院设施方面，州和地方政府长期以来一直在发挥作用，联邦政府也在较小程度上发挥着作用。另外，联邦政府还为现役军人和退伍军人提供医疗照顾。但直至 1960 年，政府用在人民保健事业方面（即不包括现役军人和退伍军人）的开支仍然不到 50 亿美元，只占国民收入的 1% 略多。自 1965 年实施《医疗照顾法案》和《医疗补助法案》后，政府在保健事业方面的开支迅速增加，1977 年达到 680 亿美元，约占国民收入的 4.5%。政府在全国医疗总开支中所占的份额几乎翻了一番，从 1960 年的 25% 增加到 1977 年的 42%。然而，要求政府起更大作用的呼声仍然越来越大。卡特总统已对实施国民健康保险计划表示赞同，但限于财力，只能以有限的方式来搞。参议员爱德华 M. 肯尼迪（Edward M. Kennedy）没有这种顾虑，他主张立即通过法律由政府对全国公民的保健负完全责任。

政府在医疗上的额外开支与私人健康保险的开支齐头并进。在 1965 ~ 1977 年，医疗费用在国民收入中所占的份额增长了一倍。医疗设施也增加了，但费用没有增加得那么快。其必然结果是医药费和医生以及其他提供医疗服务的人员的收入猛增。

为解决这一问题，政府曾试图管理医疗服务并压低医生和医院的收费。这是它应当做的事。政府既然花的是纳税人的钱，自当关心花了钱得到了多少好处：这叫作出资者做主。如果目前的趋势继续下去的话，其最终结果不可避免地会是医疗社会化。

　　国民健康保险是使人产生误解的另一个例子。国民健康保险不同于私人保险：在你所交的钱与你可能得到的福利总额之间没有联系。另外，国民健康保险并不是为了给"国民的健康"（一个毫无意义的词）保险，而是为本国居民提供医疗服务。它的倡议者所提倡的实际上是社会化的医疗制度。著名的瑞典医学教授、瑞典一家大医院的内科主任根纳·俾奥克（Gunnar Biörck）博士曾写道：

　　几千年来的行医过程是病人作为医生的顾客和雇主。今天，国家以这样那样的形式自命为雇主，要由它来规定医生工作的框框。这些框框可能不会——最后一定不会——限于工作小时、薪金和药品的规格；它们可能影响病人和医生的所有关系……如果今天不打这一仗并取得胜利，明天就没有仗可打了。[20]

　　美国提倡医疗社会化的人们，为了使其事业名正言顺，过去总是引用英国，最近总是引用加拿大的例子作为成功的样板。加拿大最近才实行医疗社会化，还不能对它下结论，因为新扫帚总是扫得特别干净，但它现在已经出现了困难。英国的国家卫生局已经建立了 30 多年，对其作用我们现在完全可以下一结论了。毫无疑问，这就是为什么加拿大被举出来代替英国作为样板的原因。英国医生马克斯·甘芒（Max Gammon）博士用了 5 年时间研究国家卫生局。他在 1976 年 12 月提出的一份报告中写道："（国家卫生局）实际上使全国所有医疗服务都由中央政府提供资金，由中央政府进行控制。在过去 200 年中发展起来的民间医疗事业几乎已完全被消灭。现行的强制性医疗制度经过改组实际上已成为普遍的医疗制度。"

　　另外，"在国家卫生局建立的最初 13 年中，实际上没有新建一座医院，而现在，1976 年，英国拥有的医院床位比 1948 年 7 月刚建立国家卫生局时还要少"。[21] 而且，这些床位中的 2/3 是设置在 1900 年以前由私人医生和私人资金建立起来的医院里的。

　　甘芒博士根据自己的研究结果提出了他所谓的官僚替代论：即机构越官僚化，无用工作取代有用工作的程度也越大，这可以说是帕金森定理的一种有趣的延伸。

他用英国 1965 ～ 1973 年医院服务的材料证明了这一理论。在这八年期间，医院的工作人员总数增加了 28%，行政和协助办事人员增加了 51%，但按每日床位的平均使用率来计算的产量却下降了 11%。而且正如甘芒博士赶忙补充的，这并非由于缺少病人去使用床位。在任何时候，总有 60 万左右的人等待医院的床位。许多被保健机构认为是可收可不收或可以等些时候的病人，要等几年才能得到手术治疗。

医生纷纷逃离英国。每年移居国外的医生约相当于英国医学院校毕业生人数的 1/3。近来，私人行医、私人健康保险、私人医院和私人疗养所迅速增加，也是对国家保健事业不满的结果。

在美国，实行医疗社会化的论据主要有两个：一，大多数美国人负担不起医药费；二，医疗社会化将在某种程度上降低医药费用。第二个论据可以立即排除，除非有人能找到一个政府管理比私人经营更为经济的事例。至于第一个论据，可以说人民总是要这样或那样支付医药费用的，问题只在于，是人民直接自行支付这些钱，还是通过政府官僚来支付。这些官僚们会从中抽去相当大的一部分作为他们自己的薪金和开支。

无论如何，大多数美国家庭支付得起普通医药费用。他们可以买私人保险，以应付意外的特大开支。住院费用的 90% 已经由第三者偿付。人们有时肯定会遇到特殊困难，这时应该由私人或政府提供某种帮助。但偶尔帮助人们克服困难，并不能证明强加给全国人民一套制度是合理的。

我们可以从以下的比较感觉到医疗费用的巨大：私人和政府花在医疗事业上的费用，总共为住房建设费用的 2/3，汽车制造业开支的 3/4，烟酒制造业开支的 2.5 倍。烟酒业的开支无疑增加了医疗费用。

我们认为，没有任何理由实行医疗社会化。相反，政府在医疗方面的作用已经太大了，其作用的任何进一步扩大将违反病人、医生和保健人员的利益。在第 8 章，我们将讨论医疗的另一方面，即发放医生执照和这一措施对美国医学会的权力的影响。

■ 福利国家的谬误

为什么这些计划都如此令人失望呢？它们的目标肯定是人道的和崇高的，但为什么没有成功呢？

新纪元初始之时，一切看来都很好。要救济的人很少，能资助他们的纳税人很多；这样每人只需支付很少的数额，就可以为少数穷人提供相当可观的救济金。随着福利计划的扩大，这些数字发生了变化。今天，我们大家都从一个口袋里掏出钱，又把它（或它可以购买的东西）装进另一只口袋里。

把开支做一简单的分类，就能够说明为什么这一过程会导致不良的结果。当你花钱时，可能花的是你自己的钱，也可能是别人的钱，你可能是为自己花，也可能是为别人花。把这两组可能性编在一起，可以得出以下四种可能性。[22]

第一类指的是你为自己花自己的钱，如你到超级市场买东西。你显然有强烈的愿望，既要省钱，又要使所花的每一美元都花得尽可能合算。

第二类指的是你为别人花你的钱，如你买圣诞礼物或生日礼物。你会像第一类中那样希望省钱，但并不同样想要花得最划算，至少根据接受人的爱好来判断是如此。当然，你要买接受者喜爱的东西，只要它能产生好的印象而又不费太多的时间和精力（假如你的主要目的是让接受者能获得尽量多的价值，那么你就会送给他现金，将第二类中由你花钱变为第一类中由他花钱）。

第三类指的是你为你自己花别人的钱，如可报销的用餐。你没有强烈的愿望要少花些钱，但你会有强烈的愿望想使钱花得划算。

第四类指的是你为另一个人花别人的钱。例如，你用报销单替另一个人付饭费。在这种情况下，你既不会想省钱，也不会想让客人吃得最为满意。然而，如果你同他一起用餐的话，那么，这顿饭就成了第三类和第四类的混合体，你就会有强烈的愿望满足你自己的口味，必要时可以牺牲他的口味。

所有福利计划不是属于第三类（如社会保障，福利金领取者可以按自己的愿望随便花他领到的钱）就是属于第四类（如公共住房）；只是在第四类中带有一点第三类的特征，即管理福利计划的官僚们分享这顿午餐；而在第三类的所有计划中都有官僚们混在津贴领取者中间。

我们认为，福利开支的这些特点是其缺点的主要根源。

立法者投票表决时，是决定如何花别人的钱。选出立法者的选民在某种意义上是投票决定如何为自己花自己的钱，但不是在第一类那种直接花费的意义上。在个人缴纳的税款与他投票赞成的花费之间几乎没有什么联系。实际上，选民同立法者一样，倾向于认为是别人在支付由立法者直接投票赞成、由选民间接投票赞成的计划。管理这些计划的官僚们也花别人的钱。因此，开支数目激增也就不足为奇了。

官僚们为别人的需要花别人的钱。只有用良心，而不是用那强烈得多和可靠得多的私利的刺激，来保证他们以最有利于福利金领取者的方式花钱。这就造成花钱上的浪费和不求效果。

事情到此并没有结束。拿别人钱的诱惑是十分强烈的。包括管理这些计划的官僚们在内，许多人都设法为自己搞钱，而不让钱落到别人手里。贪污和欺诈的诱惑也是十分强烈的，而且并不总是会遭到反抗或制止。那些不愿进行欺骗的人，会用合法的手段把钱搞到手。他们会怂恿议员通过对他们有利的法案，制定出他们能从中获利的规章。管理这些计划的官员们会力求为他们自己得到更高的薪水和额外的好处——这正是较大的福利计划可以帮助达到的目标。

人们试图把政府开支归入自己的腰包，产生了两个不大容易被人察觉的后果。首先，它说明了为什么如此多的计划施惠于中等和上等收入者，而不是那些本应得到好处的穷人。穷人变得不仅缺少市场上所看重的本事，而且缺少在政治斗争中成功地争得资金的本事。的确，他们在政治市场上的劣势看来比在经济市场上的劣势更大。一旦好心的改革者帮助通过了一项福利措施，转入下一项改革时，穷人就只好自己照料自己，他们几乎总是被那些已经表明更善于见机行事的集团所压倒。

第二个后果是，福利金领取者得到的净额，往往少于转移金的总额。如果有别人的 100 美元可以攫取，那么为得到它你花上自己的 100 美元也值得。花钱运动立法者和制定规章的当局，为政治运动和无数其他事项捐款纯属浪费——既损害出钱的纳税者，又无益于任何人。必须把它们从转移总额中除去，才得到净所得——当然，它们常常超过转移总额，结果剩下的不是净所得，而是净损失。

争取补贴的这种结果也有助于说明为什么有人要施加压力来增加开支和福利计划。最初的措施未能达到提倡它们的好心的改革者们所要达到的目的，他们就得出结论认为做得还不够，并谋求增添福利计划。他们同那些希望管理这些计划的官僚们，以及相信能从福利开支中捞到油水的人们结成了同盟。

第四类开支还容易腐化接触到它们的人们。所有福利计划都使一些人处于决定什么对别人有利的地位。结果是，一部分人感到自己具有至高无上的权力；而另一些人则感到自己像孩子那样需要别人照顾。被救济者的独立自主能力由于弃而不用而萎缩了。除了金钱的浪费和没有达到预期的目标外，其最终结果是腐蚀了维持一个健全社会所必需的道德结构。

第三类或第四类开支的另一副产品具有同样的效果。除了人家白给你的钱外，如果你要花别人的钱，就只有像政府那样把别人的钱拿到自己手里。因此，福利国家到头来总是要使用强力，这一有害的方法往往使良好的愿望落空。这也是福利国家会极其严重地威胁我们的自由的原因。

■ 我们应当做什么

大多数现行的福利计划，当初就根本不应该制定。如果没有制定这些计划的话，许多现在依靠福利救济的人很可能就会成为自食其力的人，而不是靠国家和政府的庇护来过活。从短期来看，这对某些人可能显得有些残酷，因为如此一来他们只能从事那些报酬低微而枯燥乏味的工作。但从长远来看，这却是非常人道的。不过，福利计划既然已经实施，就不是一夜之间便能废止的。我们应当想想办法，从目前所处的状况平稳、顺利地过渡到想要达到的状况，为现在依靠福利计划的人提供援助，同时鼓励人们有序地从领取福利金转而领取工资。

这样一个过渡期规划可以增强个人责任感，结束目前把国民划分为两个阶层的状况；缩减政府开支，精简当前庞大的官僚机构；同时保障国民的安全，争取不让任何人付出惨痛的代价。不幸的是，眼下要通过这样一个规划似乎只是乌托邦式的梦想，因为各种各样的既得利益集团太多了，有意识形态上的、政治上的、经济上的等，这些都是改革的拦路虎。

尽管如此，向大家介绍这样一个规划的主要内容仍然是有意义的。当然，我们并不奢望它很快就被采纳，只想指明努力的方向，引导我们进行渐进式的变革。

这一规划有两项基本内容：第一，改革现在的福利体系，以一个综合的现金收入补贴计划（一种与正所得税制相联系的负所得税制）取代目前纷繁芜杂的单项计划；第二，在确保履行当前各种义务的同时，逐步弱化社会保障制度，要求人们自己为退休后的生活做出安排。

这样一种综合性改革，将使我们目前实行的既不人性化、又无效率的福利制度，变得更加人性化、更加有效率。它向所有需要帮助的人提供最低限度的保障，而不过问他们需要帮助的原因。采用这种方法可以尽量不损害他们的名誉、独立性或改善自身经济状况的积极性。

只要我们透过烟幕看一看正所得税制的本质特征，那么负所得税制的基本理念也就一目了然了。在现行的正所得税制之下，你有一定数额的收入是不必纳税的。确切数额究竟是多少，取决于你家庭人数的多少、年龄大小以及你是否清楚地列举了各种扣除额。这个数额由以下几部分构成：个人限额、低收入补贴以及标准扣除额（最近被重新命名为零级数额），三项之和相当于一般赋税信用额。当然我们大家都知道，总有一些"人才"挖空心思千方百计地加进许多款项，在缴纳个人所得税上占一些小便宜。为便于讨论，我们用"个人免税限额"这个比较简单的英国术语来指称这一基本数额。

如果你的收入超过限额，超出的部分要按累进税率（税率高低要看超出多少）纳税。如果你的收入低于限额，那么在现行制度下，限额对你来说就是无意义的，你只是不必纳税而已。[23]

如果你连续两年每年的收入都恰好等于限额，那么这两年当中你在哪一年都不必纳税。假设你这两年的总收入还是这么多，但有一多半是第一年赚得的，那么你的应税收入就是正值，也就是说你第一年的收入超过了限额，因此你必须纳税。而到第二年，你的应税收入就是负值，也就是说限额超过了收入。但一般来说，此时的限额对你没什么用，你无法从中得到好处。最后的结果是，你这两年缴纳的税款，要比总收入一年一半时缴纳的更多（因为这种情况下是不必纳税的）。[24]

但若实行负所得税制，你便可以从政府那里得到未使用的限额的一部分作为补贴。如果你得到的这一部分与收入为正时的税率相同，那么，无论你的总收入在这两年中如何划分，你所缴纳的税款总额都是相等的。

当你的收入高于限额时，你就要纳税，纳税多少取决于收入多少。当你的收入低于限额时，你将得到补贴，补贴率取决于未使用限额的多少。

在我们所说的这种情况下，负所得税制考虑到了收入的波动，但这并不是它的主要目的。其主要目的毋宁说是要提供一种简便的方法，以确保每个家庭都有一份最低收入，同时避免庞大的官僚机构，使人们都具有一定的责任感，都有动力去工作，去赚钱来纳税而不是领取补贴。

我们来看一看具体的数字。1978 年，一个四口之家（家庭成员均在 65 岁之下）的免税限额是 7200 美元。假定当时存在负所得税制，其补贴率为未使用限额的 50%，那么一个无收入的四口之家就有资格获得 3600 美元的补贴。如果这个家庭当中有人找到了工作，有了收入，那么补贴额将会减少，但是，这个家庭的总收入（补贴加上挣得的收入）将会增加。如果收入为 1000 美元，那么补贴将减少为 3100 美元，而总收入上升为 4100 美元。实际上，挣得的收入可划分为两部分，一半用来弥补减少的补贴，一半用来增加总收入。一旦家庭所挣收入达到 7200 美元，补贴就降为零。7200 美元是均衡点，位于均衡点的家庭，既得不到补贴，也用不着纳税。如果该家庭所挣的收入继续增加，就要开始纳税了。

我们没必要在此纠缠行政操作上的细节，比方说补贴是按一星期、按两星期还是按月发放，如何对执行情况进行检查，等等。可以说，对这些问题人们都已进行过彻底的研究，并拿出了详尽的计划，提交给了国会（我们后面还要谈到这个问题）。

如果负所得税制能取代现行的诸多专项福利计划，那么我们的整个福利制度将会发生令人满意的变革。如果到头来，它又成了纷繁杂芜的福利计划垃圾堆里的一件破烂，那就还是弊大于利。

如果负所得税制果真取代了各种福利计划，那么由此带来的好处是不可估量的。该制度是专门用来对付贫困问题的。对那些接受帮助的人来说，这种制度采取的形式是最好的，即直接给予现金补贴。这一制度是普惠性的，之所以发放补贴，不是因为接受帮助的人年龄大、有残疾、患病或生活在某一地区；总之，人们在现行福利制度下有资格得到救济的种种理由，在这里统统不予考虑。之所以给人以资助，就是因为他收入低。该制度明确规定，由纳税人承担全部费用。当然，与其他任何设法减少贫困的措施一样，它也会使那些接受帮助的人减少自助的动力。不过，只要把补贴率保持在一个合理的水平上，它就不会完全消除自助的动力，毕竟每多挣 1 美元，就意味着有更多的钱可花。

不仅如此，实行负所得税制，还可以省却庞大的官僚机构，目前这些管理大量福利计划的官僚机构都已臃肿不堪。负所得税制可以直接融入现行所得税制当中，从而可以一并管理。这样一来，由于每个人都要填报所得税单，因此可以减少现行所得税制度下的避税行为。实行负所得税制，可能要增添一些职员，但增添的人数绝不会比目前管理福利计划的职员多。

实行负所得税制，可以取消庞大的官僚机构，使补贴制度与税收制度合二为一，从而可以清除当前的腐败现象，即一些人（管理福利计划的官僚）掌管着他人的生计。当前国民被划分为两个阶层的状况，即纳税阶层和依靠公共资金救助的阶层，也将因负所得税制的实施而得到缓解。只要均衡点和税率定得合理，负所得税制的运行成本将比我们现行福利制度的成本低得多。

对那些由于种种原因而无力处理自己事务的家庭，除了社会援助之外，给予个人帮助仍然是必要的。不过，如果用负所得税制来维持贫困家庭的收入，那么所需的资金完全可由私人慈善活动来提供。我们认为，现行福利制度最大的代价之一便是，它不仅削弱、破坏家庭，而且妨碍私人慈善活动的发展。

这样的梦想无疑是美好的，但在政治上却行不通，社会保障如何才能实现它呢？

我们认为，最好的解决办法是，一方面实行负所得税制，一方面逐步减少社会保障，将二者结合起来，同时继续履行当前的各种义务。具体方法如下：

1. 立即废除工资税。

2. 按现行法律规定的数额，继续向目前享受社会保障的人发放救济金。

3. 赋予每个已挣得保险的工人以享受退休、残疾或遗属福利津贴的权利。这些福利津贴，根据现行的法律，是工人迄今为止的纳税额和所挣得的收入使他有权获得的，但要减去由于废除工资税而今后少缴纳的税款所折合的津贴数额。允许工人选择他领取福利津贴的形式，可以是将来的一份年金，也可以是政府债券，其价值与他目前有权得到的福利津贴的价值相等。

4. 给予每个尚未挣得保险的工人一笔资本金（同样采取政府债券的形式），数额相当于他或他的雇主为他所缴纳的税款的累计价值。

5. 不再继续积累养老保险金，让个人按他自己的愿望为退休后安排养老。

6. 从税收总额与政府债券中为上述第 2 ~ 4 项开支提供资金。

这样一个过渡性规划绝不会增加美国政府的实际负债。相反，由于不再向未来领取福利津贴者许诺，这样的规划还可以减少负债。它只是把现在隐蔽的债务公开化。它为现在未备基金的计划提供资金。如果实施上述措施，那么大多数现存的社会保障管理部门将会立即撤销。

逐步减少社会保障，将消除目前社会保障制度给就业带来的不利影响，这意味着国民收入将迅速增长。它将增加个人储蓄，从而导致更高的资本形成率和更快的收入增长率。它将刺激私人养老金计划的发展和扩大，从而使许多工人感到生活更有保障。

■ 什么是政治上可行的

上面提到的办法确实是一个美好的梦想，不幸的是，在目前根本不可能实施。尼克松、福特和卡特这三任总统都考虑过，甚至推荐过含有负所得税制性质的改革计划。但迫于政治上的压力，他们提出的计划只能作为现行福利计划的补充，而不是取代它们。在他们的计划当中，补贴率都定得很高，从而使计划对领取津贴者努力赚钱起不到激励作用。这种畸形的计划只会把整个福利制度搞得更糟，而不是更好。尽管是我们最先提出用负所得税制代替目前的福利制度，但我却在国会作证，反对尼克松总统根据负所得税的想法提出来的"家庭援助计划"。[25]

一项可实施的负所得税制，在政治上往往遇到两种互相关联的障碍。较为明显的障碍来自现行福利计划的既得利益者，即福利津贴领取者，以及认为自己可以受益于福利计划的州和地方政府官员，而首先是管理福利计划的官僚。[26] 不那么明显的障碍是，福利改革的鼓吹者，包括现有的既得利益者，所要达到的各种目标互相冲突。

马丁·安德森（Martin Anderson）的著作中，有一章写得非常好，题目是"彻底改革福利制度是不可能的"，他写道：

> 彻底的福利改革计划，都由三个政治上极为敏感的基本部分组成。一是改革后基本的福利水平，例如为一个四口之家提供多少福利津贴；二是改革计划在激励领取津贴者寻找工作和努力赚钱方面会起什么作用；三是改革是否会给纳税人带来额外的负担。
>
> ……改革计划要在政治上实现，必须在改革后仍然为当前的津贴领取者提供适当的补助，必须能强烈地刺激人们工作，而且给纳税人带来的负担必须是合理的。这三者必须同时兼顾。[27]

问题在于，怎样才算是"适当的"、"强烈的"和"合理的"，特别是怎样才算是"适当的"。如果"适当的"补贴意味着，津贴领取者没有因为改革而比现在领得少，那么，无论"强烈的"和"合理的"做何解释，也不可能同时达到上述三个目标。然而，正如安德森所说，"至少在最近的将来，国会绝不会通过任何实际上会减少数百万福利津贴领取者所得的改革措施"。

我们再来看前一节中介绍的简单的负所得税制：一个四口之家的免征点是7200 美元，按 50% 的补贴率，凡没有收入来源的家庭可以得到 3600 美元的补助；50% 的补贴率将给人以足够强烈的激励去工作，而运行成本要比目前纷繁芜杂的福利计划少得多。但这种补贴标准当前在政治上是行不通的。正如安德森所说："现在（1978 年年初），美国典型的享受福利津贴的四口之家，每年可以得到大约 6000 美元的劳务和现金。在纽约这样开销较大的州里，某些享受福利津贴的家庭每年得到的津贴在 7000 ～ 12 000 美元之间，有的甚至更多。"[28]

如果免征点定在 7200 美元，即便是收入 6000 美元的"典型"家庭，也需要有 83.3% 的补贴率。但如此之高的补贴率会严重地挫伤人们工作的积极性，同时使支出剧增。补贴率可以通过提高免征点来压低，但这样又会极大地增加支出。这是一种无法解脱的恶性循环。要缩减从名目繁多的福利计划中领取津贴者的所得，在政治上是行不通的，正如安德森所说，"我们不可能同时创造出进行彻底的福利改革所必需的全部政治条件"。[29]

但是，今天政治上行不通，明天则可能行得通。在预言什么将成为政治上可行的事情上，政治学家和经济学家的成绩非常糟。他们的预言一再被事实所否定。

受人尊敬的伟大导师弗兰克 H. 奈特（Frank H. Knight）喜欢用大雁由一只带头按人字形排队飞行的例子来说明不同的领导方式。他常说，当头雁一个劲儿地向前飞时，后面的大雁可能会飞向其他方向。头雁回头发现没有大雁跟随时，会赶紧掉头，重新带领人字形队伍朝前飞。这是一种领导方式。无疑，美国政府就常常采用这种方式。

我们承认，我们的建议目前在政治上是行不通的。我们之所以要这样充分地说明我们的设想，不仅因为它是可以指导我们逐步进行改革的方针，而且还因为我们希望它终将成为在政治上可以办得到的事情。

■ 结论

直到最近仍由卫生、教育和福利部统治的王国，每年为我们的健康正在花费越来越多的钱。其主要结果只是增加医疗和保健费用，而医疗质量却没有任何相应的改进。

教育经费也一直在激增，但普遍认为教育质量在下降。费用的上涨和越来越严格的控制，使我们不得不推行种族合校，而我们的社会看来却更为分崩离析。

我们每年在福利事业上耗资数十亿美元。然而，在美国国民的平均生活水平比历史上任何时期都要高的时候，领取福利津贴的人数却有增无减。社会保障的预算大得惊人，但社会保障却在财政上陷于严重的困境。年轻人颇有道理地抱怨，为接济老年人而要他们付的税款太高。而老年人也颇有道理地抱怨，说他们无法维持被许诺的生活水平。制订的计划是要保证老年人不再成为救济对象，而看到的现实却是靠福利津贴生活的老年人越来越多。

根据卫生、教育和福利部自己的计算，该部每年由于贪污受贿和铺张浪费损失的资金，足可以建造 10 万栋以上每栋耗资 5 万美元的住宅。

浪费是令人痛心的，但这不过是膨胀到这样大的家长式福利计划的祸害中最轻的一个。福利计划的主要祸害是对我们社会结构的影响。它们削弱家庭，降低人们对工作、储蓄和革新的兴趣，减少资本的积累，限制我们的自由。这些才是应当用来衡量福利计划的基本标准。

■ 注释

1. 应该把出现这些词语的整个句子引录下来，因为它十分精确地描述了我们正在走的道路，并无意中暗示了由此造成的后果。原话是这样说的：“再也没有人为自己的未来或是儿女的未来担心了，因为国家为每个公民一生担了保，他们将得到良好的抚养和教育并将过舒适生活。”Edward Bellamy, *Looking Backward*（New York：Modern Library，1917;original date of publication，1887），p.70.

2. *An Over-Governed Society*（New York：The Free Press，1976），p.235.

3. A.V. Dicey, *Lectures on the Relation between Law and Public Opinion in England during the Nineteenth Century*，2d ed.（London：Macmillan，1914），p.xxxv.

4. Ibid., pp.xxxvi.xxxvii.

5. Ibid, pp.xxxvii.xxxix.

6. Cecil Driver, *Tory Radical*（New York：Oxford University Press,1946）.

7. Quoted in Ken Auletta, *The Streets Were Paved with Gold*（New York：Random House，1979），p.255.

8. Ibid., p.253.

9. 数字只包括老年人、遗属和伤残卫生保险以及州失业保险，不包括铁路公司和政府雇员的退休金、退伍军人津贴和工人抚恤金，这些被视为自愿就业合同制下的补偿费的一部分。

10. Social Security Administration, *Your Social Security*,Department of Health, Education and Welfare Publication No.(SSA)77.10035(June 1977),p.24. 我们所见到的这本小册子的最早版本是 1969 年版，不过我们猜想这小册子最初发行的日期还要早好多年。在 1978 年 2 月版里，字句有了改动，那时，关于"信托基金"起重要作用的神话已被看穿了。修改后的版本写道："社会保险的基本思想是简单的，在有工作的年代里，雇员、雇主和自由职业者捐助社会保险费。这钱只用于支付 3 300 多万受益人的福利津贴和这个计划的管理费用。当今天的工人的收入终止或因退休、死亡或伤残而减少时，将用当初从事被保险的职业和自由职业的人捐助的资金支付福利津贴。这些福利津贴将弥补有关家庭的收入损失。"这肯定是一种更站得住脚的说法，不过它仍然把"赋税"称作"捐款"。当我们最初发现这一改动时，我们曾认为它可能是我们进行批判的结果。我们在 1971 年的《新闻周刊》上曾发表过批评文章，而且同年与前卫生、教育和福利部部长威尔伯 J. 科恩（Wilbur J. Cohen）进行辩论时重复了这一批评。然而，过了 6 年才做此改动，否定了我们的猜想。

11. George Orwell, *Nineteen Eighty-four*（New York：Harcourt Brace，1949）.

12. Social Security Administration，*Your Social Security*，Department of Health，Education and Welfare Publication No.（SSA）79-10035（January 1979），p.5.This sentence was changed in 1973, the word "earning" replacing the words "now building."

13. J.A.Pechman, H.J.Aaron, and M.K.Taussig, *Social Security：Perspectives for*

Reform（Washington, D.C.：Brookings Institution, 1968）, p.69.

14. John A.Brittain, *The Payroll Tax for Social Security*（Washington, D.C.：Brookings Institution, 1972）.

15. George J.Stigler, "Director's Law of Public Income Redistribution," *Journal of Law and Economics*, vol.13（April 1970）, p.1.

16. See Martin Anderson, *Welfare*（Stanford, Calif.：Hoover Institution, Stanford University, 1978）, Chap.1, for an excellent discussion of the poverty estimates.

17. Ibid., p.39.

18. Ibid., p.91; based on his earlier book, *The Federal Bulldozer：A Critical Analysis of Urban Renewal*, 1949-1962（Cambridge, Mass.：The MIT Press, 1964）.

19. "The FTC Discovers HUD," *Wall Street Journal*, March 21, 1979, p.22.

20. From an unpublished paper, "How to Be a Clinician in a Socialist Country," given in 1976 at the University of Chicago.

21. Max Gammon, *Health and Security：Report on Public Provision for Medical Care in Great Britain*（London：St.Michael's Organization, December 1976）, pp. 19, 18.

22. 这是一个很好的表述方式, 是我们和电视节目的制片人埃本·威尔逊（Eben Wilson）共同讨论产生的。

23. 但是, 一种新方法是, 有一个以上孩子要抚养的家庭有资格得到一种叫作"劳动所得收入优惠"的款项, 它类似于负所得税。

24. 有一项关于如何计算若干年内的平均收入的规定。但条件相当严格, 因此一个收入高低不定的人, 要比一个平均收入一样但收入稳定的人缴纳更多税款。而且, 收入不定的人大多完全享受不到它的好处。

25. We proposed it in *Capitalism and Freedom*（Chicago：University of Chicago Press, 1962）, Chap.12; for Milton Friedman's testimony, see U.S.Congress, House, Committee on Ways and Means, *Social Security and Welfare Proposals, Hearings*, 91st Congress, 1st session, November 7, 1969, part 6, pp.1944-1958.

26. 关于掌管福利事业的官僚机构在挫败尼克松总统的计划方面所起的作用, 参看 Daniel P. Moynihan，*The Politics of a Guaranteed Income*：*The Nixon Administration and the Family Assistance Plan*（New York：Random House，1973）.

27. Anderson，*Welfare*，p.135.

28. Ibid.，p.135.

29. Ibid，p.142.

第5章

生而平等

Free to Choose

"**平**等"、"自由"，《独立宣言》中的这些字眼究竟是什么含义呢？这些词汇所表达的理想状态能成为现实吗？平等和自由是相互兼容的，还是相互冲突的？

对这些问题的探讨，早在《独立宣言》诞生之前，就对美国的历史发挥了重要的影响。我们的先辈为了找到这些问题的答案，付出了巨大的努力。对其答案的求索，不仅塑造了美国作风、美国气派的知识观念，而且使美国的政治经济制度发生了巨大的变化；当然，也曾引发过血腥的战争。时至今日，对这些问题的探讨仍然主导着各种各样的政治争论；它曾经塑造了我们的历史，也必将塑造我们的未来。

在合众国成立之初的早期岁月里，"平等"意味着在上帝面前人人平等；"自由"意味着个人可以自由地左右自己的生活。当时，《独立宣言》所表达的理念和现实中的奴隶制之间存在明显的冲突，因此这一问题也是各方关注的焦点。后来，美国南北战争把这一问题解决了，于是人们的争论又转变到另外的层面上。越来越多的人们把平等理解为"机会平等"，意即任何人都有权运用自己的各种资源追求自己的目标而不受任意的干涉。今天，大多数美国公民仍然是这样理解平等的。

不管把平等理解为上帝面前的平等还是机会平等，都不会和左右自己生活的自由相冲突。其实，这二者恰是相辅相成的。平等和自由是同一基本价值理念的两个方面，这一基本价值理念便是，人本身就是自己的终极目的。

近几十年来，平等这一概念在美国出现了另一种含义，即"结果平等"。这种观念认为，人人都应当享有相同的生活水平或拥有相同的收入，同时应结束彼此之间的竞争。显然，结果平等与自由是相互冲突的。人们为促进结果平等做出了种种努力，这正是导致政府日益膨胀并对我们的自由强加越来越多的限制的主要原因。

■ 上帝面前的平等

当年，年仅 33 岁的托马斯·杰斐逊写下"人人生而平等"这句话时，包括他在内的那一代人并不是从字面上来理解这些词汇的。他们并不认为"人"在身体特征、情绪反应、技艺和智力等各方面都完全相等。托马斯·杰斐逊本人就是一个出类拔萃的人物。他在 26 岁的时候，就自己设计了一幢漂亮的房子，位于蒙地舍罗。在建造过程中，他自己当起了监工，据说还亲自参与了部分施工。一生当中，他做过发明家、学者、作家、政治家、弗吉尼亚州州长、美国总统、美国驻法国大使、弗吉尼亚大学的缔造者……恐怕很难说他是个普通人吧！

托马斯·杰斐逊及其同时代人对于平等一词的理解，可以从《独立宣言》中的一段文字看出来："造物主赋予他们若干不可让渡的权利，其中包括生命权、自由权和追求幸福的权利。"上帝面前，人人平等。人的价值就在于人本身。人拥有若干不可让渡的权利，其他任何人都无权侵犯这些权利；人有权追求自己的目标，不能被当作用来实现他人目标的工具。"自由"正是平等概念的一部分，与平等并不冲突。

上帝面前的平等即个人平等[1]之所以如此重要，正是因为人人各不相同。不同的人具有不同的价值观、不同的喜好和不同的能力，由此人们的生活也就各不相同。个人平等要求我们尊重每个人各行其是的权利，不能把别人的价值观和评判强加给他。杰斐逊当然明白，有些人确实比别人优秀，社会当中确实有精英分子，但这并不意味着精英就有权统治其他人。

如果说，某个精英分子无权把自己的意志强加给别人，那么任何社会集团（即便是多数分子）也无权这样做。每个人都是自己的主人，只要他不干涉他人同样的权利。人们之所以组建政府，正是为了保护自己的权利不受侵犯，不受本国其他公民的侵犯，也不受国外势力的威胁；政府绝不能是多数人对其他人想怎么统治就怎么统治。杰斐逊希望在自己的墓碑上镌刻他一生当中所取得的以下三项成就：一，在他任州长时，弗吉尼亚州通过了宗教信仰自由法案（这是旨在保护少数不受多数统治的《合众国权利法案》的先声）；二，起草了《独立宣言》；三，创办了弗吉尼亚大学。当年，杰斐逊的同时代人设计并起草了《合众国宪法》，他们的目标是建立一个强大的联邦政府来保卫祖国并促进全体国民的福祉，但同时也对其权力加以严格限制，以避免联邦政府对公民个人和各州政府的支配与主宰。民主，指的是在治理国家的过程中，民众进行广泛的参与，而不是指在政治上接受多数人的统治。

著名的法国政治哲学家、社会学家阿列克西·德·托克维尔（Alexis de Tocqueville）曾在19世纪30年代到美国进行了长期的考察，之后写出了不朽的名著《论美国的民主》。托克维尔同样认为，平等而非多数人的统治，才是美国最突出的特点。他写道：

在美国自始就一向薄弱的贵族因素，今天即使没有完全被摧毁，至少也一筹莫展，以致难以对事态的进程发生任何影响。与此相反，时间、事件和法律却使民主因素不仅发展为占有支配地位的因素，而且变成独一无二的因素。在美国，无论是家庭还是团体，现在都毫无影响可言……

因此，美国在其社会情况方面呈现出一种非凡的现象。人在这里比在世界上任何地方，比在历史上有记录的任何时代都显得在财产和学识方面更近乎平等，换句话说，在力量上更近乎平等。[2]

托克维尔对他在美国的所见所闻大加赞赏，但绝不是盲目称颂，他同样担心民主发展得过于泛滥，从而损害公民道德。他补充道："实际上，有一种要求平等的豪壮而合法的激情，在鼓舞人们同意大家都强大和受到尊敬。这种激情希望小人物能和大人物平起平坐，但人心也有一种对于平等的变态爱好：让弱者想法把强者拉下到他们的水平，使人们宁愿在束缚中平等，而不愿在自由中不平等。"[3]

---

[1] 转引自董果良译《论美国的民主》，上卷第59页，商务印书馆1988年版。——译者注
[2] 同上，第60页。——译者注

我们之所以说"自由"、"平等"这些词汇的含义后来逐渐发生了变化，是有根据的。最明显的证据便是，近几十年来，美国民主党在加强政府权力方面扮演了主要角色；而在杰斐逊那一代人看来，政府权力恰恰是民主最大的威胁。民主党打着"平等"的旗号，不遗余力地扩大政府职权，加强政府权力，而他们所理解的"平等"的含义，几乎和杰斐逊及托克维尔所理解的正好相反。因为，在杰斐逊看来，平等和自由是密不可分的；在托克维尔看来，平等与民主是密不可分的。

当然，美国开国元勋们在实践中的作为和他们所宣扬的理念并非完全一致，二者之间最明显的矛盾之处便是奴隶制。就拿杰斐逊本人来说，直到 1826 年 7 月 4 日去世，他一直拥有奴隶。对于奴隶制的问题，杰斐逊深感痛心，他曾在笔记和信件中提到废奴计划。但是，他从未在任何公开场合提出废奴计划，也未曾发起过反对奴隶制的运动。

奴隶制如果不废除的话，杰斐逊为之奔走多年建立起来的这个国家，岂不是与他起草的《独立宣言》中所宣扬的理念大相径庭了吗？所以，在合众国成立之初的早期岁月里，奴隶制所引起的争议越来越大，这是情理之中的事。这一争议后来以美国内战的形式得以结束，正如亚伯拉罕·林肯在其《葛底斯堡演说》中所说的那样：美国内战考验了"这个国家，一个孕育了自由理念并奉行人人生而平等原则的国家……能否长存"。美国经受住了这一考验，但却付出了巨大的代价：成千上万的人在内战中丧生，财产被毁，社会动荡。

■ 机会平等

美国内战废除了奴隶制，由此"平等"一词的含义，即上帝面前和法律面前的平等，也日益成为现实。因此，不论在学术讨论当中还是在政府及私人政策当中，人们强调的重心又转移到另一个概念上来了，即机会平等。

如果仅从字面上来理解机会平等，即人人都完全一样，这在现实中是不可能的。比方说，儿童甲生来就是盲人，而儿童乙却明眸善睐；儿童乙的父母对他的幸福极为关注，为其营造浓厚的文化氛围以发展他的智力水平，而儿童甲的父母却沉湎酒色，及时行乐，无暇顾及自己的孩子；儿童乙生在富足之地，儿童甲则生在穷乡僻壤。显然，甲乙从一生下来面对的机会就是不一样的，而且也没有任何方法能把他们的机会变得一模一样。

个人平等的概念不能从字面上来理解，机会平等这一概念同样不能。机会平等的真正含义，用一句法国大革命时期的一句话来表达最好不过，即前途向人才开放。只要他的才能足以胜任，他自己认为值得，人人都有权追求任何社会地位而不应受到随意的干涉。一个人所拥有的机会之多寡，不应该取决于出身、国籍、肤色、性别、宗教信仰等毫不相干的特征，只应该取决于他自己的能力。

如果我们这样来理解机会平等的话，那么它只不过是对个人平等、法律面前人人平等的含义进行了详细的阐述。和个人平等的概念一样，机会平等之所以意义重大，正是因为人与人在遗传基因和文化背景等方面的特征各不相同，由此希望追求各自能力所及的事业。

与个人平等一样，机会平等与自由并非互不相容；相反，它是自由的重要组成部分之一。如果社会仅仅因为某人的种族背景、肤色、宗教信仰就不准他从事那些能够胜任的工作，那就是对他的"生命权、自由权和追求幸福的权利"进行干涉。这样做就等于否认了机会平等原则，同时也是为了一部分人的利益而牺牲另一部分人的自由。

正如人类的各种美好理想一样，机会平等的原则也不可能彻底实现。美国对这一原则最为严重的背离，便是黑人问题，这一问题南北方都存在，但在南方更为严重一些。当然，黑人族裔以及其他群体的地位已经有了极大的提高。人们常把美国称作"大熔炉"，这一概念正是机会平等的目标所在。同样，在美国的小学、中学乃至大学教育中，"免费"教育规模的扩大也反映了机会平等的理念；当然，我们在下一章将会看到，这并不完全是好事。

内战之后，机会平等这一原则在美国公众当中得到了广泛的认同，而且在各种价值理念中居于首位，这在经济政策方面表现得尤为突出。当时流行的用语是自由企业、竞争、自由放任。那时，每个人都可以自由地进入任何行当，从事任何职业，购买任何财产，只要他遵守与对方达成的协定即可。每个人都有机会享受成功带来的好处，当然，他也必须承受失败的代价。每个人都不会受到任意的干涉，决定其成败的不是出身、国籍，也不是宗教信仰，而是其个人努力。

由此产生的一个必然结果便是，美国的经济得到了巨大的发展。而一些自诩为文化精英的人物却对经济发展嗤之以鼻，他们认为，强调金钱万能，把物质财富视为成功的象征和标志，这是庸俗的物质主义。其实，正如托克维尔所指出的，美国人民对物质财富的重视，正反映了他们不愿意接受封建社会和贵族社会的那一套传统标准，即看重出身和门第。人们转而看重个人努力，而物质财富积累之多寡，正是衡量个人努力最为方便的标准。

由此产生的另一个必然结果是，人的潜能得到了最大限度的释放，美国成为一个高生产率并充满活力的社会，社会各阶层之间的流动已成了家常便饭。另一个必然结果可能会让人感到惊讶，即慈善事业得到了空前发展，这当然是拜物质财富高速增长所赐。慈善活动采取了各种各样的形式，有非营利性医院，有私人赞助的大学和学院，还有数不清的慈善组织打算帮助穷人。慈善事业之所以得到了蓬勃的发展，正是因为社会的主流价值观就包括了促进机会平等。

当然，不管是在经济领域还是在其他领域，实践和理想总是有差距的。政府的职权确实被限制在很小的范围内，企业经营活动也没有遇到重大的壁垒障碍；直到19世纪末，政府所采取的积极政策都是为了消除那些妨碍竞争的民间障碍，比方说通过了《谢尔曼反托拉斯法》。但是，法律之外的各种非正式制度安排仍然干扰着个人自由，妨碍人们自由地进入某些行当，从事某些工作。不用说，在社会现实当中，那些出身于"正统"家庭，拥有"正统"肤色，信仰"正统"宗教的人，仍然拥有别人所不具备的优势。但无论如何，各种鲜有特权的群体在社会经济地位上得到了迅速的提高，这就表明通往机会平等的障碍并非不可逾越。

政府采取的政策措施当中，背离自由市场原则的一个主要举措，是在对外贸易中设置关税保护。亚历山大·汉密尔顿在其《关于制造业的报告》中，把关税保护视为国内产业的守护神，认为这是美国特色发展道路的一部分。但是，关税保护的做法和真正的机会平等原则是不相容的（参见本书第 2 章），并且和迁徙自由的原则也是不相容的。在第一次世界大战之前，除了东方人之外，世界各地的居民都可以自由移民到美国来。然而，人们总能为设置关税找出各种各样的理由，有人说这是出于国防安全的需要，有人说我们和其他国家做生意没必要讲究平等。这些说法毫无道理可言，但却得到了许多人的认可，他们所坚持的完全是另外一种平等理念。

■ 结果平等

结果平等是一个完全不同的概念，并在 20 世纪得到了广泛的传播。它先是影响了英国以及欧洲大陆各国的政府政策，继而在过去的半个世纪里，对美国政府政策的影响也越来越大。在某些知识分子的小圈子里，对结果平等的渴望已近乎宗教般的虔诚。他们希望所有的人都同时停止相互竞争，就像《爱丽丝漫游奇境记》里的那只渡渡鸟所说的，"大家都是胜利者，人人都应该得奖"。

"平等"一词在这里和在前两个概念里（即个人平等和机会平等）一样，都不能照字面意思理解为"完全同一"。实际上，说人不分男女老幼高矮胖瘦，吃饭穿衣的定量标准都应该完全一样，现在谁都明白这种说法是不对的。结果平等的目标，与其说是"人人一样"，还不如说是"公平"。不过公平这个词汇的含义更为含混不清，要想给它下一个精确的定义，是相当困难的。当前，"公平分配"已经成了一句时髦的口号。

但是，结果平等的概念与前两个平等概念在本质上是完全不同的。促进个人平等或机会平等的政策措施，同时也是增进自由的；但那些促进"公平分配"

的政策，却会损害我们的自由。如果用"公平"准则来衡量人之所得，那么究竟公平不公平，由谁说了算呢？正如大家异口同声地问渡渡鸟："由谁来颁奖呢？"其实，如果"公平"不再意味着"完全同一"，那它就不是一个客观的标准了。"公平"，就像"需要"一样，人们各有各的看法。若要保证人人都得到一份"公平的份额"，那么就必须由某个人或一群人来决定多大的份额才算是公平的；而且他们必须把自己的决定强加给别人，对其超过"公平份额"的那一部分所得予以没收，转给那些所得不足"公平份额"的人，即"损有余而补不足"。但是，这些制定决策发号施令的人，与他们为之做主的那些人之间的关系是平等的吗？我们保证不会身处乔治·奥威尔的"动物庄园"之中吗？在那里，"所有的动物都是平等的，但某些动物比其他动物更平等"！

此外，如果人之所得都要由"公平"准则来决定，而不是由其劳动生产来决定，那么发给他们的"奖品"又从何而来呢？在此，人们从事工作和生产的动力从何而来呢？我们又该如何决定谁来当医生，谁来当律师，谁去捡垃圾，谁去扫马路呢？我们又靠什么来保证人们接受分配给他的任务，并尽心竭力地完成任务呢？显然，只有靠暴力强制和恫吓。

这里的关键不仅仅是实践和理想之间有差距的问题，这个问题当然存在，就像在前两种平等的概念中也存在一样。这里的关键问题是，理想的"公平分配"（或者其前身"按需分配"）与理想的个人自由之间，存在根本的冲突。欲使结果平等成为组织社会活动的首要原则，处处都会受到这一冲突的困扰。这样做的结果只能使国家笼罩在一片恐怖当中。而且，即便采取了恐怖统治，还是达不到结果平等的局面。在此类国家当中，不管以什么评判标准来看，都存在着大量不平等现象；统治者和被统治者是不平等的，不单单是在权力上不平等，在物质生活条件上也是如此。[4]

同样，西方各国打着结果平等的旗号也采取了类似的政策措施，虽然这些措施没有那么极端，但其结果也差不多，只不过程度较轻。这些政策措施同样限制了个人自由，并且同样没有达到其目的。其结果表明，要想找出一个为大家广泛接受的"公平分配"标准，要想让那些得到"公平"对待的人感到满意，是根本不可能的。相反，越是贯彻结果平等的政策措施，人们不满意的程度就越大。

那些呼吁结果平等的人，其内心深处有着深厚的道德热忱，这种道德热忱主要来自这样一种普遍信念：有些儿童仅仅因为生在富裕的家庭里，就比其他儿童优越得多，这是不公平的。这当然不公平，但是，不公平的表现形式还有很多。比方说，人们在财产继承方面是不公平的，如继承债券、股票、房屋、工厂等；在天资继承方面也是不公平的，如继承音乐才能、体力资质、数学天赋等。只不过，对财产继承进行干预要比天资继承容易得多。但是从伦理学的角度来看，这二者之间有区别吗？然而，很多人对财产继承深恶痛绝，对天资继承却并不耿耿于怀。

我们再从父母的角度来看这一问题。你希望自己的子女得到较高的收入，有几种不同的办法。你可以花钱供他上学接受教育，这样他将来就能找到一份薪水较高的工作；你可以花钱给他开一家公司，这样他就能比那些拿工资的雇员赚得多；你也可以给他留一笔财产，这样他也能过得不错。你采取的这几种支配财产的方式，在伦理意义上有什么不同吗？进一步，难道说国家在征税之后还应该管你怎么支配税后所得吗？难道说国家应该只允许你把钱用在花天酒地的生活上，而不允许你留给子女吗？

这里面涉及微妙而又复杂的伦理问题，这些问题绝不是靠"公平分配"这个简化了的公式就能解决的。如果我们真要生搬硬套这一公式的话，我们就应该让那些没有多少音乐才能的青年接受更多的音乐训练，以弥补他们天生的不足；而对那些颇有音乐天赋的青年来说，不让他们接受良好的音乐教育。对于其他各种继承而来的资质，我们都采取这种办法来对待。这对那些缺乏天分的青年来说，或许是"公平"的；但对那些具有天分的人来说，也是"公平"的吗？要拿出钱来培养那些没有天分的青年，必定要有人为此辛勤工作而纳税，对他们来说，这"公平"吗？若把钱用来培养那些具有天分的青年，这本来是对很多人有好处的，但若把钱花在没有天分的人身上，这些人便无缘享受这种好处了，对他们来说，这"公平"吗？

人生本就是不公平的。大自然造物，本就是各色人等参差不齐。想靠政府来抹平矫正，这种想法确实很诱人。但我们更应该认识到，正是由于这种不公平，我们从中受益良多！

玛琳·黛德丽（Marlene Dietrich）生就一双修长的美腿，人人爱看，这当然是不公平的；穆罕默德·阿里（Muhammad Ali）天生神技，成为一代拳王，这当然也是不公平的。但是我们要知道，千百万人喜欢看玛琳·黛德丽的美腿和穆罕默德·阿里的拳击比赛，他们之所以能够大饱眼福，正是因为大自然是不公平的，正是因为这种不公平才造就了玛琳·黛德丽和穆罕默德·阿里。如果所有的人都是一个模子里刻出来的，那这世界会是什么样子？

阿里打一晚上的比赛就能赚几百万美元，这当然是不公平的。但是，若是我们单单为了追求一种抽象的平等理念，就不允许阿里打一晚比赛（或备战一天）比社会底层的码头工人干一天粗活赚得多，这对那些喜欢看阿里拳击比赛的人来说，公平吗？这样做也并不是办不到，但是人们再也没有机会观看阿里的拳击比赛了。如果让阿里和码头工人挣得一样多，那他恐怕就不愿意为了比赛进行艰苦的训练了，或者干脆就不打比赛了。

公平问题的复杂性还有其另外一面，可以用冒险投机的事例来说明，不妨以赌博中的巴拉卡纸牌游戏为例。开始时，各玩家的筹码可能是一样多的，但是玩过几局之后，各家的筹码就不一样多了。一晚上下来，有的人可能赢了不少，有的人却输得精光。若按照理想中的平等理念来看，赢家是不是应该把钱退还输家呢？要真是这样的话，那么这种游戏也就索然无味了，即便是输家也会觉得没意思。可能在他输钱的时候，他希望退给他钱；但如果从此以后不管是输是赢，他的钱赌完之后和没赌的时候一样多，他还愿意再来玩吗？

很多人认为这不过是赌博当中的情形，其实，这个事例涉及的问题，在现实世界中也是大量存在的。我们每个人在日常生活中做出决策的时候，都会涉及冒险投机的问题。有时涉及的还是一些很重大的问题，比方说，选择干哪一行，选择跟谁结婚，选择买房还是做一笔重大的投资，等等。当然，更多的时候涉及的都是些琐碎小事，比方说，打算去看哪部电影，要不要在车流不息的时候横穿马路，是买这种保险还是买另一种，等等。上述情况都有一个同样的问题：我们所面临的风险或者机遇，究竟由谁来决定？当然应该是谁承担结果就由谁来决定。如果是自己来承担结果，那么我们当然可以自己来决定。但如果是别人承担结果，那么还应该由我们来决定吗？人家允许我们来决定吗？如果你是替别人来玩巴拉卡游戏，用的是人家的钱，他会让你想怎么玩就怎么玩吗？难道说人家应该放手不管吗？你替别人打牌，绝大多数情况下，他都不会完全让你自己做主，总要给你订一些规矩，难道不是这样吗？我们再举一个例子，与上面的例子完全是两码事，但道理有相通之处。如果政府（其实也就是其他纳税人）承诺，你的房屋一旦被大水冲毁，它将给你补偿损失，那么你想在一片水灾频仍的土地上自由建房，政府会由着你自作主张吗？一面是"公平分配"的呼声甚嚣尘上，一面是政府对个人决策的干预越来越多，二者可谓携手并进，这并不令人感到意外。

人们自己做主自己决策，并且自己承担其大部分后果，这种体制占据了美国历史的大部分时期。正是这种体制，激励着亨利·福特家族（Henry Fords）、托马斯·爱迪生家族（Thomas Edisons）、乔治·伊斯特曼家族（George Eastmans）、约翰·洛克菲勒家族（John Rockefellers）、詹姆士·潘尼家族（James Penneys），他们在过去的两个世纪里使我们的社会发生了翻天覆地的变化。同样是这种体制，也激励着其他人，他们愿意为这些发明家和工业巨头所开办的风险企业提供风险投资。当然，这一过程中有许多人失败了，可能失败者比成功者要多，而且他们的名字也为人所遗忘。不过，大多数失败者不是看不明白，他们也知道自己是在冒险赌一把。不论他们个人是成功还是失败，只要他们肯冒风险，整个社会便由此获益。

这一体制给我们带来的最大好处，便是产生了新的产品和服务，或是产生了生产产品和服务的新途径，或是大范围地配置这些产品和服务的新方法。如此一来，整个社会财富增长了，人民大众的生活水平也提高了。虽然那些富有创新精神的发明家、工业巨头的财富也会增加，但与整个社会的财富增长相比，后者不知道要高出多少倍！亨利·福特本人确实发了大财，但整个国家也因此拥有了更加便宜、更加可靠的运输手段，拥有了从事大规模生产的技术手段。而且在许多情况下，他们的个人财富最终还是造福于整个社会。美国有难以计数的私人慈善机构，洛克菲勒基金会、福特基金会、卡内基基金会，不过是其荦荦大者。大量私人慈善机构的兴起，正是因为美国的体制长期以来秉承了"机会平等"和"自由"的理念；直到晚近，人们对"平等"、"自由"的理解才偏离了其本来的含义。

仅举一例，便可一窥 19 世纪和 20 世纪初期美国慈善活动勃兴之风貌。海伦·霍洛维茨（Helen Horowitz）在一本描述"19 世纪 80 年代至 1917 年芝加哥文化慈善事业"的书中写道：

19 世纪末 20 世纪初，芝加哥这座城市呈现出种种彼此矛盾的发展趋向：它既是一个商业中心城市，工业社会的各种基本商品都在此交易；同时它也是一个文化事业蓬勃发展的城市。正如一位评论员所说，"芝加哥是一个奇怪的城市，可谓阳春白雪与下里巴人并存"。

芝加哥文化事业发展的一个突出表现，便是在 19 世纪 80 年代至 90 年代早期，建立了一批赫赫有名的文化机构。如艺术学院、纽伯利图书馆、芝加哥交响乐团、芝加哥大学、费尔德博物馆、克瑞尔图书馆……

这些机构是芝加哥出现的新事物，不管其成立的最初动机是什么，它们大多是由一批商人和企业家来组建、维护和管理的……尽管是由私人资助和管理，但这些机构都是为整座城市设计建立的。其领导班子致力于文化慈善事业，使其不仅仅满足个别人的艺术或学术追求，更主要的是满足一系列社会需求。那些商人和企业家，一方面受到各种社会力量的羁绊（对这些力量他们无法控制），另一方面也充满理想主义的文化情结，把博物馆、图书馆、交响乐团、大学等文化机构视为涤荡净化城市风气，促进城市文化昌明的手段。[5]

当然，慈善活动绝不限于建立文化机构；正如霍洛维茨在另一处写道，（慈善活动）"是一种多层次的全面勃兴"。而且，慈善事业兴盛之处，也绝不限于芝加哥一地，霍洛维茨还说"芝加哥可以说是美国的缩影"。[6] 在文化慈善事业发展的同时，其他慈善活动也广泛展开。芝加哥市在简·亚当斯（Jane Addams）的主持下建立了美国第一所贫民讲习所——赫尔讲习所，对穷人进行文化教育，并帮助他们解决生活中的困难；之后，这种讲习所在美国各地迅速建立起来。除此之外，医院、孤儿院等各种形式的慈善机构也纷纷建立。

实行自由市场体制与追求各种社会、文化目标之间并不矛盾，自由市场体制并不妨碍人们同情那些不幸的人，不管是以哪种方式同情。只要体现了人们帮助穷苦人的愿望，任何形式皆可，可以像 19 世纪那样开展私人慈善活动，也可以由政府出面对其给予援助，当然，后者日益成为 20 世纪的主要形式。不过，各种政府援助形式之间的差异可能极大，以下两种形式便是一例：第一种是，我们当中90% 的人同意政府向我们课税，以此来帮助那 10% 的社会底层人民；第二种是，我们当中 80% 的人投票通过，要求政府对那 10% 的社会上层人士课税，以此来帮助那 10% 的社会底层人民，而这正是威廉·格雷厄姆·萨姆纳（William Graham Sumner）所谓"由 B 和 C 共同决定 D 应当为 A 做些什么"[7]的著名案例。就帮助那些不幸的人来说，第一种方法可能明智也可能不明智，可能有效也可能无效，但它和机会平等与自由的信念还是不矛盾的。但第二种方法，却是在寻求结果平等，与自由是完全对立的。

■ 赞成结果平等的是哪些人

虽然，在很多知识分子当中，对结果平等的信仰几乎具有一种宗教般的虔诚，在许多政客的演说和各种法律的序言当中，结果平等也被屡次提及，但实际上，真正有助于实现结果平等这一目标的因素却寥寥无几。政府、公众以及那些最具平等主义情怀的知识分子的所作所为，并未实现他们口头上的目标。

就政府行为而言，最明显的一例便是其针对赌博和博彩的政策。人们普遍认为纽约州（尤其是纽约市）是一个充满平等主义情怀的根据地，事实也确实如此。然而，纽约州政府就亲自经营彩票，并且还为赛马赌博这种出格的活动大开方便之门。政府对这些活动大肆宣传，诱使老百姓购买彩票、参与赌马，由此给自己带来巨额利润。同时，政府还对数字彩票活动进行压制，因为其中奖概率要比政府彩票大，而且中奖者也更容易逃税。而英国呢，即便不是平等主义情怀的发源地，也同样是一个平等主义的堡垒。英国政府也同样允许私人赌博机构存在，允许人们对赛马和其他体育运动进行赌博活动。事实上，赌博成了一种全国性娱乐活动，同时也是政府收入的一个主要来源。

就知识分子而言，他们显然未能成功地实践自己所宣扬的理念。我可以对他们说，要想实现结果平等，你们不妨亲自动手试试看。首先，你要搞清楚你所谓的平等究竟是什么意思。你是要在美国国内追求平等，还是选定若干国家，在这些国家里追求平等？还是要在全世界范围内追求平等？你用什么来评判平等？用人均收入还是家庭平均收入？是年均收入、十年的收入还是一辈子的收入？要不要包括其他非货币收入？自家房屋的租金、自种自食的农作物、并非花钱雇来的家庭成员尤其是家庭主妇所提供的劳务，这些非货币收入形式要不要算进来呢？身体和智力方面的优劣又当如何计算？

不过，上面提到的这些问题，不管你怎么来斟酌确定，你若是个平等主义者，就总能估算出一个大概的收入水平，这个水平正好符合你的平等理念。那么，你的实际收入若是高于这个水平，你就应该把多余的部分拿出来，分给那些低于这一收入水平的人。如果你认为自己的准则放之四海皆准（大多数平等主义的花言巧语都认为本该如此），那么，年人均收入低于 200 美元（以 1979 年的美元购买力计算），可能正符合大多数平等主义言论所谓的平等收入水平。这也是 1979 年全世界的人均收入水平。

欧文·克里斯托（Irving Kristol）所谓的"新阶层"，即各级政府官僚、由政府资助的各种学术机构当中的科研人员、由政府豢养的"智囊团"中的幕僚谋士、各种所谓的"总体利益"和"公共政策"部门当中的工作人员、通信传媒产业当中的记者及其他工作人员，正是平等信条最狂热的鼓吹者。他们的所作所为，恰使我们想起了一句古老的贵格派谚语："他们来到这个新世界，本为行善而来，却以作恶而终"。当然，这样说似乎有失偏颇，但总的来说，"新阶层"的成员往往是社会上收入最高的人群。其中很多人不遗余力地鼓吹平等理念，通过立法手段将其理念转化为各种法律法规，并在各种场合大肆宣扬，这些都是他们获得高收入的有效手段。其实，我们每个人都很容易这样想，即自己的幸福也就是整个社会的幸福。

当然，每个平等主义者都认为，自己得到的那点好处不过是九牛一毛，若其收入超出了所谓的"平等"收入水平，只要其他平等主义者被迫把多出的部分拿出来分给他人，那么他自己也愿意拿出来。但是，这种依靠强迫的办法是行不通的。一者，就算其他平等主义者都被迫捐出自己多得的部分，他自己捐出的部分仍不过是杯水车薪；不论是唯一的捐献者，还是众多捐献者之一，他个人的贡献就是那么大。其实，他还不如把自己多得的部分捐给受赠者中最贫苦之人，这样捐献才更有价值。二者，若靠强迫来实行捐献或财富再分配，将使势态发生根本变化。依靠自愿捐献的社会与依靠强迫捐献的社会是截然不同的，而依照我们的标准来看，前者远胜于后者。

有人认为，一个依靠强制手段推行结果平等的社会，较之依靠自愿捐献的社会更为可取，那么，他们不妨亲自实践一下。他们可以加入各种推行结果平等理念的公社，这样的公社在美国已有很多；也可以另起炉灶组建新的公社。当然，只要他们想过这种公社生活，那么谁也无权干涉，因为这完全是个人的自由选择，与个人平等、机会平等和自由的理念并不矛盾。但是我们认为，大多数人对结果平等的支持，不过仅停留在口头上而已。只要看一看，自愿加入公社的人数何其之少，组建起来的公社又何其脆弱，便可知我们所言不虚。

美国的平等主义者不同意我们的观点，他们反驳道，推行结果平等理念的公社之所以如此之少，又如此脆弱，是因为美国本就是一个资本主义社会，资本家对这些公社极尽攻讦诬蔑之能事，从而使公社饱受歧视。在美国可能确实如此，但罗伯特·诺齐克[8]（Robert Nozick）曾指出，有一个国家就并非如此，在该国，平等主义公社备受推崇，这个国家就是以色列。集体农庄（基布兹）先是在巴勒斯坦的犹太人聚居地，继而在以色列国内，都扮演了重要的角色。以色列的领导人，很多是从集体农庄发迹的。在以色列，基布兹成员的身份，不仅不会遭到非议，而且是社会地位的象征，备受称颂。人人都可以自由选择加入或退出基布兹，而且，基布兹也确实是一种可行的社会组织方法。然而，自愿加入基布兹的犹太人，其数量从未超过以色列人口的 5%（今天也毫不例外）。若说有人自愿选择一种强制推行结果平等的社会制度，而不愿选择一种不平等、多样化并充满机会的社会制度，那么这些人在全部人口当中的比例，可能至多就是 5%。

对于累进所得税制，公众的态度也是不明朗的。近来，有些原本没有累进所得税制的州对实行州累进税制进行了全民投票表决，其他州则对扩大累进范围进行了全民投票表决，表决的结果是，大多未获通过。另一方面，联邦所得税的累进范围很大，累进率也很高，尽管在实践中有大量条款限制了累进范围，但至少在纸面上还是很大。这表明，为实现收入再分配而征税，如果额度适中的话，公众还是可以接受的。

不过，我们还要大胆地指出，只要看一看熙熙攘攘、人头攒动的雷诺城、拉斯维加斯还有大西洋城这些赌博盛行之地便可明白，人们对于这些城市非常喜欢，其程度丝毫不亚于对联邦所得税的拥戴，不亚于对《纽约时报》《华盛顿邮报》《纽约书评》所刊登的评论文章的喜爱。这些都反映了人们的真实偏好。

■ 实行平等主义政策的后果

在制定政策方面，美国可以借鉴西方国家的经验，因为我们有相同的知识和文化背景，而且美国的许多价值观念也来源于西方国家。也许英国正是我们最可借鉴的样板，英国在 19 世纪努力践行机会平等理念，在 20 世纪又努力践行结果平等理念，一直以来都是率先垂范。

自第二次世界大战结束以来，英国国内政策的主导方向，便是更加追求结果平等。各种旨在"劫富济贫"、"损有余而补不足"的政策措施，接二连三地为政府采纳。所得税不断加重，最高财产边际税率达98%，最高个人所得边际税率达83%，无独有偶，遗产税也有所加重。由国家提供的医疗、住房以及其他福利项目，其规模日益扩大，对失业者和老年人，政府也给予救济。可惜天不遂人愿，这些政策带来的后果，与一些人的初衷大相径庭，而他们正是对主导英国几百年的社会结构最为不满之人。可以说，英国确实进行了大规模的收入再分配，但还是未能达到平等分配。

结果适得其反，英国由此产生了新的特权阶层，有的是取代了先前的特权阶层，一跃成为新贵，有的干脆就是另起炉灶，与原有的特权阶层并行不悖。各级政府官僚，他们的工作可谓是"铁饭碗"，不论任职期间还是退休之后均有保障，免遭通货膨胀之苦。五花八门的工会组织，个个声称自己代表的是广大受压迫工人的根本利益，实际上其成员往往都是英国薪水最高的工人，都是各种工人运动中涌现出来的新贵。形形色色的暴发户，最擅长从各种政策中寻找漏洞，不论是议会通过的法律法规，还是各级政府颁布的规章条例，都成了他们钻空子发财致富的手段；他们千方百计地逃税漏税，甚至把财产转移到海外，令本国税收官束手无策望洋兴叹。若说英国各阶层的收入和财富结构经历了大规模的调整，这确实是真的；但要说调整之后更加平等了，那大概就错了。

英国追求结果平等，之所以未能成功，不是它采取的办法不对（有些当然不对），也不是办法执行得不好（有些当然执行得不好），也不是所用非人（有些当然所用非人）。英国追求结果平等之所以失败，原因很简单，这违反了一条人类最基本的本性特征。这一人之本性，用亚当·斯密的话来说，便是"每个人改善自身境况的一致的、经常的、不间断的努力"，[9][一]也包括为改善其子孙的境况所做的努力。　亚当·斯密所谓的"境况"，当然不仅仅是指物质福利，物质福利只是境况的一部分。在他的思想里，境况是一个包罗甚广的概念，凡用

［一］　转引自郭大力、王亚南先生译《国民财富的性质和原因的研究》（上卷），第316页，商务印书馆1972年版。——译者注

来评判自身成就的价值标准，都属于境况。其中的某些社会价值标准，如乐善好施，恰恰促使慈善事业在 19 世纪的美国得到了快速的发展。

人总是要努力实现其人生价值，如果法律对此进行干涉，人就会另觅他途。他可能会规避法律，可能会以身试法，也可能远走异国他乡。谁都不愿意把自己辛辛苦苦创造出来的成果，拱手让给素不相识的人。不管这样做意义如何重大，只要当事人不赞成这种意义，我们就不能强迫他们捐献。几乎没有人认为强迫捐献是一种合乎道德规范的做法。只要法律条文的规定与大多数人认为是道德的、正当的行为相互抵触，那么人们就会违反法律，不论此法律是体现了高贵的理念（如平等），还是体现了赤裸裸的剥削关系。在这种情况下，人们之所以遵守法律，不是出于正义感和道德感，而仅仅是出于对惩罚的恐惧。

人们一旦违反了某种法律，那么所有的法律都必然遭到践踏，即便是那些人人都认为是道德的、正当的法律，如防止暴力、偷窃、毁坏公物的法律，也难逃厄运。在英国，各种粗暴的违法犯罪行为，近几十年日益增多，而这可能正是追求结果平等的后果。说起来可能令人难以置信，但事实就是如此。

不仅如此，追求结果平等，使一些能力很强、受过良好训练并充满活力的英国公民远走异国他乡，包括美国在内的各国因此受益良多，而这些国家也为他们提供了更多的机会，使其为了自身的利益充分发挥个人才干。最后一点是，追求结果平等给经济效率和生产率带来了严重的影响，这恐怕谁都不会有异议吧？在过去的几十年当中，这正是英国的经济增长大大落后于美国、日本、欧洲各国以及其他国家的原因所在。

在追求结果平等方面，美国还没有像英国那样走得那么远。但是，一些类似的后果已经显现出来了：平等主义政策没有成功地实现其目标；财富确实进行了重新分配，但却无论如何也说不上变得平等了；犯罪率上升；经济效率和生产率受到了消极的影响……

■ 资本主义与平等

收入和财富的不平等现象，可谓遍布世界各地，我们大多数人对此深恶痛绝。一面是阔人们锦衣玉食挥霍无度，一面是穷人们食不果腹备受煎熬，此情此景，谁看了都不会无动于衷。

几个世纪以来，渐渐流传起了一种说法，认为资本主义自由市场制度，也就是我们阐述过的机会平等体制，加剧了世间种种不平等现象，还说，这一制度是富人剥削穷人的制度。

这种说法实在值得商榷。现在，凡是自由市场制度顺利运行的地方，凡是有接近机会平等的因素存在的地方，普通百姓的生活水平之高，是以前连做梦都不敢想的。相反，凡是那些不允许自由市场制度运行的社会，其贫者之贫，富者之富，贫富之间差距之大，皆为世界之最。在中世纪的欧洲、获得独立之前的印度、当代南美洲大多数国家，情况就是这样，人的家庭出身决定了他的社会地位。在实行中央计划体制的社会里，情况也同样如此，在这些国家里，一个人能否进入政府部门便决定了他的社会地位。甚至，只要引入了中央计划因素，情况便是如此。

苏联的国民可以分为两类，一边是一小撮上层特权阶级，各级政府官僚、科技人员都属此类；另一边是广大的人民群众，他们的生活水平比先辈们强不了多少。上层阶级可以到专门的商店里购物，可以到专门的学校里上学，可以享受各式各样的奢侈品；广大群众却只能消费最基本的生活必需品。我们在莫斯科旅行时，看到一辆大型轿车，于是就问当地的导游买这辆车要多少钱，导游答道："哦，这个不卖，这是政治局委员专用的。"近来，有几位美国记者的著作，详尽地描绘了苏联的社会风貌，其上层特权阶级生活之优越，与广大人民群众生活之贫苦，恰成鲜明的对照。[10] 即便同处底层水平，苏联工厂里一个工头的平均收入，也要比一个普通工人的平均收入高出好几倍；而且，二者之间的收入差距，要比美国工厂里的差距大得多。这也很正常，毕竟，美国工头最担心的也不过是被解雇，但苏联工头却要担心被枪毙。

其实，工业的进步，机器的改进，以及当代一切伟大的"奇迹"，对富人来

说意义并不是很大。对古希腊的富翁来说，现代化的自来水管道可能没有什么
用，因为他的仆役小厮们自会跑去为他打水。电视机和收音机也用处不大，古
罗马的贵族们在家里就能欣赏一流的音乐家和艺人们的表演，他们也能把大艺
术家豢养在家中。成衣、超市以及各种现代发明，不会给他们的生活带来多大
的变化。现代交通和医学方面的进步，他们可能会感兴趣，但西方资本主义社
会所取得的其他各项伟大成就，主要是给普通百姓带来了好处。而这些成就给
普通百姓带来的便利和舒适，在过去只是有钱有势者才能享受的特权。

约翰·斯图亚特·穆勒在 1848 年写道："到目前为止，机械方面的各种发
明是否减轻了人们每天繁重的劳动，仍很值得怀疑。这些发明使更多的人过上
了同样艰苦和贫困的生活，使更多的制造商和其他人得以发财致富，并提高了
中产阶级的生活水平。但这些发明却至今未按其性质和未来的发展趋势使人类
的命运发生重大变化。" 11 ⊖

可如今谁也不敢说这样的话了。走遍整个工业化世界就会发现，如今只有
那些进行体育训练的人，才会因为工作累得筋疲力尽腰酸背痛。若想看看究竟
还有哪些人仍未从机械发明中获益，仍未摆脱艰苦的体力劳动，你只有到某些
非资本主义社会中才能找到；或者到那些较为落后的资本主义社会中去，如非
洲、中东、南美以及近来的西班牙和意大利。

■ 结论

一个社会若是把平等（即结果平等）置于自由之上，那么最终的结果是既
没有平等也没有自由。运用强制力量来追求平等，只能摧毁自由；而且，强制
力量，即便最初是为了实现良好的意图才使用的，最终也会为一小撮人所攫取，
他们以之来牟取私利。

相反，一个社会若是把自由置于平等之上，那么最终不仅会增进自由，也

⊖ 转引自胡企林、朱泱等译《政治经济学原理》(下卷)，第 322 页，商务印书馆 1991 年
版。——译者注

会增进平等，后者可谓无心插柳之作。虽说平等的增进不过是无心插柳之作，但这绝非偶然。在一个自由的社会当中，人们的精力和才能得到了释放，都可以追求自己的目标。自由的社会防止了专断的压迫，当然，它确实不能防止某些人取得较高的社会地位和各种特权。但是，只要坚持自由，这些社会地位和各种特权就不会变成制度化的安排，成功者的地位和特权，时时面临着有能力、有雄心的竞争对手的挑战。自由意味着多样性和流动性，只要有自由，今日之穷困潦倒者就有机会成为明日之飞黄腾达者；在此过程中，几乎上上下下每个人都能受益，都能享受更加健全、更加富裕的生活。

■ **注释**

1. See J.R. Pole，*The Pursuit of Equality in American History*（Berkeley and Los Angeles：University of California Press，1978），pp.51-58.

2. Alexis de Tocqueville，*Democracy in America*，2 vols.，2d ed.，trans.Henry Reeve，ed.Francis Bowen（Boston：John Allyn，Publisher,1863），vol.I，pp.66-67.（First French edition published in 1835.）

3. Ibid.，pp.67-68.

4. See Smith，*The Russians*，*and* Kaiser，*Russia：The People and the Power*.Nick Eberstadt，"Has China Failed?" *The New York Review of Books*，April 5，1979，p.37，notes，"In China，...income distribution seems *very roughly* to have been the same since 1953."

5. Helen Lefkowitz Horowitz，*Culture and the City*（Lexington：University Press of Kentucky，1976），pp.ix.x.

6. Ibid.，pp.212 and 31.

7. "The Forgotten Man," in Albert G.Keller and Maurice R.Davis，eds.，*Essays of William G.Sumner*（New Haven：Yale University Press，1934），vol.I，pp.46-66.

8. Robert Nozick，"Who Would Choose Socialism?" *Reason*，May 1978，pp.22-23.

9. *Wealth of Nations*，vol.I，p.325（Book II，Chap.III）.

10. See Smith，*The Russians*，*and* Kaiser，*Russia*，*The People and the Power*.

11. John Stuart Mill，*The Principles of Political Economy*（1848），9th ed.（London：Longmans，Green & Co.，1886），vol.II，p.332（Book IV，Chap.VI）.

第 6 章

我们的学校出了什么问题

Free to Choose

教育从来都是"美国梦"的一个重要组成部分。当年，清教徒来到新英格兰之后，便迅速建起各式各样的学校，这些学校开始时附属于教会，后来才为世俗政权接管。伊利运河开通之后，新英格兰山区的农民们纷纷迁移到中西部地区肥沃的平原地带，他们所到之处，建立起一座座学校，不仅有小学、中学，还有大学。19世纪后半叶，从大西洋彼岸来到美国的那些移民，很多人渴望接受教育。他们大多定居在大都市、大城市里，几乎不放过任何受教育的机会。

最初，学校都是私立的，并且上学完全是自愿的。后来，政府在其中发挥的作用越来越大，先是在财政上予以支持，随后便开始建立并管理公立学校。1852年，马萨诸塞州通过了美国第一部义务教育法案，不过直到1918年，美国各州才全部推行了义务教育。在20世纪之前，主要都是地方政府对学校进行控制，地方办学，并由地方学校理事会来管理。后来，特别是在一些大城市里，所谓的教育改革运动便开展起来，这一方面是因为，不同的学校所在地，其居民种族构成和社会构成方面的差异过大；另一方面，人们也认为职业教育者应当在教育中发挥更大的作用。到了20世纪30年代，政府规模扩大和政府权力集中已是大势所趋，教育改革运动也随之愈加深入。

广泛的接受教育的机会和众多公立学校，在培养新移民的认同感方面，发挥了重要的作用，由此避免了社会分化和分裂，具有不同宗教和文化背景的人们也因此能够和谐共处。对此，我们一直深感自豪。

可不幸的是，近年来我们的教育却出现了问题。家长们抱怨说，孩子接受的教育质量每况愈下，许多人甚至担心子女的身体状况会遭到损害。老师们也在抱怨，说他们面临的教学氛围，往往不利于学生学习。越来越多的教师，都担心自己在学校里甚至课堂上的人身安全。纳税人也在抱怨，说教育的成本越来越高。要说我们的学校教会了学生解决生活中的实际问题，恐怕已经很少有人这么认为了。实际上，我们的学校并没有增进人们的认同感，也没有促进社会和谐，相反，却日益成为社会分裂的源头；而社会分裂，却正是学校在早年间竭力防止的。

中小学的教育水平，可谓参差不齐：在一些主要城市的郊区，由于多为富人居住，其学校教育水平也颇为出色；在许多小城镇和农村地区，学校教育水平也差强人意；在一些大城市的市区内，教育水平却极其糟糕。

"来自低收入家庭的黑人儿童所接受的教育质量最为低下，他们甚至根本无法接受教育，这可以说是公共教育最大的败笔。按照政府一贯的本意来说，贫困和受压迫的人群本该是公共教育最大的受益者，然而实际情况却完全相反，这对政府和穷人来说，都是悲剧。"[1]

在前面各章中，我们已经探讨过一些福利计划的利弊，在后面各章中我们还将继续探讨，我们担心的是，公共教育和那些福利计划一样，都患了同一种病症。早在 40 多年前，沃尔特·李普曼（Walter Lippmann）就将这种病诊断为"政府过度管制之症"，其病因在于"信念的转变，从前人们认为，若任由那些智慧有限却自以为是的人随意使用无限的权力，那么很快就会出现压迫、反动和腐败……取得进步的必要条件之一，就是要对统治者的权力进行限制，不论其能力如何超群，品德如何高尚"，而现在人们却认为，"若是一个人统治他人的能力超群，那么就不必对其权力进行限制，而且也不该对政府权力进行任何限制"。[2]

就学校教育而言，其病症的表现形式便是，学生接受什么样的学校教育，家长根本无法掌控，既不能通过直接向学校交学费的方式来择校，也无法通过参与地方政治活动来干预教育制度。相反，职业教育者的权力却日益扩大了。同时，学校管理日益集权化、官僚化，使教育方面的问题更加严重，特别是在大城市里尤其如此。与中小学教育相比，大学教育当中，私人市场制度安排发挥的作用要大得多。但是，既然整个社会都患了政府过度管制之症，高等教育领域也未能幸免。1928 年，高等教育方面，上公立学校的学生人数比上私立学校的还少；到了 1978 年，上公立学校的学生人数就几乎是上私立学校的 4 倍。由于高等教育的学费主要是由学生自己支付，因此政府运作高等教育进展虽快，但政府为高等教育直接筹资进展得还相对较慢。但即便如此，1978 年政府对高等教育的直接拨款，还是占了公立和私立高等教育机构总经费的一半还多。

政府威权日大，不仅给初等和中等教育造成了消极的影响，就是对高等教育，其影响也同样消极。政府干预气氛日浓，不论是献身教育的教师，还是一心向学的学生，都认为这对教学来说十分不利。

■ 中小学教育的问题所在

在美利坚合众国刚成立的年代，学校的分布就很广泛了，不仅城市里有学校，而且几乎每个乡镇乃至广大的农村地区都有学校。许多州和地方政府，都颁布法律明文规定当地必须有一所"公立学校"。但当时大多数学校是靠学生家长出资开办的。当然，各州、县和地方政府也会提供一些辅助性的资助，一方面是因为有些家长无力支付学费，一方面也为了弥补学生家长出资之不足。虽然那时的学校教育既非义务教育也非免费教育，却是一种面向所有人开放的教育（当然，奴隶除外）。1836 年，纽约州公立学校主管在其一份报告中写道："不管怎么说，我们都有理由相信，年龄在 5~16 岁的少年儿童，都有学可上，不论他上的是公立学校、私立学校还是专业学校。"[3] 当然，各个州的情况不尽相同，但总的来说，不论其家庭的经济状况如何，（白人）儿童基本上都有学可上。

到了 19 世纪 40 年代，一场学校教育领域的改革便开始了，改革的内容是用免费学校取代各种各样的私立学校；而所谓免费学校，就意味着学生家长不必为其直接支付学费，而是通过纳税这种间接的形式来支付学校的办学成本。

E.G. 韦斯特（E.G.West）曾对政府在学校教育领域发挥的作用进行了广泛的研究考察，根据他的研究结果，这一改革的发起者并不是那些对教育现状感到不满的学生家长，而"主要是教师和政府官员"。[4] 力倡免费学校的改革者中，最著名的当数霍勒斯·曼（Horace Mann），《大英百科全书》中曾专门记述其生平，称其为"美国公共教育之父"。[5]1837 年，马萨诸塞州教育委员会成立，霍勒斯·曼担任第一任秘书长；之后的 12 年里，他领导了一场热火朝天的改革运动，一心要把学校教育转变为由政府资助、职业教育者管理的教育体系。他认为，教育是一件大事，为所有儿童提供受教育的机会，政府责无旁贷；学校应当推行世俗化的教育，所有儿童不分宗教、社会、种族背景，都应该有学可上；普及性的免费教育，能够使那些家境贫寒的儿童有机会接受教育。"霍勒斯·曼在其向马萨诸塞州教育委员会提交的报告中，反复强调……教育是一种很好的公共投资，其回报大于投入"。[6] 不过，这些说法虽然冠冕堂皇，打着公共利益的旗号，实际上教师们之所以如此热心地拥护公共教育改革，是因为他们怀有狭隘的利己之心。他们都希望自己的工作能够更加稳定，薪水更有保证，而且，若由政府而不是家长来出资的话，他们对于学校也将有更大的控制权。

"尽管困难重重，反对的呼声也很高"，但霍勒斯·曼所倡导的教育制度的"主要框架，还是在 19 世纪中期基本实现了"。[7] 自那以后，大多数儿童便开始在公立学校上学了。只有少数人仍然在所谓的私立学校上学，这些学校大多是由天主教会或其他宗教团体开办的。

学校教育体系，从主要靠私人办学，转变到主要靠政府办学；其实这种变化不仅发生在美国，在其他国家也有。正如一位权威人士所说："人们逐渐接受了这样的观点，即教育就应该是国家的责任。"人们看法的转变，在他看来是 19 世纪的"重大趋势，并且在 20 世纪后半叶仍然对西方各国的教育事业有所影响"。[8] 有意思的是，这一趋势，在普鲁士始于 1808 年，在拿破仑统治下的法国，也差不多是同时开始的。但这一趋势在英国开始的时间要晚于美国。"英国沉湎于自由放任主义之魔力，在允许政府介入教育事业这一问题上一直逡巡不前"，但到了 1870 年，英国还是建立起了一套公立学校教育体系，尽管其初等教育实行义务教育体制直到 1880 年才建立，而学费直到 1891 年才普遍取消。[9] 在政府接管教育事业之前，英国与美国一样，其教育也几乎是普及性的。E.G. 韦斯特教授力图使大家明白，与美国的情形一样，英国政府之所以接管教育事业，其原因同样不是来自学生家长，而是来自教师、政府官员以及那些好心却办了坏事的知识分子。他的结论是，政府接管导致了教育质量的下降，并且使学校教育变得千篇一律。[10]

美国建立的公立学校教育体系，只不过略微反映了早年间知识分子对自由市场和自愿交换体制的不信任。最主要的是，这反映了整个知识分子阶层对机会平等这一理想的重视。霍勒斯·曼及其同僚正是触动了人们心中这种深层的情感，因此才得以在教育改革中获得成功。

显然，人们并未将公立学校教育体制视为"社会主义的"，而仅把它看作"美国式的"。决定这一体制运行模式的关键因素，是其分权化的政治结构。《合众国宪法》对联邦政府的权力进行了严格的界定，使其能够发挥的作用十分有限。各个州也都把公立学校的控制权留给地方社区、乡镇、小城市以及大城市的区级政府。因此，学生家长能够对政府控制学校进行密切的监督，这就使学校之间原本削弱了的相互竞争，在一定程度上有所回升；同时，这种监督也使广大学生家长的意愿得以贯彻实现。

但是，在大萧条的前夕，这种局面就已经发生了变化。学校区愈加巩固，教育区愈加扩大，而职业教育者的权力也越来越大。大萧条之后，广大公众也和知识分子一道，开始对政府，特别是中央政府的种种优点，表现出无限崇拜，从而，小规模的学校和地方校务委员会便走向全面衰败。学校控制权从地方社区委员会迅速转移到上级政府部门，由县到市，由市到州，直至不久前转移到联邦政府。

1920 年，公立学校的经费来源当中，83% 来自地方资金，联邦政府的拨款不足 1%，但到了 1940 年，地方资金的比重就降到 68%，近来更是降到不足 50%。而其余的资金主要来自州政府：1920 年为 16%，1940 年为 30%，近来则

上升到 40% 多。联邦政府的拨款所占比重仍然不大，但其增长速度很快：1940
年不到 2%，而近来大约已达 8%。

职业教育者既已获得对学校的控制权，那么学生家长对学校的控制自然减
弱了。而且，学校的功能也发生了变化。人们仍然希望学校传授学生读、写、
算的基本技能，并向学生传授一些基本的价值理念。除此之外，人们还希望担
当起促进社会稳定、促进种族融合等各种各样的社会责任，这些责任与学校的
基本功能比起来，实在是有点风马牛不相及。

第 4 章我们曾经谈到过马克斯·甘芒博士的官僚替代理论，这是他在研究
英国的国家卫生服务业的时候提出来的。用他的话来说，在"官僚体制下……
与成本支出增长相伴随的是产出下降……如果整个经济是一个宇宙的话，那么
官僚体制就像是宇宙中的'黑洞'，在吸入资源的同时，其'释放'的产出却日
益收缩"。[11]

他的这一理论，完全可以用来分析美国公立学校日益官僚化和集权化的体
制所产生的影响。从 1971~1972 学年到 1976~1977 学年这 5 年当中，美国公立
学校专职教师的人数增加了 8%，以美元计，平均每名学生负担的费用上升了
58%（剔除通货膨胀因素后为 11%）。也就是说，投入显然增加了。

但就在这一时期，学生的人数却下降了 4%，学校的数量也下降了 4%。如
果我们说学校质量方面下降得比数量上更严重，那么恐怕没有几个人会提出异
议。事实就是如此，因为从这一时期学生的标准化考试来看，其平均成绩下降
了，且降幅大于学校数量下降百分比。也就是说，产出显然下降了。

每单位投入的产出下降了，我们是否应该把这归咎于公立学校官僚化、集
权化的组织形式呢？确有证据表明，在 1970~1971 学年到 1977~1978 学年的 7
年当中，学校区的数量减少了 17%。至于官僚化，同一时期的数据不太容易找
到，我们来看略早几年的数据，在 1968~1969 学年到 1973~1974 学年的 5 年当
中，学生人数增加了 1%，但从事教育的人员数却增加了 15%，教师人数增加

了 14%，而学监的数量却增加了 44%。[12]

学校的问题，并不单单在于其规模大小，不在于学校区的扩大，也不在于各校学生平均人数的增加。毕竟，在产业当中，规模较大通常意味着较高的效率，并且还会带来成本的降低、质量的改进。美国的产业发展从大规模生产当中得益甚多，大规模生产正是经济学家所谓的"规模经济"。那么，教育产业怎么会是例外呢？

其实教育产业也不例外。问题并不在于教育活动和其他经济活动有什么区别，而是在于其制度安排：是让消费者自由选择，还是由生产者做主而消费者无从选择。如果消费者能够自由选择，那么，只有其产品物美价廉，才能为消费者所喜爱，由此企业的规模才能扩大。并且，如果消费者并不认为产品物有所值，那么就算企业的规模很大，它也无法把自己的产品强卖给消费者。通用汽车公司的规模很大，照样生意兴隆；格兰特公司的规模也很大，却难逃破产之厄运。只要消费者能够自由选择，那么企业要想维持其较大的规模，就必须使其生产活动在经济上有效率。

但一般来说，在政治制度安排中，规模的大小就会影响到消费者的自由选择权。每个公民都感到他对政府部门决策的控制力量，在较小的社区中要比在大社区中大一些，事实也确实如此。当然，即便在较小的社区中，他的自由选择权也不像购买商品时那么大，但他至少还有可能影响政府的决策。而且，许多小社区并存的话，他还能选择在哪个社区居住。当然这是一种复杂的选择，会牵扯到很多因素。但不管怎么说，这种情况下，地方政府部门必须向其公民提供物有所值的服务，否则就会被其竞争对手所取代，或者丧失一部分纳税人。

但决策权如果掌握在中央政府手里，情形就大不一样了。此时，每个公民都感到他对那些遥远而冷漠的中央政府机关几乎没有什么控制权，事实也确实如此。这种情况下，若想迁徙到其他社区居住，虽然不是不可能，但难度就大得多了。

在教育产业当中，家长和学生就是消费者，教师和学校管理人员就是生产者。学校教育的集权化就意味着企业规模扩大了，消费者的选择能力减弱了，生产者的市场力量增强了。教师、学校管理人员和联邦政府官员与我们一样，可能也是做家长的，也衷心地希望能有一个良好的教育体制。但是，其作为教师、管理人员、政府官员的利益，与作为家长的利益是不同的，与他们学生家长的利益也是不一致的。教育体制的集权化、官僚化，即便使家长的利益受到损害，却能给他们带来更大的利益。实际上，正是通过削弱家长的控制力量，他们才获得了更大的利益。

每当政府官僚集团以牺牲消费者选择权为代价来接管某种事业时，上述现象就会出现。比方说邮政事业、垃圾回收服务，还有我们在其他章节谈到的各种案例等，莫不如是。

在学校教育方面，属于高收入阶层的人们仍然拥有自由选择权。我们可以把孩子送去私立学校上学，不过这时候我们交了两次学费，为政府开办公立学校纳税算是交了一次，给私立学校交学费时又交了一次。或者，我们可以看看哪里的公立学校比较好，然后搬到那里居住。一些优秀的公立学校越来越集中在大城市比较富裕的郊区，在那里，家长对学校仍有控制权。[13]

在纽约、芝加哥、洛杉矶、波士顿等大都市的城区之内，情况最为糟糕。在这些地区，虽然越来越多的家长都把孩子送到教会学校去上学（于是就要交两次学费），但是他们交两次学费确实很困难。他们想到有好学校的地方去住，却没有搬家的经济能力；唯一的办法就是对主管公立学校的有关政府部门施加影响，不过一般来说很难成功，况且他们也没有能力去做这些事。大城市城区内的居民在教育方面所能享受的服务水平，较其他方面可能更为低下，只有在防止犯罪方面可能还差强人意，这是政府提供的另一种"服务"形式。

具有讽刺意味的是，公立学校教育体系本想让所有的孩子掌握同样的语言，接受美国公民社会同样的价值观念，并给所有的孩子以平等接受教育的机会，但实际上却加深了社会各阶层的分化，而且导致了极不平等的受教育机会，这可以说是一个悲剧。市区内每个学生上学的费用往往和较富裕的郊区一样高，但市内的教育质量却相当低。在郊区，所有的钱几乎都花在了教育上；但在市内，大部分经费却用来维持纪律，防止破坏或为破坏活动做善后工作。某些市内学校的氛围倒更像是一所监狱，而不是一个学习的地方。郊区的家长从其纳税行为中所得到的回报，要比市内的家长多得多。

■ 中小学教育的代金券计划

即便在大城市的市区之内，学校教育体系也不一定非要是现在这个局面才行。家长控制权略大之处，或者家长仍有控制权之处，学校教育体系也不必非要是现在这个局面。

美国人具有自发行动的深厚传统，这可以提供许多精彩的例子，来说明家长在拥有较大的自由选择权的时候会出现什么样的情形。初等教育方面就有一个例子，这是一所名叫圣约翰·克里索托姆的教会小学，位于纽约市布朗克斯区内最贫穷的地带之一，我们曾到这所学校参观访问过。它的经费来源，一部分来自一个慈善组织（纽约市奖学金基金会）的自愿捐赠，还有一部分来自天主教会，剩下的就靠收取学费。学生们都是听从父母的选择，来这里上学的，几乎所有的孩子都来自贫苦的家庭，所有的家长差不多都交一定的学费。学生品行良好、渴望求知，教师也都爱岗敬业、尽职尽责，校园里的氛围宁静而祥和。

一些修女担当了学校的义务教师，提供免费的教学服务，但就算是这部分也收取费用，该校每个学生平均支付的费用还是大大低于公立学校的收费水平。但是，学生们的平均成绩比那些公立学校同年级的学生们高出两个等级。这正是因为老师和家长都能够自由选择教学的方式方法。而且，其办学经费不是纳税人的钱，而是来自各种私人渠道。学校的控制权不再由官僚来把持，而是还给了本应拥有控制权的人。

还有一个例子是中等教育方面的，故事发生在纽约哈莱姆区。在 20 世纪

60 年代的哈莱姆区经常发生暴乱和骚动，由此受到了严重的破坏。许多十几岁的少年辍学了。对此，一些有心的家长和老师都想设法改变这种现状。他们筹集了一部分私人资金，买下了一些闲置的商店，随后建起了所谓的店面学校。其中最成功、最出色的一所叫作哈莱姆预备学校，专门吸收那些不能用传统方法来教育的学生。

哈莱姆预备学校在硬件设施上并不完善。该校的许多教师没有资格证书，不能在公立学校任教，但这并不影响他们的教学工作。尽管许多学生行为乖戾，并曾有辍学的经历，但在哈莱姆学校，他们还是得到了自己所期望的教育。

该校办得非常成功，许多学生考上了大学，有些还考上了名牌大学。不过，哈莱姆预备学校的结局却不尽如人意。最初的危机阶段过去之后，学校便开始面临着缺乏资金的困难。教育委员会随后向该校校长、创始人之一卡彭特（Carpenter）提供资金支持，条件是他要服从委员会的各项规章制度。卡彭特为坚持办学的独立性和教育委员会进行了不屈不挠的斗争，但最后还是屈服了，学校终于为官僚所接管。卡彭特先生说："我认为，像哈莱姆预备学校这样的办学模式早晚都会失败，并且，在教育委员会僵化的官僚主义管理体制之下，它也无法发展起来……前途如何，我们拭目以待，不过我对其前景并不感到乐观。我说得没错，自从我们归属教育委员会以来，就不是事事如意。当然也不是事事不如意，但不如意之处总要比如意之处多。"

像兴办哈莱姆预备学校这样的私人风险投资行为，是值得赞赏的。不过，这并不能从根本上解决问题，而仅仅触及了问题的表面。

要想取得重大的进展、想让知识的学习重新回归课堂，方法之一便是给予学生家长以更大的控制权，让他们向我们这些高收入阶层人士一样，对学校教育拥有控制权。这对当前经济状况较差的父母来说，尤为重要。一般来说，与他人相比，做父母的对自己的子女所接受的教育更为关注，对子女的能力和需要也更加了解。社会改革者特别是教育改革者，总是自以为是地认为，学生家长，特别是那些贫穷而又没有多少文化的学生家长，往往对子女的教育漠不关

心，并且也没有能力为他们选择教育。这完全是一种无端的侮辱。这样的家长
确实很少有为子女做选择的机会。但是，美利坚合众国的历史已经充分表明，
一旦有机会的话，为了儿女们的幸福，他们愿意做出巨大的牺牲，并且也会做
出明智的抉择。

当然，有些家长确实对子女的教育不是很关心，而且也缺乏进行明智抉择
的能力和意愿。不过这样的家长总归是少数。不幸的是，我们现行的体制在帮
助其子女上学这一问题上，无论如何都做得太少了。

一种简便而有效的方法便是代金券计划，它既能保证学生家长拥有较大的
自由选择权，同时仍然可以保持目前的教育资金来源。假设你的孩子正在上小
学或中学，而且上的是一所公立学校。就全国范围来看，1978 年每个纳税人平
均要为公立学校里的一名学生支付 2000 美元。如果你的孩子从公立学校退学，
改上私立学校，那么你就为所有纳税人省下了 2000 美元。但你并不能得到这笔
省下来的费用，除非这笔钱在所有纳税人当中均分，这样的话分到你手里可能
只有几美分。现在你除了为孩子在私立学校交学费之外，还是要纳税，这样算
起来，你恐怕还是愿意让孩子上公立学校。

但是，假如政府对你承诺："如果你的孩子不上公立学校，我们不必为他支
付教育费的话，就发给你一张代金券，当且仅当你用它来为孩子交学费的时候，
它才能作为一笔现金来使用，当然，你为孩子选的其他学校必须是经过政府批
准的。"代金券上的数目可能就是 2000 美元。当然，若要你和其他纳税人分享
这笔省下来的钱，那么每张代金券的数目就可能少一些，1500 美元或者 1000
美元。但不管是全额退还还是部分退还，这样至少可以减轻家长的资金负担，
正是这种负担限制了他们的自由选择权。[14]

这种代金券计划所体现出的原则，与退伍军人凭着士兵福利券领取教育补贴
所体现出的原则是一样的。军人退伍后便可领到一张代金券，虽然只能花在教育
上，但他可以自由地选择愿意去的学校，只要该校符合政府部门的规定即可。

　　我们可以允许也应该允许家长们既能在私立学校也能在公立学校使用代金券，并且，使用代金券也不应该仅限于他们所在的区、市、州的学校，只要学校愿意接受代金券，那么就应该不拘何处皆能使用。这样一来，家长们可获得更大的自由选择权，同时公立学校也就只能通过收取学费来自筹资金（若其全部资金都可用代金券来满足，那就是完全自筹资金；若代金券只可满足部分资金需求，那就是部分自筹资金）。因此公立学校之间、公立学校与私立学校之间便可展开竞争。

　　代金券计划实行之后，大家还是照样要为教育纳税。我们仍然可以认为社会有责任提供教育服务，但该计划使家长在子女接受教育这一问题上选择范围更广。目前，为确保人们到私立学校读书符合义务教育法，政府对私立学校设置了许多规章制度，但代金券计划并不影响这些规章发挥作用。

　　在我们看来，代金券计划并没有彻底解决问题，因为它既不影响学校的筹资，也不影响义务教育法的实施。我们认为应当采取进一步的行动。大体说来，一个社会越富裕，其内部收入分配越公平，则政府就越没有必要资助学校教育。除非学校教育和其他形式的政府活动有本质上的差异，否则的话，学生家长总是承担了大部分的费用；而且，家长们为得到同等教育质量所付出的代价，通过纳税这种间接形式，要比通过直接向学校交学费这种直接形式高得多，这一点是毫无疑问的。但实际上，随着美国的人均收入不断增长，收入分配愈加公平，教育总支出中政府资助的比重却越来越大了。

　　据我们的推断，造成这种局面的原因之一是政府对学校的管理。人们的收入提高了，自然就想在教育上为子女多花点钱，但由于学校是政府管理的，所以大家就难免在政府管理的公立学校上多花钱了。而代金券计划的好处之一便是，它可以促使家长直接出资的比重越来越大。这样一来，人们要是想在教育上多花钱，就可以在代金券不足以交学费时直接以现金来补足。对那些贫困生提供公共资助仍然可以进行，但这种情况毕竟不同于 90% 的学生都要靠公共资助来上学的情形，因为实际上仅有 5% 或 10% 的学生属于贫困生。

义务教育法正是政府对私立学校进行管制的依据。但这义务教育法本身实在是没有什么合理性可言。关于这一点我们的观念也曾发生过变化。在25年前泛泛地探讨该问题的时候，我们认为有必要通过这样一部法律，理由是"如果一个国家的大多数公民没有最起码的文化知识水平，那么就很难使一个民主社会保持稳定"。[15] 我们对此一直坚信不疑，但关于这一段时间美国、英国以及其他国家学校教育状况的研究结果表明，我们并不需要义务教育法来保证人们拥有最起码的文化知识水平。因为上述研究结果表明，美国在实施义务教育法之前，教育几乎已经普及了；英国在实施义务教育法或政府资助学校教育之前，教育也几乎普及了。如同其他大多数法律一样，义务教育法也是有利有弊，我们不再相信它利大于弊了。

我们知道，这种关于政府资助教育和义务教育法的观点，对于大多数读者来说可能显得过于偏激。正因如此，我们在此仅仅给出这一观点，并未寻求进一步的支持。我们回过头来看代金券计划，这种做法对当前的实践背离得还不很严重。

当前，若想替代地方公立学校，唯一可行的就是教会学校。因为只有教会才有能力对学校提供大规模的资金补贴，而且只有这些得到补贴的学校才能和那些"免费"学校展开竞争（其实是把人家丢掉的产品捡起来再出售出去）。不过，只要代金券计划不会被政府关于"批准"制定的种种烦琐僵化的规章制度所扼杀，那么它就能够提供公立学校的多种替代途径。这样一来，人们在公立学校之间的选择余地就大大增加了。由此，公立学校规模的大小，就取决于它吸引的顾客之多寡，而不再由政府按照地域或生源指标来确定。若是家长们建立非营利性的学校（已有少数家庭这样做了），政府就应当确保他们得到资金援助。各种自愿的组织机构，如素食主义者联合会、童子军、基督教青年会，都可以建立学校以招徕顾客。最重要的是，各种新型的私立学校将会兴起，它们能够开发出广阔的新兴市场。

下面我们来简要地看一下代金券计划可能带来的问题，以及人们对该计划所提出的异议。

教会与政府问题

如果学生家长可以用代金券来支付教会学校的学费，那么这样做是否会违反宪法第一修正案呢？（美国宪法第一修正案的内容为："国会不得制定关于下列事项的法律：确立国教或禁止信教自由；剥夺言论自由或出版自由；或剥夺人民和平集会和向政府请愿申冤的权利。"）不论这样做是否违反第一修正案，我们采取一项政策，它会加强宗教机构在教育方面的作用，这合适吗？

一般情况下，对各州旨在资助家长把子女送到教会学校去读书的法案，最高法院都予以否决；当然到目前为止，它还没有机会对一个既覆盖公立学校也覆盖非公立学校的成熟的代金券计划予以否决。但是，最高法院很可能会否决这样一个计划，因为它显然愿意接受一个不包括教会学校在内，却适用于其他公立学校和私立学校的计划。这样一个受限制的计划，要比我们目前的体制好得多，而且与一个完全不受限制的计划相比，也不会差很多。这样的话，与教会有关的学校分成两类便可满足政府的要求：一类是世俗的、独立的学校，可以接受代金券；另一类具有宗教性质，可以看作课余时间的礼拜活动，其经费由教会资金资助或由家长直接支付。

至于其中牵涉到的有关宪法的问题，可交由法院来解决。但我们要强调的是，代金券应该发放到家长手中，而不是学校手中。根据士兵福利券计划，退伍军人可以自由选择上天主教学校或是其他院校；就我们所知，到目前为止这从未牵涉到违反第一修正案的问题。那些领取社会保障金和福利津贴的人，也可以在教会集市上自由地购买物品，甚至可以将其领取的公共援助捐献给教会，这也从未涉及违反第一修正案的问题。

实际上，我们认为，对那些不肯把子女送到公立学校去读书的家长们进行惩罚（既向私立学校交学费，又照章纳税），这才是真正违反宪法第一修正案精神的，不管律师和法官们如何咬文嚼字搬弄辞藻，情况就是如此。大家都知道，公立学校也在传播宗教思想，虽然不是一种正式的、有神论的宗教信仰，但它灌输的那一套价值观和各种信条实质上已经构成了一种宗教。目前的做法剥夺了一些家长的宗教信仰自由，他们不相信公立学校传授的那种宗教，但却不得不为自己的子女接受这种宗教教育交纳学费，而要让孩子逃避这种宗教教育则必须花更多的钱。

财政成本

反对代金券计划的第二条理由是，这样做可能会使纳税人为学校教育负担的成本有所上升，因为对目前正在教会学校或其他私立学校上学的孩子们来说，可能要为这部分孩子中的 10% 提供代金券，这就会带来成本。其实，这只对那些忽视了把孩子送到非公立学校的家长所受的歧视的人才成为"问题"。代金券计划的普遍实行，将结束那种用税款来为一部分儿童提供教育，而不管其他儿童的不平等现象。

不论怎么说，我们可以采用下面这种十分简单的方法来解决这个问题：使代金券金额大大低于每个公立学校学生的费用，以保持公共费用总额不变。在竞争性的私立学校上花少量的钱，很可能带来比在公立学校上花大量的钱更好的教学质量，这可以由教会学校每个学生的费用之低来说明。（名牌贵族学校收费高昂也不值得奇怪，正像 1979 年"21 俱乐部"对它的第 21 只汉堡包收费超过 12.25 美元一样，这并不意味着麦当劳以 45 美分出售汉堡包，或以 1.05 美元的高价出售一只"大麦克"就赚不到钱。）

欺诈的可能性

谁能确保代金券一定用来给孩子交学费，而没有用来给爸爸买啤酒或给妈妈买衣服呢？我们的回答是，应该把代金券的使用范围限制在已获政府批准的学校或其他教育机构当中，只允许在这类学校中将它兑换成现金。当然这不能防止所有欺诈行为（因为政府可能把它作为"回扣"送给家长），但是可以把欺诈行为控制在一个可以容忍的范围内。

种族问题

有一段时期，南方一些州为防止白人和黑人享有同等待遇而实施了代金券计划，后来因被判为违宪而废除。防止公立学校在实行代金券计划时采取歧视做法也是非常容易的：政府将只兑换那些没有歧视行为的学校的代金券。研究代金券计划的学者遇到的一个更为棘手的问题是，由于持有代金券的人可以自由选择学校，这就有可能增加校园内的种族隔离和阶级隔离，从而加剧种族冲突，形成一个日益分裂和等级更加分明的社会。

我们认为，代金券计划会产生完全相反的效果；它会缓和种族冲突，促成一个黑人和白人为共同的目标而合作的社会，同时，又将互相尊重各自的权利和利益。许多人之所以反对强迫的种族合校，并不是出于种族主义情绪，而是因为他们多少有些担心孩子的人身安全和教学质量受到影响，这种担心也是很有理由的。如果种族合校不是靠强制，而是靠自由选择产生的话，那才是最成功的。非公立学校、教会学校和其他类型的学校，常常站在消灭种族隔离的前列。

一些公立学校发生暴力行动，仅仅是由于政府强迫人们上指定的学校造成的。只要给予学生足够的选择自由，无论是黑人学生还是白人学生，无论是穷人家的学生还是富人家的学生，无论是北方学生还是南方学生，都会离开那些不能维持纪律的学校。那些培养无线电和电视技术人员、打字员和秘书或无数其他专业人才的私立学校，很少发生纪律问题。

让其他学校像私立学校那样专业化，共同的利益就将战胜肤色的偏见，实现比目前更为广泛的种族平等。种族平等将成为现实，而不是仅仅停留在口头上。

代金券计划的实行，将废除为大多数黑人和白人共同反对的用校车接送学生的制度。也许人们还会用校车接送学生，而且接送的学生可能会更多，但这将是自觉自愿的，正像今天接送孩子上音乐课、舞蹈课那样。

黑人领袖不支持代金券计划的态度，是我们长期以来百思而不得其解的问

题。其实，他们的选民从代金券计划中得到的好处最多。这将给予他们控制子女
上学受教育的权力，摆脱各级官僚机构的控制，更为重要的是，摆脱教育机构的
顽固控制。黑人领袖们通常把自己的子女送到私立学校去读书，那么，他们为什
么不帮助别人也这样做呢？我们怀疑，这是因为代金券计划将使黑人摆脱其政治
领袖的控制。这些领袖通常把教育控制看作获得政治支持和权力的来源。

然而，由于向广大黑人群众的子女开放的教育机会日益减少，越来越多的
黑人教育家、专栏作家和其他社会团体的领袖已经开始支持代金券计划。争取
种族平等会议已把支持代金券计划作为其主要的政策目标。

经济等级问题

代金券计划将对社会和经济等级结构产生什么样的影响？这也许是研究该
计划的人们分歧最大的问题。有些人认为，公立学校最大的价值在于它像是一
个熔炉，使富人和穷人，本国人和外国人，黑人和白人能够融洽地生活在一起。
这种情形在小社区内，过去和现在都是真的，但在大城市里，却几乎全然不是
这样。在那里，由于公立学校提供的教育和收取的学费同所在地区关系很大，
因而造成了居民的分化。所以毫不奇怪，国内大多数名牌公立学校设在高收入
居民区之中。

在代金券计划下，大多数儿童很可能仍将就近上小学，而且就近入学的人数
肯定要比现在多，因为该计划实施后将不再用校车强迫接送学生。但是，由于代
金券计划将使各居民区的组成更加参差不齐，因而某一地区内的学校种类可能要
比现在多得多。中等学校的等级几乎肯定要比现在少。侧重某一方面的学校，如
艺术学校、理科学校或外语学校，将广泛吸引来自不同居民区的学生。当然，自
愿选择仍将严重地影响学生的阶级组成状况，但这种影响将比今天的小得多。

对于代金券计划，人们特别关注的一个问题是，家长是否能够并乐意"添
补"代金券金额。如果代金券金额为1500美元，家长可能要另外添上500美
元，把孩子送到学费为2000美元的学校。但有人担心，由于广大中等和高等收

人的家长愿意添补不足的学费，而收入低的家长拿不出钱，结果，代金券计划可能在提供教育机会上造成比现行制度更大的不平等。

这种担心致使一些支持代金券计划的人提议禁止"添补"。[16]

孔斯（Coons）和修格曼（Sugarman）写道：

私人添补学费的自由，使许多人，包括我们自己在内，都不能接受弗里德曼的计划……无力添补学费的家庭将不得不去上那些代金券之外不再另收学费的学校，而比较富裕的家庭则可以自由地在学费高昂的学校中进行选择。今天全靠私人资金和个人财富进行的选择，明天将会变成一种由政府资助的、令人反感的特权……这违背了一项基本的价值准则，即任何提供选择自由的计划必须保证所有家庭的孩子享有同等的上某一所学校的机会。

弗里德曼的看法是，在一项允许添补学费的提供选择自由的计划下，穷困家庭的处境可能要比他们今天的处境强一些。然而，不论该计划将使这些家庭的教育得到多大改善，政府有意识地资助经济分离的做法，是我们绝对不能容忍的。如果弗里德曼的计划是政治上唯一可行的计划，那我们不会对它抱有多大热情。[17]

对我们来说，这种观点似乎是前一章讨论的那种平等主义的一个例证：宁让父母把钱花在放纵的生活上，也不让他们把钱用在改善自己子女的教育上。这种观点在孔斯和修格曼那里表现得最为明显，因为他们曾在另外的场合说过："以牺牲个别的孩子的发展为代价的平等的许诺，在我们看来似乎是平等主义的最终腐败，不论其本质上有任何好的东西。"[18]这是一种我们衷心赞同的情绪。但我们认为，从代金券计划中受益最大的是非常贫穷的人。一个人怎么能够避免"政府资助"所谓"经济分离"，就闭眼不看它"使穷人的教育得到了多大的改善"，而自以为是地为反对代金券计划的意见辩护呢？即使能够确实证明这种计划带来了某种程度的"经济分离"，也不能这样做，更何况这根本就不是事实。相反，通过大量的研究使我们相信，它将产生截然相反的效果。另外，我们要指出的是："经济分离"这个词的意思非常含混不清，难以明白它所表达的确切含义。

　　平等主义对人们的影响是非常强烈的，从而赞成有限的代金券计划的人甚至不同意尝试无限制的代金券计划。但是，据我们所知，除了有人毫无事实根据地宣称无限制的代金券制度将导致"经济分离"外，再没有人提出过任何别的理由。

　　在我们看来，这种观点是知识分子往往小看贫穷家长的又一证明。即使最穷的父母也能（而且实际上也确实是这样做的）攒几个钱来改善子女的教育状况，尽管这笔钱不足以支付目前公立学校的全部学费。我们估计，穷人家庭也会像其他人家一样添补学费，尽管添补的数额可能较小。

　　如前面指出的，我们认为一项无限制的代金券计划将是改革现行教育制度的最有效的途径。这种教育制度非改革不可，因为正是这种制度注定了市内的许多孩子过贫穷悲惨的、行凶犯罪的生活。这项计划还将摧毁现行经济分离的大部分基础。在这里，我们无法提供这种见解的全部根据，但只要从另一方面来看我们早先的一个论断，就能显示我们的看法的合理性：在各经济集团所获得的各种商品和劳务（除防范犯罪行为的保护措施外）中，有比教育质量差别更大的东西吗？对各种不同经济集团开放的超级市场，是否像学校一样在质量上差异那么显著？代金券计划几乎丝毫不会改善为富人提供的教育的质量，却可以适当地改善为中产阶级提供的教育的质量，同时极大地改善为穷人提供的教育的质量。由此我们可以肯定，穷人得到的好处，将大于某些富人或中产阶级的家庭由于能够避免为孩子缴纳双重学费而得到的好处。

对新学校的怀疑

　　代金券计划会不会只是一种空想呢？现在的私立学校几乎都是教会学校或精英子弟学校。代金券计划会不会只补贴了这些学校，结果把大量的来自贫民窟的学生留在质量低劣的公立学校呢？有什么理由认为会出现新的学校呢？

理由便是，将会出现一个新的市场。目前，市、州和联邦政府每年在中、小学上的支出将近 1000 亿美元。这个数目比人们每年在餐馆和酒吧里消费食品和饮料的钱多出 1/3。花在餐馆和酒吧里的钱，就足以为各阶层和各地区的人开办足够的、各式各样的餐馆和酒吧。那么花在学校教育上的钱（甚至它的一部分）必定足以开办足够的、各式各样的学校。

代金券计划将开辟一个庞大的市场，吸引来自公立学校或其他职业的许多顾客。在同各类人谈论代金券计划时，给我们留下的最深刻的印象是，很多人说，"我一直想去教书（或办一所学校），但我不能忍受教育机构的官僚主义、烦琐的办事程序和公立学校普遍的思想僵化。如果实施你的计划，我愿意试着办个学校"。

很多新学校将由非营利组织来办，其他的则由营利组织来办。对于未来学校工业的最终结构，现在尚无法预言。这将由竞争来决定。现在可以预言的是，只有那些能够满足顾客需要的学校才会生存下去，正如只有满足顾客需要的餐馆和酒吧间才能够生存下去一样。竞争将确保它们满足顾客的需要。

对公立学校的影响

把管理学校的官僚的花言巧语同实际存在的问题区分开来是十分重要的。全国教育协会和美国教师联合会宣称，代金券计划将会断送公立学校体制，而按照他们的说法，公立学校体制是我国民主制度的根本和基石。但他们说这些话时，从来没有列举出事实证明：今天的公立学校体制取得了预想的结果——不管早先取得了什么样的结果。这些组织的发言人也从来没有说明，为什么办得那样好的公立学校会害怕私立学校的竞争；如果公立学校办得不好，为什么要反对它"垮台"。

其实，对公立学校的威胁来自其自身的缺陷，而不是它们的成就。目前，在共同利益把人们紧密地结合在一起的小地方，公立学校，特别是公立小学，还是办得比较令人满意的，在这样的地方，即使是最全面的代金券计划也不会对公立学校产生多大影响。公立学校将继续保持其统治地位，或许由于潜在竞争的威胁，而使它有所改善。但是，在其他地方，特别是在公立学校办得十分糟糕的城市贫民窟内，大多数家长无疑要把自己的子女送到私立学校去读书。

这将引起一些过渡性的困难。那些最关心子女幸福的家长很可能首先把孩子转到私立学校去。尽管他们的孩子并不比剩下的孩子更聪颖，但他们将受到更多地鼓励去念书并有着更有利的家庭支持。结果可能发生这种情况，一些公立学校只剩下一些"渣滓"，他们受到的教育从质量上来说可能比目前还要糟糕。

随着私人市场接管教育事业，整个教育质量将极其迅速地提高，以致最差的学校在绝对质量上也会有所改善，尽管相对水平还是低的。正如哈莱姆预备学校和其他类似的例子所表明的，在能够激发人们的热情，而不是使人们互相仇视，对一切都淡漠无情的学校，许多原来的"渣滓"学生在学校的表现都是非常好的。

正如亚当·斯密在 200 年前所说的：

讲授果真值得学生到堂倾听，无论何时举行，学生自会上堂，用不着校规强制。对于小儿……为要使他们获得这幼年时代必须取得的教育，在某种程度确有强制干涉之必要。但学生一到了十二三岁以后，只要教师履行其职务，无论哪一部分的教育，都不必要加以强制的干涉……

未有公立机构的那一部分教育，大抵教得最好，这是值得注意的。[19] ⊖

■ 实行代金券计划的障碍

在 25 年前，我们首次提出代金券计划，以之作为解决公立学校体系缺陷的

⊖　此段转引自郭大力、王亚南先生译《国民财富的性质和原因的研究》(下卷)，第 324 页，商务印书馆 1974 年版。——译者注

切实可行的办法，自那以后，支持这一办法的人不断增加。今天，一些全国性组织也对此表示赞成。[20] 自 1968 年起，先是联邦经济机会办公室，而后是联邦教育研究会，都对代金券计划的研究工作给予鼓励和资助，并且为试行代金券计划提供资金。1978 年，密歇根州为通过一项有关代金券计划的宪法修正案进行了投票。1979 年，加利福尼亚州展开了一场运动，支持在 1980 年对有关代金券计划的宪法修正案进行投票表决。最近，又成立了一个非营利性研究机构，专门研究代金券计划。[21] 在联邦一级，有人提出一些法案，要求对家长交给非公立学校的学费纳税额给予某种程度的信用赊欠待遇，这些法案好几次都差点通过。尽管这些法案本身并非代金券计划，但在某种程度上却是代金券计划的变体；之所以说是在某种程度上，一方面是因为赊欠是有限度的，另一方面是因为这种方法很难把没有能力（或几乎没有能力）纳税的人都包括进去。

要在学校教育中引入市场竞争机制，教育界官僚们的自私自利马上就表现出来了，这正是引入市场机制的主要障碍。正如 E.G. 韦斯特教授所说，在美国和英国，这一特殊利益集团在建立公立教育事业中起到过举足轻重的作用，从而，对代金券计划进行任何研究、探索或试验，他们都坚决反对。

黑人教育家和心理学家肯尼思 B. 克拉克（Kenneth B. Clark）总结了管理学校的官僚们的态度：

……看起来，为提高城市公立学校效率所必需的改革似乎很难有所进展，尽管从道理上来说这种改革绝对应当进行……要想知道教育部门为何能拥有抵制这种改革的能力，最重要的是了解这样一个事实，即公立教育体系是一个受保护的垄断领域，来自私立学校和教会学校的竞争极为有限。批评美国城市公立学校的人，甚至包括像我这样的严厉批评者，几乎没有谁敢对目前公立教育的组织状况提出任何质疑……也不敢对选拔学监、校长和教师的标准与规则提出质疑，不敢过问所有这一切给公立教育的目标——即培养从事民主事业的、有知识有文化的、具有社会责任感、尊严、创造性而又尊重他人的人——带来的影响。

垄断组织无须关心这些问题。只要各地的公立学校仍然能够得到州政府的补贴和联邦政府越来越多的补贴，只要它们不必为激烈的竞争节省开支，那么指望公立学校的效率有所提高就是痴心妄想。如果没有其他方法可以取代现行的教育制度——不包括私立学校和教会学校，因为它们的发展几乎已经到了极限——那么，改进公立教育的可能性是十分有限的。[22]

虽然联邦政府对代金券计划提供资助，但教育部门随后做出的反应，恰恰证明上述说法是正确的。当时，很多地区采取了初步的行动，而且都颇有成功的希望。但只有加利福尼亚州阿卢姆罗克地区的计划获得了成功。我们最为了解的一个例子发生在新罕布什尔州，因为我们亲历了这一过程。该州的教育委员会主席威廉 P. 比特本德（William P. Bittenbender）全力推行这一试验。各种条件似乎都很有利，联邦政府拨了款，计划定得很详细，进行试验的地区也选好了，家长和行政官员也达成了初步协议。就在万事俱备只欠东风的时候，各个学校的负责人（还有其他头头脑脑）却开始挨门挨户地进行游说，说服各地区退出这一试验，于是整个探索便宣告失败了。

阿卢姆罗克地区的试验是实际进行的唯一一场试验，但要说它是检验代金券计划是否切实可行的一场试验，恐怕不合适。这是因为，试验仅限于少数几所公立学校，而且在资金来源方面，除政府拨款外并未接受家长或其他人的资助。建立了许多所谓的微型学校，其课程设置各不相同，家长可以任选一所学校让孩子在那里上 3 年学。[23]

正如负责这项试验的唐·艾尔斯（Don Ayers）所说："可能最有意义的事情便是，教师第一次拥有了一些权力，他们可以按照自己的想法来安排学生所需的课程。州和地方学校委员会对麦克科兰学校的课程设置不予干涉。对于学校事务，家长的参与程度也越来越高，他们经常出席学校的各种会议。此外，如果家长看中了另一所微型学校，那么他们有权让孩子转学。"

尽管这项试验的范围十分有限，但由于家长有了更大的选择权，因而还是对教育质量产生了较大的影响。从考试分数上看，麦克科兰学校在当地的排名从第 13 名上升为第 2 名。

但是现在，这场试验已经结束了，像哈莱姆预备学校的命运一样，正是教育部门的百般阻挠使其半路夭折。

在英国，改革也遇到了同样的抵制。英国有一个叫作"选区教育代金券试验之友"的组织，其影响力非常大，该组织在英格兰肯特郡的一个小镇上花了 4 年的时间来推行一项试验。政府当局对此表示欢迎，然而教育部门却极力反对。

肯特郡阿什福德学校校长、当地教师联合会秘书长丹尼斯·吉（Dennis Gee）的一番话，明白地道出了职业教育工作者看待代金券计划的态度。他说："在我们看来，这项计划是设置在我们与家长之间的一道障碍。他们手里拿着这张汗津津的小纸片（即代金券）来找学校，对我们的工作指手画脚。我们之所以要根据自己的判断来行事，是因为我们相信这样做对每个孩子最为有利，而不是因为有人说，'要是你们不干，我们就自己干'。这种市场上的交易哲学，恰恰是我们反对的。"

换句话说，丹尼斯·吉反对让顾客（在这里便是家长）决定孩子应当接受什么样的教育；他希望让官僚们来决定。

丹尼斯·吉说：

我们通过管理机构向家长负责；通过巡视人员向肯特郡议会负责；通过女王陛下的检察官向国务大臣负责。这些人都是内行和专家，他们能够做出正确的判断。

我认为，家长并不完全知道什么样的教育对孩子最有利。他们知道给孩子吃什么最好，知道什么样的家庭环境对孩子最有益。但我们这些人接受的职业训练却是，弄清孩子们身上存在的问题，发现他们的弱点，纠正那些需要纠正的毛病。我们希望在家长的协助下，而不是在不正当的压力下，自由地做我们的工作。

不用说，至少有一部分家长对此持有异议。肯特郡的一位电工和他的妻子，为使儿子到一所他们认为最适合于他的学校上学，竟与官僚们斗争了整整一年。

莫里斯·沃尔顿（Maurice Walton）说：

我认为，在现行教育体制下，家长丝毫没有选择的自由。究竟怎样才对他们有好处，居然要听老师们的话。有人对他们说，教师从事的是伟大的工作，对此不要多加过问。我认为，如果实行代金券计划，将使教师和家长走到一起，使他们结合得更加紧密。为子女感到担忧的家长，会把孩子从办学不好的学校转到办学好的学校去……如果一所学校校风不正，纪律松弛，学生无心读书，专事破坏公物，那么它便会因此而倒闭；但在我看来，这倒是件好事。

教师们都说，代金券计划就好比一把架在脖子上的刀，对此我能够理解，但此前他们又何尝不是把这把刀架在家长的脖子上？家长找到教师说，我对你们的工作很不满意。教师就会相当粗暴地回答说：你不能把孩子带走，也不能给他转学，你不能想干什么就干什么！走开，别来烦我！这可能就是某些教师的态度，而且他们确实常常这样对待家长。但是现在（有了代金券计划以后）情形颠倒过来了，家长们能够气势汹汹地对教师说话了：你们要卖力地工作，别让我们的钱花得不值，学校事务我们也要管得多一些。

尽管教育部门坚决反对，但我们相信，代金券计划或其他类似的计划将很快以某种方式得到采纳。我们认为，教育事业的前景要比福利事业乐观得多，因为教育关系到绝大多数人的切身利益。与消除救济金分配上的浪费和不公平相比，我们愿意尽更大的努力来改善孩子们的教育状况。对学校教育的不满情绪与日俱增，在我们看来，目前减少这种不满情绪唯一可行的途径便是给予家长以更大的选择权。虽然代金券计划一再受到抵制，然而却一再被越来越多的支持者提出来。

■ 高等教育的问题所在

当前美国高等教育存在的问题，与初等和中等教育中的问题一样，也是双重的：既有质量问题，又有平等问题。当然，由于高等教育没有实行义务教育制，从而质量和平等两个方面的问题与初、中等教育也大不相同。法律没有规定某人必须上大学接受高等教育，因此，对那些愿意继续接受教育的学生来说，在决定读哪所大学方面，他们可以进行广泛的选择。广泛的选择减轻了质量问题，但加剧了平等问题。

质量

由于没有人会违背自己的意愿（或其家长的意愿）去一所不愿意去的大学读书，因此，任何一所大学要想开办下去，就至少要在最低限度上满足学生的要求。

这里存在着一个全然不同的问题。官办学校收取的学费较低，其学生就是二等顾客。他们在一定程度上是靠纳税人花钱资助的，是一种慈善救助对象。这一特点，对学生、教师和行政管理人员的行为都会有所影响。

收取学费较低就意味着，市立或州立高校吸引的年轻人当中，除了那些真心实意想接受教育的学生之外，还有许多其他类型的男女青年。这些人来这里是因为学费较低，解决住宿、伙食还有补贴，最重要的是，能够和许多年轻人在一起。对他们来说，上大学只不过是高中毕业后、参加工作前一段愉快的休憩时光；上课、考试和混过及格线，仅仅是为获得其他好处所必须付出的代价，而不是来上学的主要理由。

由此导致的一个后果便是退学率很高。例如，在国内公认的最好的州立大学之一，洛杉矶的加州大学，被录取的学生中大约只有一半人完成了全部学业，而这个比例在官办大学中还算是比较高的。当然，有些学生退学后又上了其他院校，但这对整个局面的影响完全可以忽略不计。

由此导致的另一结果是，课堂上的气氛往往使人感到压抑，而不能激发学习的热情。当然这种情况也并非千篇一律。学生可以根据自己的兴趣选择课程和教师。无论在哪个学校，真心实意想学习的学生和真心实意想教书的教师，总可以想办法凑到一起来实现彼此的目标。但是，同上述情况一样，相对于学生浪费的时间和纳税人浪费的钱来说，这种情况产生的积极作用极为有限。

在市立和州立大学中，不是没有勤奋好学的学生，也不是没有优秀的教师。但是，在许多卓有声望的官办大学当中，对大学教师和行政管理人员的奖励制度是不利于本科教学的。大学教师们要靠科研活动和出版成果来获得提升，行政管理人员要靠从州立法部门那里争取到更多的拨款来获得提拔。由此结果便是，甚至连最有名的州立大学，如洛杉矶和伯克利的加州大学、威斯康星大学、密歇根大学等，都不以其本科教学质量闻名。这些大学的声望是靠培养研究生、科研和体育运动得来的，因为只有这些活动才能给它们带来回报。

私立大学的情况就大不相同了。这些学校的学生需要交纳很高的学费，这些学费即使不足支付绝大部分教育费，也足可支付相当一部分教育费。学生交学费的钱有靠家长给的，也有靠自己打工挣的，还有靠贷款和奖学金的。重要的是，在这种情况下学生是一等顾客，他们要想得到教育就必须花钱，而且花钱就要花得值。

学校出售的是教育服务，学生购买的也是教育服务。与大多数私人市场的情形一样，买卖双方都有强烈的动机来为对方服务。如果某所大学不能提供学生所期望的教育服务，那么学生就会转而上别的大学。学生想得到他们所付学费的全部价值。正如达特默思学院（一所颇负盛名的私立高校）的一位大学生所说："平均下来，听一次课就要花35美元，而35美元可以做许多事情，想到这一点，你肯定会去上课的。"

由此一个结果便是，私立大学完成学业的学生数占学生总数的比率，远高于公立大学。这一比率，达特默思学院为95%，而洛杉矶加州大学仅为50%。达特默思学院的比率在私立大学中可能是较高的，正如洛杉矶加州大学的比率在官办大学中也是较高的一样。尽管如此，二者之间的差距还是很能说明问题的。

从某一方面来说，如此描述私立大学有些过于简单了。除教育服务之外，私立大学还出售另外两种产品：纪念物和科研工作。私立大学的大部分建筑和教学设备都由私人个体和私人基金会捐助，而且教授的薪金和奖学金也多由他们捐助。大部分科研经费来自捐赠、联邦政府拨下的专款或其他各种来源。捐赠者之所以愿意捐款，是因为想促成某件事情，他们认为促成这件事是值得的。另外，以个人命名的一栋建筑、一个教授职位、一种奖学金都可以用来纪念某个人，因此我们称其为纪念物。

出售教育服务和出售纪念物结合在一起，恰说明了自愿协作具有伟大的创造力，这种创造力被人们大大低估了。通过市场上的自愿协作，可以驾驭人们的自利之心，使其为更广泛的社会目标服务。亨利 M. 莱文（Henry M. Levin）在谈到高等教育的筹资问题时写道："是否真的能靠市场来资助古典文学系，或其他各种艺术及人文学科的教学活动？这恐怕是值得怀疑的。当然，人们普遍认为这些学科可以促进知识和文化进步，从而对我们的生活质量有广泛的影响。但是，使这些学科教学活动得以开展下去的唯一办法，或许只能依靠直接的社会补贴。"[24] 他所谓补贴指的就是政府拨款。莱文先生显然错了，因为广义的市场，一直在支撑着私人机构的社会性活动。正是因为这些活动对整个社会有益，而不只是对出资者当下的私利有益，才使其对捐赠人具有吸引力。假设，某太太欲使其丈夫更有声望。她（或旁人）是否会认为，以其丈夫的名字为某一大型企业（可能这正是其丈夫真正的纪念物以及对社会福利事业的真正贡献）新建的工厂命名，就足以使其更有声望呢？显然，她和旁人都不会这么认为。但是，如果这位太太出资，为某大学修建一座以其丈夫名字命名的图书馆或建筑物，或资助以其丈夫名字命名的教授职位或奖学金，那就会使其丈夫真的更具声望。之所以如此，是因为这样做相当于提供了一种社会服务。

私立大学就好比是一个合资企业，学生们以两种方式参与生产教育服务、纪念物和科研成果。他们当然是顾客，但同时也是雇员。在纪念物和科研成果的出售方面，学生们也做出了自己的贡献，从而也就间接为学校赚得了教学资金，当然他们也以获得教育服务的形式享用了部分教学资金。这又是一例，说明自愿协作的方式和潜力是多么复杂而微妙。

　　许多名义上的官办高等学校实际上是一种混合体。它们收取学费，之后向学生出售教育服务。它们也接受各种捐赠资金用以建造教学楼或图书馆，同时也出售纪念物。它们也同政府部门或私人企业签订科研协议。很多州立大学得到了大量的私人捐赠，如加州大学伯克利分校、密歇根大学和威斯康星大学，这只是其中的少数几个。我们的印象是，一般来说，凡是办学质量越高的学校，市场发挥的作用也就越大。

平等

　　在说明为什么应该用税收资金来资助高等教育事业时，理由通常有二。一个就是前面说过的，莱文先生提出来的，高等教育除了给大学生本人带来好处之外，还能够产生"社会收益"。再有一个理由便是，之所以要政府来资助高等教育事业，是为了促进"教育机会均等"。

　　社会收益　当初，我们第一次探讨高等教育问题时，对上面第一条理由曾深表同情，但现在我们不会再同情这条理由了。一直以来，我们都力图引导人们搞清楚其所谓的"社会收益"到底指的是什么。然而，得到的答案几乎总是很蹩脚的经济学理论。人们都说，如果更多的国民受到良好的教育和培训，那么整个国家便会因此受益；为获得这种技能的提升而进行投资，对经济增长是至关重要的；如果有越来越多的人受过良好的训练，那么其他人的生产率也会因之提高。这些说法当然都不错，但哪一条都不足以成为对高等教育给予补贴的正当理由。因为这些说法也同样适用于实物资本（即机器、厂房等），但是，没有谁会据此推论说，应该用税金对通用汽车公司或通用电气公司的资本投资给予补贴。如果说接受更高的教育可以提高个人的经济生产率，那么某人要想提高自己的经济生产率，完全可以努力赚更多的钱来购买高等教育，个人的自利之心足以激励他去接受更多的教育。亚当·斯密所说的看不见的手，自会使个人利益服务于社会利益。靠补贴教育来改变人们的个人利益，这样做是违背社会利益的。只有大学里那些多余的学生，即那些只愿意到有补贴的大学上学的学生，才觉得自己得到的收益小于所付出的成本，得不偿失。否则的话，他们就愿意自己掏钱交学费了。

关于什么是"社会收益"，偶尔也有比较符合经济学理论的答案，但支持其结论的往往都是些主观臆断，而非客观的论据。最近的一个答案，见于一系列研究报告中，这些研究报告来自卡内基基金会建立的一个高等教育委员会。在一份题为《高等教育：谁出钱？谁受益？该谁出钱？》的研究报告中，该委员会对所谓的"社会收益"进行了归纳总结。报告所列举的社会收益中，有一项我们在上面一段文字已经讨论过了，即受教育者本人得到的收益似乎便是旁人的收益，这是一种毫无根据的经济学论点。但报告中也列举了一些所谓的好处，声称如果这些好处确实存在的话，将会给那些并未接受高等教育的人带来收益，由此便可证明政府补贴高等教育是有道理的。所谓的好处有："普遍的知识进步；民主社会的更大的政治效能；由于个人之间和团体之间更好的了解和相互谅解，从而产生更大的社会效能；对文化遗产更有效的继承和发展。"[25]

不过，卡内基委员会至少简单地提到了"高等教育可能产生的消极后果"，这可以说是十分难能可贵了，尽管所列举的例子不过是"当前博士学位泛滥所引起的个人挫败感（当然这只是一种针对个体的影响，还未造成大规模的社会影响），过去校园里的骚乱引起的公众不悦"之类。[26] 大家应当注意的是，报告中列举的好处和"消极后果"，都经过精心的挑选，并且都带有偏见。在印度那样的国家，一大批找不到专业对口工作的大学毕业生，成为社会和政治动荡的根源。同样的道理，在美国，"校园混乱"所带来的消极后果，恐怕不能说仅仅是（或主要是）"公众不悦"吧？更为严重的后果，是对大学的治理、对"民主社会的政治效能"以及对"通过……更好的了解和相互谅解所取得的社会效能"产生的有害影响，但这些居然都被该委员会一古脑地说成是高等教育给社会带来的好处。

该报告的独到之处还在于，它认识到"即使没有任何公共补贴，高等教育给社会带来的某些好处也会作为私立教育的副作用而出现"。[27] 然而，这也只是在口头上说说而已。尽管该委员会进行了大量耗资巨大的专项研究，但是，它并没有采取认真的态度去鉴别各种所谓的社会效果,没有从量的方面粗略估计它们的重要性;也没有粗略估计一下,如果政府不提供补贴会产生多少社会效果。结果,它拿不出任何证据,来说明总的社会效果是积极的还是消极的,更不必说能够充分证明花在高等教育上的数十亿美元的税金是否取得了任何真正的积极效果。

该委员会心安理得地做出这样的结论:"目前没有任何精确的(甚或不精确的)方法,能够估算出个人和社会从私人与公共成本中得到了多少收益。"然而,这并不妨碍它坚决而明确地主张继续增加政府对高等教育的补贴(这种补贴早已非常庞大了)。

在我们看来,这一主张纯属特殊利益集团为自己谋私利的借口。卡内基委员会由加州大学伯克利分校前校长克拉克·科尔(Clark Kerr)领导,包括科尔在内,共有18名成员担任委员会委员。其中,有9人现任或曾任高校校长,有5人任职于高等教育机构的相关部门,其余4人曾在大学董事会或评议会里工作过。若是企业家们打着自由企业的旗号,向华盛顿当局请求关税、配额或其他方面的优惠条件时,学术界一眼就能看出这些生意人是在为自己的特殊利益请愿,从而会对其嗤之以鼻。假如一个钢铁产业委员会的18名成员中有14人来自钢铁产业,而它又建议政府对钢铁产业增加补贴,学术界将会做何评论呢?但我们至今还未听到学术界对卡内基委员会提出的建议发表过任何言论。

教育机会均等 促进"教育机会均等"是通常为使用税金资助高等教育辩护的主要理由。卡内基委员会就说:"为了使教育机会尽可能地均等,我们赞成让公众暂时为教育多付一些钱。"[28]卡内基基金会也说,"高等教育是通向更广泛的机会均等的主要途径,它越来越为出身贫寒的人、妇女和少数群体所拥护。"[29]

这一目标很不错,所阐述的事实也都符合实际,但是二者之间缺少一个中间环节。政府的补贴是促进还是阻挠了目标的实现?高等教育是否由于有了政府补贴才成为"通向更广泛的机会均等的主要途径",还是没有这种补贴也能促进机会均等呢?

卡内基委员会的一份报告中的一组简单统计数字说明了问题：1971 年入私立大学的学生中，20% 来自收入低于 5000 美元的家庭；17% 来自收入在 5000~10 000 美元的家庭；25% 来自收入超过 10 000 美元的家庭。换句话说，私立大学为来自家庭收入最低和最高的青年男女提供了比官办大学更多的机会。[30]

这只不过是冰山一角。出身于中、上等收入家庭的学生人数，是来自低收入家庭的两三倍，而且，这些人往往都去读那些耗资较多、学制较长的大学（通常读四年制的学院或大学，而不读两年制的初级大学）。结果便是，来自高收入家庭的学生从政府补贴中受益最多。[31]

一些出身贫穷的青年确实从政府补贴中得到了好处。一般说来，他们是穷人中生活境况较好的人。他们具有的天赋才能和技能使他们能从高等教育中受益，这种技能甚至能使他们用不着上大学就能挣到较高的工资。不论怎样，他们注定要成为穷人中境况较好的人。

这里有两份详细的研究报告，一份是关于佛罗里达州的，另一份是关于加利福尼亚州的，它们说明了政府的高等教育经费从面向低收入阶层转向高收入阶层的程度。

佛罗里达州的研究报告把四个收入阶层中的每个阶层在 1967~1968 年度中从政府高等教育经费中得到的全部好处与他们以纳税形式所花的钱进行了比较。结果发现，只有最高收入阶层得到了净收益，这个阶层得到的好处比他们付的钱多 60%。最下面的两个阶层付的钱比他们得到的好处多 40%；中等阶层付的钱比他们得到的好处多 20% 以上。[32]

1964 年关于加利福尼亚州的研究报告，也得出了令人吃惊的重要结论，不过表达方式稍有不同，它所比较的是有子女在公立大学读书的家庭和没有子女在公立大学读书的家庭。有孩子在公立大学念书的家庭得到了相当于他们平均收入 1.5%~6.6% 的纯收益，得好处最多的是那些有孩子在加利福尼亚大学念书而且平均收入最高的家庭。没有孩子在公立大学念书的家庭，平均收入最低，而且还要从他们的收入中拿出 8.2% 资助高等教育。[33]

事实是毋庸置疑的，甚至卡内基委员会也承认，高等教育经费的再分配产生了违反政府意愿的结果，不过，人们必须非常仔细地阅读卡内基委员会的各份报告，才能在下面这样的话语中发现他们的这种态度："一般说来，这一'中产阶级'……得到的公共补贴是相当可观的。通过补贴的合理的再分配，我们可以达到更大的公平。"[34] 该委员会提出的主要对策还是老一套，即进一步增加政府在高等教育上的开支。

就我们所知，似乎没有比政府资助高等教育更为不平等的政府计划了，也没有哪一项计划能更清楚地说明"董事法则"。我们这些中等收入和高等收入阶层的人们，诱骗穷人大规模地补贴我们，然而，我们不仅丝毫不感到耻辱，反而大吹大擂我们的大公无私精神。

■ 高等教育的解决办法

每个男女青年，无论其父母收入、社会地位、居住地区或种族怎样不同，只要愿意现在交付学费或愿意毕业后用挣得的较高工资来补交学费，都应得到受高等教育的机会，这是非常合乎情理的。为确保所有的人都有上学的机会，有充足的理由提供足够的贷款，有充足的理由传播有关这种贷款的消息。并敦促经济情况较差的人们去利用这一机会。但是，没有任何理由让那些没有享受到高等教育的人为享受高等教育的人掏钱。如果是政府经营高等教育机构，它收取的学费应该相当于向学生提供的教育和其他服务的全部费用。

虽然确实应该废除纳税人为高等教育出钱的做法，但目前这在政治上似乎是办不到的。为此，我们将附带论述一项代替政府出资的、不那么激烈的改革方案——高等教育代金券计划。

政府出资的替代办法

由于大学生毕业后收入的差别很大，因此，以固定金额的贷款资助上大学的青年的做法是有缺陷的。有些人干得很好，偿还贷款对他们来说不成问题。有些人最终只能挣得有限的收入，偿还贷款对他们来说是个沉重的负担。在教育上花钱就是对一个有风险的企业进行投资，也可以说是对一个新建立的小企业进行投资。资助这种企业的最佳方法不是提供固定数额的贷款，而是对其股本进行投资，即"买进"某企业的股票，将来按股分红。对于教育来说，就是"买进"某人未来的一部分收入，也就是说，如果某人同意在未来的工资中拿出规定部分还给投资人，投资人就预付给他上学所需的资金。采用这种方法，投资人可以从比较成功的人那里收回多于他当初投资的钱，从而补偿在那些不成功者身上投资损失的钱。按这种方式签订个人合同虽然在法律上似乎没有障碍，却并没有被人们普遍采用，我们猜测，其主要原因是这种合同的期限很长，实施起来费用高，困难多。

在 25 年前（1955 年），我们提出过一项计划，建议通过某一政府机构对高等教育进行所谓"资本投资式的"资助：

该机构可以向任何符合最低质量标准的个人提供或帮助他们筹集上学所用的资金。它将在规定的年限内每年提供一定数量的资金，条件是所提供的资金必须用于在某一得到政府批准的高等院校接受教育。反过来，个人将同意从他未来的超过一定数额的收入中，提取一定的百分比，偿还他从政府那里得到的资金。偿还给政府的钱可以很容易地与所交纳的所得税结合在一起，因而额外牵涉到的行政管理费是非常少的。偿债基额应与未受高等教育的人的平均收入相等；每年应偿还的数额要仔细计算，以使整个方案能自给自足。这样，实际上使入学者负担了全部学费，投资金额就可以由个人的选择来决定了。[35]

最近（1967 年），一个专门研究小组建议实施一项与我们的计划相类似的计划，其名称很吸引人，叫作"教育机会银行"。该小组是约翰逊总统下令成立的，组长是麻省理工学院的杰拉德 R. 扎卡赖亚斯（Jerrold R. Zacharias）教授。

它对这项计划的可行性和为使其能够自足自助所需要的费用进行了广泛而又深入的研究。[36] 该计划遭到了"州立普通大学及农业大学联合会"的猛烈攻击，想必本书读者是不会对此感到奇怪的。这正是亚当·斯密所说的"自私自利的谬说"的一个极好例证。[37]

1970 年，卡内基委员会提出了资助高等教育的 13 条建议，其中第 13 条提议建立一所"全国学生信贷银行"。该银行将提供长期贷款，偿还条件将部分地取决于届时的收入情况。该委员会说："……我们认为，全国学生信贷银行不同于教育机会银行，它为学生提供补助金，而不是全部教育费用。"[38]

最近，包括耶鲁大学在内的一些大学，研究或采纳了一些由它们自己管理的、偿还条件暂且不定的计划。由此可见，这种计划还是有活力的。

高等教育代金券计划

在用税金补贴高等教育的情况下，弊端最少的补贴方法就是前面谈到的在中小学采用的代金券计划。

让所有官办学校根据所提供的教育服务的全部费用来收学费，从而在平等的条件下与非官办学校竞争。用每年希望得到补贴的学生的人数除以每年用于高等教育的全部税金，所得的数目便是每一张代金券的金额。允许学生根据自己的选择在任何教育机构使用代金券，唯一的条件是他们所上的学校是需要补贴的学校。如果申请得到代金券的学生人数超过现有代金券的数目，就以最能为社会所接受的标准来分配代金券，如根据考试测验的成绩、体育才能、家庭收入或其他各种各样可能的标准来分配。由此可见，这种方法大致上与美国军人法向退伍军人提供教育的做法相同。不同之处在于，美国军人法没有附加任何限制，所有退伍军人都享有受教育的权利。

正如我们第一次提出这项计划时写道：

采取这种方法，将更有效地促使各类学校之间开展竞争，更有效地利用它们的资源。它将消除要政府直接资助私立院校的压力。这样，一方面将使私立院校相对于州立院校获得发展，同时又使它们保持完全的独立性和多样性。作为附带的好处，它还会起到严格控制补贴的作用。这种补贴教育机构而不是补贴人的做法，最终将导致不加区别地补贴所有大专院校的活动，而不是仅仅补贴各州认为应该补贴的活动。即使做一粗略的考察也可看出，尽管这两种活动有相互重叠的地方，但绝不是一码事。

为促进公平而采用代金券计划的理由……是很明显的……例如，俄亥俄州对本州公民说："如果你们有小孩想上大学的话，我们将连续四年向他们主动提供丰厚的奖学金，只要他们能够满足起码的入学条件，并明智地选择上俄亥俄大学（或其他一些由本州政府资助的大学）。但是，如果你的孩子想上（或你想让他们上）奥柏林学院或西部储备大学，那他一个钱也甭想得到，更不要说去上耶鲁大学、哈佛大学、西北大学、贝洛伊特大学或芝加哥大学了。"我们怎么能为这样一种方案辩护呢？如果把俄亥俄州打算花在高等教育上的钱花在所有高等院校的奖学金上，并要俄亥俄大学在平等的基础上与其他院校竞争，难道不是更为公平，更能提高奖学金的水平吗？[39]

自从我们最先提出这一建议以来，一些州相继有限度地实施了这方面的计划，颁发了可以在私立院校使用的奖学金，尽管只限于州内的私立大学。另一方面，虽然纽约州立大学的董事会也根据同样精神制订了一项非常出色的奖学金计划，但这项计划却被该州州长纳尔逊·洛克菲勒（Nelson Rockefeller）的一项宏伟计划代替了。洛克菲勒计划是要按加利福尼亚大学的样式办纽约州立大学。

高等教育方面的另一重大变化是，联邦政府在为高等教育筹资方面的作用增大了，特别是，对各种政府和非政府教育机构的管制活动增多了。在很大程度上，这种干预是联邦政府管制活动大规模扩张的一部分，而这些管制活动是打着增进公民权利的旗号采取的所谓"积极行动"。这种干预引起了高等院校教职员工的极大关注，他们坚决反对联邦政府官员过多地干预教育。

高等教育的前途居然也受到了极其严重的威胁。这真可以说是"果报不爽"。学术界曾极力主张政府对其他部门进行干预，只有干预到自己头上时，他们才感觉到干预带来的种种弊病，如成本高昂，学校的基本教学任务受到干扰，以及干预活动自身固有的反动性等。此时，他们成了自己早先的信仰的受害者，成了从自身利益出发继续仰仗于联邦政府的受害者。

■ 结论

通常，我们习惯于把"受教育"和"上学"当成同义词来使用。但是，区别一下这两个词的含义可以使我们更清楚地了解事物的本质。仔细揣摩一下就会发现，"受教育"并不一定都得"上学"，"上学"也并非都"受到了教育"。许多学历很高的人并没有受到教育，而许多"受过教育的人"并没有上过学。

亚历山大·汉密尔顿在开国先贤者当中，是一位真正受过教育的、博学多才的人，然而，他只上过三四年正规学校。这种例子举不胜举。毫无疑问，每位读者都认识一些学历很高，但没有受过教育的人，也认识一些没有上过学，但很有学问的人。

我们认为，政府在资助和管理学校方面作用的不断加大，不仅导致了纳税人金钱的巨大浪费，而且导致了比自愿合作继续起较大作用所能产生的教育制度远为落后的制度。

在我们的社会中，几乎再没有比学校更令人不满意的机构了，几乎没有比它更能引起不满情绪，更能破坏我们自由的了。教育机构极力捍卫其现有的权力和特权。它得到了许多具有集体主义观点、热心公共事业的人们的支持。但它也受到了攻击。学生考试成绩普遍下降，城市学校中犯罪行为、暴力行动和秩序混乱等问题越来越严重，绝大多数白人和黑人起来反对用校车接送学生上学，在卫生、教育和福利部的严密控制下，许多大专院校的教师和管理人员感到惶惶不安，所有这一切都是对教育事业中权力日益集中、官僚主义日益严重和社会化日益增强等趋势的严厉批判。

在这一章里，我们曾试图提出一些建设性意见：在初等和中等教育中采用代金券制度，该制度将给予不同收入的家长以选择子女所上学校的自由；在高等教育中采用贷款资助制度，偿还条件根据学生毕业后的收入情况来确定，该制度不仅将使教育机会均等，而且将消除目前征穷人的税来资助富人家子弟上学的不合理现象；或者，在高等教育中也采用代金券计划，该计划将提高高等教育机构的教学质量，同时促使补贴高等教育的税金的分配更加公平。

这些计划是富有想象力的，然而并非行不通的。阻碍来自既得利益集团和偏见，而非实施和管理这些计划。在美国和其他国家，早已有人小规模地实施过类似的计划。公众是采取支持态度的。

这些事情都不是一蹴而就的，但只要我们朝着这个方向努力，或在目标不变的情况下采取不同的方法，我们就能够巩固自由的基础，并使教育机会的均等具有更加完善的意义。

■ 注释

1. Leonard Billet，*The Free Market Approach to Educational Reform*，Rand Paper P-6141（Santa Monica，Calif.：The Rand Corporation，1978），pp.27-28.

2. From *The Good Society*，as quoted by Wallis in *An Over-Governed Society*，p.viii.

3. Quoted by E.G.West，"The Political Economy of American Public School Legislation," *Journal of Law and Economics*，vol.10（October 1967），pp.101-28，quotation from p.106.

4. Ibid.，p.108.

5. 注意这里有个词容易使人产生误解。"公共的"和"政府的"这两个词的意思是一样的，不过在某些情况下，如"公用事业""公共图书馆"等，意思并不一样。在学校教育方面，哈佛大学难道哪方面不如马萨诸塞大学那样"公共"吗？

6. Ibid., p.110.

7. R.Freeman Butts, *Encyclopaedia Britannica*, vol.7（1970）, p.992.

8. W.O.L.Smith, *Encyclopaedia Britannica*, vol.7（1970）, p.988.

9. Ibid., pp.988-989.

10. E.G.West, *Education and the State*（London：The Institute of Economic Affairs, 1965）.

11. Gammon, *Health and Security*, p.27.

12. 我们要感谢赫勃特·洛布森兹 (Herbert Lobsenz) 和辛西亚·萨沃 (Cynthia Savo)，他们整理出了《市场数据汇集》，我们从《市场数据汇集》的"教育数据库"中得到了所需要的数据。

13. 确实，许多这种公立学校可以说实际上是赋税漏洞。如果上私立学校，学费是不能减免联邦所得税的。公立学校是用地方税收资助的，因而不必纳税。

14. One of us first proposed this voucher plan in Milton Friedman, "The Role of Government in Education," in Robert A.Solo, ed., *Economics and the Public Interest*（New Brunswick, N.J.：Rutgers University Press, 1955）.A revised version of this article is Chapter 6 of *Capitalism and Freedom*.

15. Ibid., p.86.

16. See Christopher Jencks and associates, *Education Vouchers：A Report on Financing Elementary Education by Grants to Parents*（Cambridge,Mass.：Center for the Study of Public Policy, December 1970）; John E.Coons and Stephen D.Sugarman, *Education by Choice：The Case for Family Control*（Berkeley：University of California Press, 1978）.

17. Coons and Sugarman, *Education by Choice*, p.191.

18. Ibid., p.130.

19. *Wealth of Nations*, vol.II, p.253（Book V, Chap.I）.

20. 例如"争取教育自由公民会"、"全国争取个人教育权利协会"。

21. "教育代金券研究会"1979 年 5 月正式成立于密歇根州。

22. Kenneth B. Clark, "Alternative Public School Systems," in the special issue on *Equal Educational Opportunity* of the *Harvard Educational Review*, vol.38, no.1（Winter 1968）, pp.100-113; passage cited from pp.110-111.

23. Daniel Weiler，*A Public School Voucher Demonstration*：*The First Year at Alum Rock*，Rand Report No.1495（Santa Monica，Calif.：The Rand Corporation，1974）．

24. Henry M.Levin，"Aspects of a Voucher Plan for Higher Education," Occasional Paper 72-77，School of Education，Stanford University，July 1972，p.16.

25. Carnegie Commission on Higher Education，*Higher Education*：*Who Pays*? *Who Benefits*? *Who Should Pay*?（McGraw-Hill，June 1973），pp.2-3.

26. Ibid.，p.4.

27. Ibid.，p.4.

28. Ibid.，p.15.

29. Carnegie Foundation for the Advancement of Teaching，*More than Survival*：*Prospects for Higher Education in a Period of Uncertainty*（San Francisco：Jossey Bass Publishers，1975），p.7.

30. Carnegie Commission,*Higher Education*,p.176。书中的数字不是根据卡内基委员会制作的表格计算的，而是根据该委员会引用的资料来源：Table 14,U.S.Census Reports Series P.20 for 1971,no.241,p.40. 我们在计算时发现卡内基报告中的数字有些小错误。我们给出的数字多少会使人产生误解，因为与配偶住在一起的已婚学生是按他们自己和他们配偶的家庭的收入归类，而不是按他们父母的收入归类。如果不包括已婚学生，数字会更大：收入低于 5000 美元的家庭的孩子有 22% 上私立学校，收入在 5000~10 000 美元之间的家庭为 17%，收入高于 10 000 美元的家庭为 25%。

31. 根据美国国情普查局的数字，在 1971 年在校的 18~24 岁的公立院校学生当中，来自收入低于 5000 美元的家庭的学生不到 14%，虽然在这一年龄组，22% 以上的人来自这些低收入家庭。57% 的公立院校学生来自收入高于 10 000 美元家庭，虽然在这一年龄组，来自这些高收入家庭的人只占 40%。以上数字也是有偏差的，因为它们计入了同配偶生在一起的已婚学生。在公立院校学生中，只有 9% 来自收入低于 5000 美元的家庭，虽然在 18~24 岁的人口中，有 18% 来自这些低收入家庭。将近 65% 的未婚学生来自收入高于 10 000 美元的家庭，虽然在 18~24 岁的人口中，只有 50% 多一点的人属于这些家庭。顺便提一下，关于本注释和前一个注释，有一点值得指出，就是卡内基委员会在总结报告中列举数字时，甚至没有说明它把已婚的和未婚的学生无区别地混在了一起，而这样做显然使结果偏低，未能充分说明政府对高等教育的资助实际上是使收入从低收入阶层转向高收入阶层。

32. 道格拉斯 M. 温德姆（Douglas M. Windham）曾两次估算了四个收入等级在 1967~1968 年从公共高等教育中得到的好处和由此遭受的损失。按他的估算，收入转移的程度较小，其估算结果如下：

（单位：美元）

年收入	总收益	总成本	净收益（＋）/ 成本（－）
0~3 000	10 419 600	14 259 360	−3 839 760
3 000~5000	20 296 320	28 979 110	−8 682 790
5 000~10 000	70 395 980	82 518 780	−12 122 800
10 000 及以上	64 278 490	39 603 440	+24 675 050

Douglas M.Windham, *Education*, *Equality and Income Redistribution*（Lexington, Mass.：Heath Lexington Books，1970），p.43.

33. W.Lee Hansen and Burton A.Weisbrod, *Benefits*, *Costs*, *and Finance of Public Higher Education*（Chicago：Markom Publishing Co.，1969），p.76. 表中第 5 行的数字是我们计算的。注意：第 3 行有关赋税的数字，与佛罗里达州的数字不一样，包括所有赋税，而不只是用于资助高等教育的赋税。

（单位：美元，百分比除外）

	所有家庭	没有孩子在加利福尼亚州受公立高等教育的家庭	有孩子在加利福尼亚州受公立高等教育的家庭			
			全部	初级大学	州立院校	加州大学
1. 平均家庭收入	8 000	7 900	9 560	8 800	10 000	12 000
2. 平均每年高等教育补助	—	0	880	720	1 400	1 700
3. 平均州和地方赋税总额	620	650	740	680	770	910
4. 净转移（第 2 行减第 3 行）	—	−650	+140	+40	+630	+790
5. 净转移占平均收入百分比	—	−8.2%	+1.5%	+0.5%	+6.3%	+6.6%

34. Carnegie Commission, *Higher Education*, p.7.

35. Originally published in Milton Friedman, "The Role of Government in Education," and reprinted in slightly revised form in *Capitalism and Freedom*;q uotation from p.105 of the latter.

36. *Educational Opportunity Bank*, a Report of the Panel on Educational Innovation to the U.S.Commissioner of Education and the Director of the National Science Foundation (Washington, D.C. : U.S.Government Printing Office, August 1967) .Supporting material was presented in K.Shell, F.M.Fisher, D.K.Foley, A.F.Friedlaender (in association with J.Behr, S.Fischer, K.Mosenson), "The Educational Opportunity Bank : An Economic Analysis of a Contingent Repayment Loan Program for Higher Education," *National Tax Journal*, March 1968, pp.2-45, as well as in unpublished documents of the Zacharias Panel.

37. For the statement of the association, see National Association of State Universities and Land Grant Colleges, *Proceedings*, November 12-15, 1967, pp.67-68.For the Smith quotation, *Wealth of Nations*, vol.I, p.460 (Book IV, Chap III), where the reference is to traders seeking government protection from foreign goods.

38. Carnegie Commission, *Higher Education*, p.121.

39. Quoted from *Capitalism and Freedom*, pp.99-100.

第 7 章

谁在保护消费者
Free to Choose

我们要生存、要吃饭，当然不能仰仗他人的恩惠，但是我们能否全然仰仗亚当·斯密所谓的"看不见的手"呢？对此，许多经济学家、哲学家、改革家和社会批评家给出了他们的回答：不能。因为，卖主出于利己之心，会欺诈消费者；他们利用消费者的良善和无知，漫天要价以次充好；他们还会劝诱消费者购买那些本不需要的东西。而且，有些批评家还指出，如果我们完全依赖市场的话，那么其后果不仅会影响到直接参与市场交易之人，而且还会对交易之外的人造成影响。比方说，我们呼吸的空气、饮用的水，我们的食品安全，等等，都可能受到影响。因此，这些批评家提出，必须以其他制度安排来弥补市场之不足，由此才能保护消费者免受自身单纯无知之害，保护消费者免受唯利是图的卖主之害，并且保护我们所有人免受市场交易活动的外溢毗邻效应（即经济学中所谓的外部效应）之害。

这些对"看不见的手"进行的批评当然是有道理的，我们在第 1 章中也谈过这一点。但问题的关键在于，人们提出或采用的各种旨在弥补市场之不足的制度安排，是否真的能够实现其目的；或者换句话说，人们所提出的救治方案所带来的消极后果，是否真的要比问题本身带来的后果更加可取。

这一问题与当前的形势尤为密切相关。在过去的 20 年里，雷切尔·卡逊（Rachel Carson）出版了《寂静的春天》；参议员埃斯特斯·凯佛威尔（Estes Kefauver）对药品行业进行了调查；拉尔夫·纳德（Ralph Nader）批评通用汽车公司生产的科维牌轿车"无论开得快慢都不安全"，这一系列事件引发了一场政府干预市场的运动。打着保护消费者的旗号，政府对市场的干预，无论在广度还是深度上都发生了重大变化。

美国在 1824 年成立了陆军工程兵团，1887 年成立了州际商务委员会，1966 年又成立了联邦铁路管理局，这些由联邦政府建立的、旨在监管经济活动的管理部门，尽管在其规模范围、重要程度和目的意图方面各有不同，但几乎都是对某一行业进行监管，并且拥有明确的权力。自从州际商务委员会建立以来，保护消费者（首先是保护他们的经济利益）便成了社会改革家们公开宣称的目标之一。

罗斯福新政之后，政府干预市场的步伐大大加快了。截至 1966 年，32 个政府监管部门当中，有一半是 1932 年（这一年罗斯福当选总统）之后建立起来的。不过总的来说，政府对经济的干预还是比较温和的，并且仍然采取分行业干预的模式。美国在 1936 年设立了《联邦纪事》，记录所有的管制条例、听证实录，以及与监管部门相关的其他事宜。刚开始的时候，《联邦纪事》的内容增长速度比较缓慢，后来就迅速膨胀起来。1936 年时，它只有 3 卷 2599 页，放在书架上有 6 英寸$^\ominus$宽；到 1956 年，变成了 12 卷 10 528 页，放在书架上有 26 英寸宽；到了 1966 年，它又增至 13 卷 16 850 页，在书架上占到 36 英寸。

随后，政府在管制经济活动方面，出现了真正迅猛的扩张。接下来的 10 年当中，新成立的监管机构至少有 21 个之多。而且，这些管制和干预不再局限于某一行业，而是涵盖了社会经济活动的方方面面：环境问题、能源的生产与分配、产品安全、职业安全等。新近成立的各种监管部门，除了关心消费者的经济利益，保护其免受卖主的剥削之外，最主要的是关心消费者的身心安全和健康，使其不仅免受卖主之害，而且免受其自身的善良和无知之害。[1]

政府用于新老管制机构上的支出也出现了迅猛的增长，1970 年这些支出总计不到 10 亿美元，到 1979 年便增长到大约 50 亿美元。在这一时期内，物价总体上大约翻了一番，但政府在管制机构上的支出却达原来的 5 倍还多！各种管制机构中政府官员的数量，达原来的 3 倍，从 1970 年的 28 000 人增至 1979 年的 81 000 人；至于《联邦纪事》，则从 1970 年的 17 660 页增至 1978 年的

$\ominus$ 1 英寸 =0.0254 米。

36 487 页，放在书架上有 127 英寸宽，足足占了 10 英尺！

在这 10 年当中，美国的经济增长也大幅放慢。1949~1969 年，私人企业的人均小时产出（这是衡量生产率的一个简便而又全面的指标），年均增长率超过3%；在接下来的 10 年里，该指标的年均增长率不足过去的一半；而且，到这10 年末尾的时候，生产率实质上是下降了。

我们为何要把这两种发展变化联系起来呢？一种是为了保证我们的安全，保护我们的健康，保持空气和水的清洁；一种是如何有效地组织我们的经济活动。二者既然都是好事，怎么会相互冲突呢？

答案是，过去 20 年来所开展的各种运动，如消费者运动、生态运动、回归田园运动、嬉皮士运动、有机食品运动、保护野生动物运动、人口零增长运动、"小即美"运动、反核武器运动等，尽管其宣称的目标各异，但都有一个共同的特点，即它们都是反增长的。这些运动都反对新的发展，反对工业革新，反对越来越多地使用自然资源。在这些运动的影响之下，各种管制机构应运而生，从而给各行业带来了沉重的负担。各行业只能为满足政府日益烦琐而又广泛的各种要求而支付成本。在这些监管部门的干预之下，某些产品不准销售，或根本就不准生产；监管部门还要求各行业在一些非生产性领域投资，并且由政府官员来规定投资方式。

到目前为止，政府干预已经产生了影响深远的后果，而今后可能会更加严重。正如伟大的核物理学家爱德华·特勒（Edward Teller）所指出的那样："我们制造第一台核动力发电机只用了 18 个月，而现在却要 12 年，这就是进步。"对纳税人而言，由管制导致的直接成本仅占管制总成本的很小一部分。各行业中的企业和消费者为了遵守监管部门的管制规定，要支付大量的成本，相比之下，政府每年支出的 50 亿美元就显得非常捉襟见肘。据保守的估计，这些成本大约为每年 1000 亿美元。而且，选择范围受限、产品价格升高这些后果，也是管制活动给消费者带来的成本，这些成本我们还没有考虑进来。

政府角色的转变，是伴随着公众日益接受政府干预的理念而发展起来的；进一步说，正是因为公众日益接受了这样的理念，而这种理念又如此冠冕堂皇罕逢敌手，才导致了政府角色的转变。大家不妨想一想，当前究竟是哪些产品或服务令我们最不满意，究竟是哪些产品或服务多年来一直无甚改进，那么邮政服务业、中小学教育、铁路客运这些服务业就可能高居榜首。大家不妨再想一想，哪些产品或服务最令人满意，改进程度最大，那么名列前茅的产品和服务恐怕就是日用器具、电视机、收音机、高保真音响设备、计算机，还有超市和购物中心。

凡质量低劣的产品，都是由政府或政府管制的行业制造出来的。凡是优质产品，都是由私人企业生产的，而它们都很少受到政府干预，或者干脆就没有政府干预。然而公众（或公众中的大部分人）被灌输的却是这样的理念，即质量低劣的产品是由私人企业生产的，因此我们永远都需要警惕性极高的政府工作人员替我们把关，免得某些企业利用消费者对产品的无知、对商家的信任和容易上当受骗的特点，把那些不甚安全、华而不实的产品兜售给消费者，并且寡廉鲜耻地索要高价。这种政府对公众进行灌输和说服的公共关系运动开展得十分成功，从而对那些提供邮政服务的人，我们居然打算把生产和分配能源这项更为重要的任务也交给他们去做。

拉尔夫·纳德对科维牌汽车的批评，可能是这场不信任私人产业产品运动中最富有戏剧性的一幕；作为一个典型的例证，该事件向人们表明了这场运动的实际情况，也使人们认识到这场运动是多么荒谬。纳德对科维牌汽车进行抨击，说它以任何速度行驶都不安全，应广大公众的呼吁，一个专门的监管机构成立了。纳德发出批评之后大约过了10年，该机构终于开始对科维牌汽车的性能进行检测，由此揭开了整个事件的序幕。该机构花了一年半的时间，对科维牌汽车和其他同类交通工具的性能进行了比较，最后得出的结论是，"检测结果表明，与其他同类产品相比，1960~1963年间生产的科维牌汽车的性能相当不错"。[2] 如今，科维车友俱乐部已经遍布全美，科维牌汽车已经成了收藏家们的收藏对象。但对大多数人来说，即便是那些消息灵通人士，仍然认为科维牌汽车"以任何速度行驶都不安全"。

要想知道政府管制下免受竞争的产业，与竞争激烈的私人产业之间有何不同，只要看一看铁路业和汽车业即可，这两个行业给我们提供了绝好的例证。铁路业和汽车业都服务于同一市场，并且最终提供的是相同的服务，即运输。但铁路运输业发展落后，效率低下，且长期以来在技术上并无重大革新，唯一值得一提的改进便是以内燃机代替了蒸汽机。就货车车厢来看，如今以内燃机车拖动的车厢，与早先蒸汽机车拖动的车厢相比，几乎毫无差别。至于火车客运服务，与 50 年前比较起来，其列车时速更慢，服务质量更差。目前铁路运输业处于亏损状态，面临着被政府接管的命运。相比之下，汽车业面临着来自国内外的激烈竞争，得以自由地推动技术创新，从而迅速发展起来。汽车业经历了几次大的技术飞跃，接二连三的技术创新，使得 50 年前的汽车早就退出历史舞台，只能进入博物馆供人缅怀了。汽车业的发展，首先受益的是消费者，当然产业工人和投资者也会受益。这些变化给人以深刻的印象，可目前汽车业也正迅速地成为一个政府管制的产业，这无疑令人感到悲哀。我们将会看到，那些阻碍铁路业发展的因素，会在汽车业中再次出现。

政府对市场进行干预，会受到其自身法则的约束，这些法则不是人为的立法法则，而是科学的法则。这种干预会受某种强制力量的支配，其发展方向和发展路径，可能与干预发起者或支持者的本意大相径庭。福利活动中出现的这种局面，我们已经考察过了。在这里，政府仍然干预市场，那么不论是出于保护消费者的动机实行价格管制或质量管制，还是保护消费者安全或保护环境等，都会出现同样的局面。只要有干预就会确立起某种权力地位。这种权力如何运用，用来实现何种意图，很少取决于最初支持干预的那些人，很少取决于他们的目的和目标，而主要取决于实际掌握这种权力的人，取决于掌权者的意图。

州际商务委员会的历史可追溯至 1887 年，这是美国历史上第一个监管机构，主要是通过一场政治运动建立起来的；这场运动的领导者正是当时自称为消费者代表的那些人，即拉尔夫·纳德之流。从其成立到现在，已经度过了好几代人的时光，对它的研究和分析也已十分详尽。要想知道政府干预市场的真实历史，州际商务委员会为我们提供了绝好的例证。

食品与药品管理局成立于 1906 年，到现在为止也已经过了几代人的时光，由于乌普顿·辛克莱尔（Upton Sinclair）出版了一部名为《丛林》的小说，揭露了芝加哥各个屠宰场和肉铺不卫生的状况，从而引发了公众的关注，于是该机构便应运而生。除了关注其自身范围内的问题之外，食品与药品管理局在某种意义上还起到了桥梁的作用，将早期的分行业管制模式和近来的职责管制或跨行业管制模式连接起来；因为自 1962 年《凯弗维尔修正案》之后，它的活动已经发生了一些变化。

消费品安全委员会、国家公路交通安全管理局、环保局这些部门，采取的都是新近的管制模式，即跨行业管制，且相对而言不大关心消费者的经济利益。对这些机构进行全面的分析，远超出本书的范围，我们可以简要地讨论一下这些部门未来的发展趋势，以及在将来引发的问题，其发展趋势和现存于州际商务委员会、食品与药品管理局的趋势是一样的。

虽然各州政府和联邦政府对能源进行干预是一贯的做法，但自 1973 年欧佩克实行石油禁运从而原油价格涨至原来的 4 倍之后，政府对能源的干预还是发生了量的飞跃。

如果我们不能依靠政府干预来保护消费者，那么我们应该靠什么呢？市场能有什么方法来保护消费者呢？若有，这些方法又如何得以改进呢？

■ 州际商务委员会

美国内战之后，铁路业获得了前所未有的扩张。1869 年 5 月 10 日，犹他州的海角点钉下了一枚黄金铸成的道钉，标志着联合太平洋铁路与中央太平洋铁路的接轨，第一条横贯大陆的铁路线竣工了。接下来便有了第二条、第三条、第四条横贯大陆的铁路线。1865 年，已经有 35 000 英里[⊖]的铁路投入运营；10 年之后，铁路运营里程增至 75 000 英里；到 1885 年时，铁路运营总里程已超过 125 000 英里。截至 1890 年，已经有超过 1000 条独立的铁路线。美国国土上从东海岸到西海岸，可谓是路网密布、四通八达，不论是通都大邑还是穷乡僻壤，皆有铁路通行。其铁路线的总长度，比世界上所有其他国家的铁路线加起来还要长。

当时铁路业的竞争很激烈，结果无论是货运还是客运，其运费都很低，可能在当时是世界上最低的。铁路运营商自然多有抱怨，说铁路业是"惨烈的竞争"。每逢经济波动、处于周期性下降时，便会有铁路运营商破产，要么为他人所接管，要么干脆退出这一行业。而经济一旦复苏，又会掀起兴建铁路的高潮。

铁路运营商希望通过彼此联合来改善自己的境遇，他们组成联营公司，按照协商好的利润水平收取固定的运费，然后大家瓜分市场。令其感到沮丧的是，种种协议总是得不到遵守，往往是虎头蛇尾。原因很简单，只要其他人遵守协议，按照协定来收取运费，那么自己背叛协议，以低于协定的水平来收取运费就是有利可图的，因为这样就可以把别人的生意抢过来。当然，采取降低收费的办法不能公开进行，只能在暗地里操作，尽可能地把其他伙伴蒙在鼓里。其手法通常是让托运人拿回扣，并在不同地区或不同商品之间实行差别定价。俗话说世上没有不透风的墙，这种削价竞争的行为迟早会露出马脚，于是联营公司也就解散了。

当时，像纽约和芝加哥这种相距遥远、人口稠密的地区之间铁路运输线的竞争，是十分激烈的。不管是托运人还是乘客，都可以在大量线路中自由选择自己的路线，这些路线分属不同的铁路运营商；不仅如此，大家还可以选择水路运输，纵横交错的内河航道早就覆盖了这一地区。但是，这些长途运输线上相距较近的两地之间，往往只有唯一一条铁路线，如哈里斯堡和匹兹堡之间就

　　⊖　1 英里 =1609.344 米。

是如此。这种短途铁路线往往具有某种垄断地位，除非大家选择其他交通方式，如走运河或其他内河航道。自然，这样的路线运营商总是尽可能地利用其垄断地位，将其运费定为顾客所能接受的最高限度。

这样一来的结果便是，若干短途运输所需的运费总和，甚至一次短途运输所需的运费，有时会比相距遥远的两地之间长途运输所需的运费还要高。当然，长途运费较低，消费者是不会有什么怨言的，但短途运费较高，消费者肯定就要抱怨。同样的道理，在运营商秘密削价相互竞争时，那些拿到回扣得了好处的托运人是不会抱怨的，但没拿到回扣的人就会吵闹起来，抱怨说他们受到了"价格歧视"。

当时，铁路业可说是美国主要企业集中的行业。这一行业极为引人注目，其竞争也极为激烈，它与华尔街和东部金融区联系密切，许多金融操控和欺诈行为的报道都是关于铁路行业的。自然，一时间铁路行业成了众矢之的，特别是中西部地区的农场主，更是把矛头直接指向铁路行业。19 世纪 70 年代发起的格兰其运动，攻击铁路行业为"铁路垄断"。农场主们纷纷加入绿币党、农民联盟等组织，在各州议会大厅里发表煽动性的言论，要求政府对货运方式及货运运费进行管制，而且常常能够获得成功。威廉·詹宁斯·布赖恩（William Jennings Bryan）赖以成名的平民党（Populist party），则不仅要求政府对铁路行业进行管制，而且还要求政府对这一行业实行彻底的政府所有、政府经营。[3] 当时的漫画讽刺作家曾经辉煌一时，他们将铁路业描绘成一只邪恶的八爪章鱼，说它在扼杀这个国家的生命力，而且产生了巨大的政治影响，事实上也确实如此。

反对铁路业的运动不断发展，由此一些颇有远见的铁路运营商逐渐认识到，他们可以将这种运动为己所用，可以利用联邦政府来加强自己制定固定价格、瓜分市场份额的能力，可以利用联邦政府来强化运营商内部达成的各种协议，并且，利用联邦政府来对抗州政府和地方政府。于是他们便和改革家们一道支持政府管制。结果便是，1887 年成立了州际商务委员会。

该委员会从建立伊始到完全运作起来，用了差不多 10 年的时间。到此时为止，改革家们已经开始着手发起另一场改革运动，而铁路业只不过是他们关心的问题之一。他们已经达到了自己的目的，只是偶尔才会关注一下州际商务委员会的具体事务。但是，在铁路运营商那里，情形就完全不同了，铁路业就是他们的事业所在，就是他们最关注的事情。在铁路上，他们要投入全部的时间和精力。就铁路方面的专业事务而言，谁都没有他们熟悉；除了他们之外，谁还能在州际商务委员会任职并管理它的具体运作呢？因此，铁路运营商们很快就学会利用该委员会来为自己谋取利益了。

州际商务委员会的第一任专员是托马斯·库利（Thomas Cooley），作为一名律师，他曾多年担任铁路行业的代表。库利及其同僚们向国会索取更大的管制权，国会便授予他们这些权力。州际商务委员会成立 6 年后，斯蒂芬·格罗佛·克利夫兰（Stephen Grover Cleveland）总统的首席检察官理查德 J. 奥尔尼（Richard J.Olney）给铁路巨头伯林顿和昆西铁路公司董事长查尔斯 E. 铂金斯（Charles E.Perkins）写了一封信，信中说：

当前，因委员会的职权受到各级法院的限制，它或可成为对铁路业非常有利的机构。人们吵嚷着要政府对铁路业进行监管，该机构的出现正好堵住了众人之口，同时，监管几乎完全是停留在纸面上的。此外，随着时间的推移，该委员会将更多地从企业界和铁路业的立场来考虑问题。如此一来，该委员会就会变成某种障碍，横亘在各铁路公司和公众之间，并保护铁路公司的利益免受轻率、粗暴的立法干扰……因此，明智之举不是破坏该委员会，而是把它利用起来。[4]

该委员会解决了长、短途货运问题。它采取的办法是提高长途运费，使之等于各短途运费之和，这一点毫不令人感到意外。结果便是，除了消费者之外，大家可谓皆大欢喜。

随着时间的推移，州际商务委员会的权力越来越大，其管制内容涉及铁路业的方方面面，管制也愈加严格周密。而且，权力也从直接代表铁路业利益的人那里，逐渐转移到机构官僚手中。不过这对铁路业倒没有造成什么威胁，因为许多官僚是铁路业出身，他们每天的工作便是和铁路业的人打交道，其日后的飞黄腾达也离不开铁路业。

直到20世纪20年代，铁路业才真正受到威胁，因为此时卡车也开始从事长途运输业务。州际商务委员会专门为铁路运输业制定的运费十分高昂，由此卡车运输业得到了飞速发展。卡车运输业并无管制，竞争十分激烈。无论是谁，只要有钱买辆卡车，就可以跑运输。因此，当年用来反对铁路业，呼吁政府管制的那一套论点（即铁路是垄断行业，政府必须对其进行管制，以防其剥削大众云云），无论如何都不能用来反对卡车运输这一行业。卡车运输市场，恐怕最接近于经济学家所谓的"完美"竞争了。

即便如此，铁路运营商却照样煽动公众，要求把卡车长途货运也置于州际商务委员会的监管之下，他们最终如愿以偿。1935年通过的《汽车运输法》便将卡车运输业置于州际商务委员会的监管之下，但这是为了保护铁路运营商，而不是保护消费者。

接下来，当年在铁路业发生的故事在卡车运输业又重演了一遍。该行业同样组成了卡特尔，运费也同样固定下来，并且运输路线也都事先划定。随着卡车运输业的发展，卡车运输商代表在州际商务委员会的影响也越来越大，最终逐渐取代了铁路运营商代表的统治地位。委员会最后变成了卡车运输业的利益代表，保护其免受铁路业和未受管制的卡车运输商的竞争，一如其当年保护铁路业免受卡车运输业的竞争。而这一切，只不过将保护机构官僚们的利益掩盖起来罢了。

要想从事州际运输业务，卡车运输公司必须从州际商务委员会那里弄到一张许可证，证明其能够为公众提供便利且实属必要。1935年《汽车运输法》通过之后，州际商务委员会收到了约89 000份申请，要求颁发许可证，但委员会最终只批准了约27 000份。"自那以后，委员会基本不再发放新的许可证，不希望新企业进入该行业参与竞争。此外，原有卡车运输企业经历了兼并和破产，由此企业数目从 1939 年的 25 000 家减少至 1974 年的 14 648 家。同时，受管制企业在各城市间的运输量从 1938 年的 2550 万吨增至 1972 年的 69 810 万吨，达到原来的 27 倍之多！" [5]

运输许可证是可以买卖的。"运输量的增长、运输企业数目的减少、运费管理局和州际商务委员会对运费竞争的干预，这些趋势都使得许可证越来越值钱。"据托马斯·莫尔（Thomas Moore）的估计，1972 年时，所有许可证的总价值在 20~30 亿美元之间，[6] 这正是来自政府授予的垄断地位的价值。对于那些拥有许可证的人来说，这当然是一笔财富；但对整个社会来说，这正是政府干预带来的损失，而不是一种生产能力的表现。有关这一问题的研究结果都表明，如果取消州际商务委员会对卡车运输行业的管制，那么托运人需要支付的成本将会大幅降低，据莫尔的估计，可能会降低 3/4。

俄亥俄州的一家卡车货运公司，代顿航空货运公司，给我们提供了一个具体的案例。该公司拥有州际商务委员会颁发的许可证，获准独家经营代顿市到底特律市的货运业务。但要想在其他路线上运营，就必须从别人手里购买许可证来获得运营权，而那些手中拥有许可证的人可能连一辆卡车都没有。为了得到某些路线的运营权，该公司每年大约要花费 100 000 美元。公司老板一直想方设法使自己的许可证能够多覆盖一些路线，但至今都未能成功。

代顿公司的主顾马尔科姆·理查兹（Malcolm Richards）曾说："说实话，我真搞不懂州际商务委员会为何会袖手旁观坐视不管。据我所知，这是我们第三次支持代顿航空货运公司向委员会申请许可证了，我们希望能够少花点运费，希望企业可以自由经营，也希望国家能够省些能源……不然的话，这些代价到头来都得由消费者来承担。"

代顿航空货运公司的所有者之一泰德·海克（Ted Hacker）也说："让我说，州际贸易领域是没有自由企业的，自由企业在美国已经不复存在了。对于给定的价格你只能接受，而且只能接受高昂的价格。不仅是我们要为这种价格付出代价，消费者更要为这种价格付出代价。"

当然，我们不能只听这些只言片语，但代顿航空货运公司的另一位所有者赫谢尔·维默（Herschel Wimmer）也说："对于那些已经获得州际商务委员会许可证的人来说，我不想和他们争论，我想说的是，我国是一个大国，但从1936年州际商务委员会开始运作以来，总共也没有几家企业进入这一行业。他们不允许新企业加入进来，和行业内原有的企业展开竞争。"

据我们的推断，铁路运输业和卡车运输业中企业的态度可能是一贯的，这便是：要么给我们许可证，要么允许我们不遵守各项规定，这都是可以的；但要停止颁发许可证或废除政府管制，这是不可以的。原因很简单，各种既得利益集团不断发展壮大，因此这种态度是完全可以理解的。

我们回过头来看铁路业的情况，政府管制造成的终极影响仍未结束。铁路业的各种规章制度日益严格、死板，因此企业很难做出有效的调整，来应对不断涌现的小汽车、公交车和飞机这些长途客运竞争对手。所以铁路运输业只能再次求助于政府，这次干脆将客运业务实行国有化，成立了美国铁路客运公司。目前货运业务也正在实行国有化。先是纽约中央铁路公司经历了戏剧性的破产，接着便成立了美国联合铁路公司，美国东北部的许多货运铁路线路实际上也国有化了。铁路业里剩余的部分，其前景恐怕也是如此。

在铁路业和卡车运输业发生的故事，在航空运输业又重演了一遍。1938年民用航空管理委员会成立的时候，它管制下的国内主要航空干线运营商仅有19家。但是，尽管长期以来航空运输量大增，尽管有数不清的人对"方便公众且实属必要的许可证"提出申请，目前委员会管制下的企业数目反而减少了。不过，航空运输业与铁路运输业和卡车运输业相比，有一个方面确实不同。颇有魄力的英国企业家弗莱迪·雷克（Freddie Laker）是一条主要国际航线的运营商，他成功地削减了横越大西洋航线的运费；民用航空管理委员会的前任主席阿尔弗雷德·卡恩（Alfred Kahn），具有优秀的品性和出色的工作能力，这些当然不能说不重要，但除此之外还有很多其他因素，使得近来的航空运费管制在管理层面和立法层面都有所松动。不管怎么说，这都是从政府管制到自由的第一次重大进展。

　　航空运输业取得的这种富有戏剧性的成功，即运费降低了但航空公司的利润却上升了，也促使人们开始想办法放松对地面运输的管制。可惜的是，各种势力集团是反对放松管制的，在卡车运输行业中尤其如此，因此地面运输放松管制的希望十分渺茫。

　　近来，航空运输业中也出现了长、短途运输问题，而且还颇有几分讽刺意味。与铁路运输业的情况非常类似，区别在于长、短途运费正好颠倒过来了，在这里是短途运费较低。事情发生在加利福尼亚州，该州的面积很大，足以支撑几条仅在州内飞行的航空干线，由此便可不受民用航空管理委员会的管制。旧金山到洛杉矶之间的航线竞争很激烈，由此州内运费要比委员会管制下的州际同一航线收取的运费低得多。

　　具有讽刺意味的是，1971 年，拉尔夫·纳德，即自称为消费者利益守护者的那位先生，却向民用航空委员会抱怨起了航空运输业与地面运输业的这种区别。而在此之前，纳德旗下的一家子公司恰好发布了一份关于州际商务委员会的分析报告，该报告做得很出色，着重强调了如何解决长、短途运输之间的歧视问题。而关于如何解决航空运输业的这一问题，纳德本人可能几乎没有任何思路。民用航空委员会的决策是，要求州内航空公司提高它们的运费，以达到委员会许可的运费水平，关于这一点，任何一名学习了政府管制的学生都能预料到。随后，这一决策也得到了最高法院的支持。好在，这一决策由于立法上的各种细节问题而未能执行，而且对航空运费管制的废除也可能使这一决策变得毫无意义。

　　州际商务委员会的历史，恰可说明政府干预的必然命运。为防止某种真实的或是空想的邪恶出现，人们便要采取行动来对付它。真心实意品德高尚的改革家，以及同样真心实意的利益各方便会结成某种政治联合体。联合体各个成员的目标可能互不相容、彼此矛盾（比方说，消费者希望产品低价而生产者却希望产品高价），但都被诸如"公众利益"、"公平竞争"之类冠冕堂皇的辞藻掩盖起来了。联合体常常能够成功地说服国会（或州立法机构）通过一项法案，法案的序言部分尽是那些冠冕堂皇的辞藻，但其主体部分便是授权给政府官员使其"有所作为"。品德高尚的改革家感受到了胜利的喜悦，之后又转而关心起其他事务来。利益各方开始开展工作，以确保权力的运用符合自身的利益，一般来说他们也能做到这一点。但是，成功之后又会产生新的问题，要解决这些问题只能进一步扩大政府干预的范围。一旦政府官僚掌握了利益的搜刮和分配，就连最初的特殊利益集团也无法受益了。最后的结局和改革家最初的目标恰恰相反，而且特殊利益集团的目标也常常无法实现。然而，政府的这种干预活动确立得如此牢固，与此相关的既得利益集团又如此之多，因此要想废除最初的法案几乎是不可能的。相反，人们会要求政府通过新的立法，来解决过去立法所导致的问题。一个新的循环开始了……

上述过程的每一阶段，都在州际商务委员会这里清晰地体现出来了。先是一个奇特的政治联盟导致了委员会成立，之后美国铁路客运公司的成立又开始了新一轮的循环。美国铁路客运公司证明自己应当存在的唯一借口是，自称很大程度上不受州际商务委员会的管制，因此可以做一些委员会不准单个铁路企业做的事情。当然，冠冕堂皇的说法也有，该公司所谓的目标是改进铁路客运业务。美国铁路客运公司之所以得到了各铁路企业的支持，是因为它将允许取消当时的许多客运业务。在20世纪30年代原本服务上乘利润丰厚的铁路客运业务如今却日渐萧条，并且由于飞机和私家车等交通工具的竞争最终变得无利可图，然而州际商务委员会却不允许各铁路公司削减运营业务量。现在，美国铁路客运公司只能一方面削减运营业务量，一方面对尚存的企业给予补贴。

如果我们没有成立州际商务委员会，而是让市场力量发挥作用，那么今日的美国将会拥有一个十分令人满意的交通运输系统。那样的话，铁路行业就不会像现在这般庞大臃肿，而会精简得多，但效率也会更高；这是因为，在竞争的驱动之下会出现更大的技术革新，而消费者对交通运输需求的改变，也会使铁路行业加快调整自己的运营路线，这些都会提高整个行业的效率。客运列车的服务人群可能会缩小，但列车的设备设施将比现在精良得多，提供的客运服务也会更加方便、快捷。

同样的道理，若是让市场力量发挥作用的话，卡车运输企业的数目可能比现在要多，但卡车的数量可能比现在要少。之所以如此，同样是因为效率更高、浪费更少。目前州际商务委员会管制下的卡车运输业，车辆返程跑空率很高，且常常走冤枉路，这无疑是一种资源浪费和效率低下的表现。若让市场力量发挥作用，卡车运输业的成本会降低，而提供的服务质量会提高。若是哪位读者曾经让州际商务委员会许可经营的某家运输公司为自己运送过物品，那么他将完全同意上述判断；而且，我们猜测商务托运人也会同意上述判断，虽然我们自己并没有做过商务托运人。

若是让市场力量发挥作用的话，那么整个交通运输业的面貌将与现在大不相同，也许更多的是联合运输形式。近年来铁路运输业真正盈利的业务并不多，但其中一项盈利业务便是列车将乘客与其私家车同车运送。若让市场力量发挥作用，那么采用背负式运输的日程无疑会大大提前，而且可能会出现更多的联合运输形式。

之所以要让市场力量发挥作用，最主要的原因便是，我们不知道市场会产生什么后果。但有一点是可以肯定的，如果消费者认为不值得为某种服务付费，或者支付的价格不能使提供服务者获得的收入高于从事其他经济活动可获得的收入，那么这种服务就不会有人提供。如果某种服务不满足这一条件，那么无论是消费者还是生产者，都不能从别人腰包里掏钱来维持这种服务的存在。

■ 食品与药品管理局

联邦政府在消费者保护方面的第二项重大举措，是在 1906 年通过了《食品与药品法案》。与州际商务委员会不同的是，这项举措并非旨在对付高物价，而是关注食品的卫生状况。当时曝光丑闻的风气浓厚，到处都是猎奇打探的记者。乌普顿·辛克莱尔正是受一家报纸委派，到芝加哥去调查牲畜饲养场的状况。

调查的结果就是他那本著名的小说《丛林》，本来他写作此书的目的是想引起读者对饲养场工人的同情，结果因揭露了肉食加工中的不卫生状况而引起了人们的愤慨。在当时就连辛克莱尔本人也说："我本想触动公众的心，不想却触动了他们的胃。"

早在小说《丛林》出版并激起人们要求制定有关法律之前，诸如基督教妇女禁酒联盟和全国禁酒协会等组织在 1898 年就已经成立了全国食品与药品卫生代表大会，以此来推动立法，消除各种不规范的偏方、秘方药物。因为当时的这些偏方、秘方药物都掺有大量的酒精，因此各种烈性酒都被当成药品来买卖和消费；面对这种情况，各种禁酒组织当然不会袖手旁观。

各种特殊利益集团再次加入了改革家的行列。肉制品生产者"对这一行当的历史早就谙熟于胸，如果消费者吃了这些肉引起食物中毒的话，那么自己就别想赚钱了；在一个竞争激烈的市场上就更是如此，因为消费者可以转而购买别的厂家的产品"。当时欧洲各国声称美国的肉制品都带有病菌，因此对进口美国肉制品实行种种限制。美国的肉制品生产者对这些限制条件最为关注，由此迫切希望抓住机会，请政府出面证明自己的肉制品是没有病菌的，同时愿意承担肉制品检验的全部费用。[7]

另一个特殊利益群体是制药商和医生，他们通过形形色色的职业联合会来表达自己的意愿。当然，与肉制品生产者相比，或与铁路运营商建立州际商务委员会相比，他们的动机比较复杂，单纯的经济方面的动机要少一些。制药商和医师的经济利益很清楚：如果游方药贩或其他人将专利药品和偏方、秘方药物直接卖给消费者，那自然就会和他们抢生意。此外，从其职业兴趣的角度来看，他们也会关注市面上的各种药品；有些药品实际上毫无疗效，但却自称包治百病，不论是癌症还是麻风病一律药到病除起死回生，这些药品对百姓的危害，制药商和医师们一眼就能看明白。因此，就他们的动机来说，公益精神和自利之心统一起来了。

1906 年通过的法案大体上仅限于对食品进行检查，再有就是为专利药品提供标签认证；当然也对处方药进行管理，不过这一权力直到晚近才开始运用，而且这种管理主要是出于偶然的考虑，而并非事先设计出来的。当时的管制机构，即今日食品与药品管理局的前身，是隶属于农业部的。不论是其前身还是今日的食品与药品管理局，其实对药品行业一直没有太大的影响，直到距今约15 年前，这种局面才开始改变。

在 1937 年磺胺问世之前，几乎没出现什么重要的新药品。但紧接着就出现了"万灵磺胺"灾难，其起因是由于一位药剂师希望改进磺胺，使其能对那些无法服用胶囊的病人也有疗效。他使用的溶剂和磺胺的混合物足可致人死命。这出悲剧的结局是"共有 108 人死亡——其中 107 名是服用了'万灵药'的病人，还有 1 名就是畏罪自杀的药剂师本人"。[8] "有了这种惨痛的经历，制药商们认识到，销售类似的药物会面临社会责任问题；而一旦涉及社会责任问题，就可能给公司带来损失，由此他们开始在投放市场之前对药品进行安全性检验，以避免类似事件的重演"。[9] 同时他们也认识到，政府保护可能是有好处的。结果便是，1938 年通过了《食品、药品和化妆品法案》，该法案将政府管制的范围扩大到广告和商标，并要求所有新药品在进入州际贸易之前，都必须在安全方面得到食品与药品管理局的批准，管理局应于 180 天之内批准或驳回申请。

长期以来，制药工业和食品与药品管理局之间一直保持着和谐的共生关系，直至发生了另一悲剧，即 1961~1962 年的镇静剂事件。根据 1938 年的法案，食品与药品管理局一直不准镇静剂在美国市场上销售，当然，医生们为了实验之用，可以使用少量的镇静剂。但这种少量的使用后来也被禁止了，原因是一系列报告披露说，欧洲的一些妇女在怀孕期间服用镇静剂，结果却产下了畸形婴儿。接下来舆论一片哗然，直接影响到了 1962 年的修正案，这些修正案是由参议员凯弗维尔（Kefauver）提出的，他在 1961 年对制药工业进行了调查。这一悲剧的发生，也从根本上改变了修正案的重心。凯弗维尔最初关注的是价格问题，即药价过高，可能严重偏离了其真实价值；这也是一种最常见的抱怨，即消费者抱怨说受到了垄断企业的剥削。但实际通过的修正案则更多地关注质量问题而非价格问题。这些修正案"在 1938 年法案规定的安全检验之上，又加上了功效检验要求，同时取消了食品与药品管理局在处理新药申请方面所受的时间限制。一种新药只有得到食品与药品管理局的批准，也就是说，只有当管理局认为有足够的证据证明药品符合 1938 年法案的安全要求，并且在使用中可以达到预期的效果时，该药品才能在市场上出售"。[10]

1962 年通过的修正案与下述事件是步调一致的：镇静剂悲剧；蕾切尔·卡逊出版《寂静的春天》（引发了环境保护运动）；拉尔夫·纳德所谓的"以任何速度行驶都不安全"所引发的争论。这些事件导致了政府干预活动的数量剧增，同时也改变了政府干预的方向。食品与药品管理局也参与了这一政府角色的转变，并且比以往任何时候都表现得更为积极、活跃。管理局禁止了环己基氨基磺酸盐的出售，并威胁说还要禁止糖精的出售，这些都引起了广大公众的关注，但这些绝不是食品与药品管理局最重要的举动。

对于立法活动（1962 年的修正案可谓是这种活动的巅峰）旨在达到的那些目标，没有谁会表示不同意。保护公众，使其免受那些既不安全又无疗效的药品之害，这当然是一件好事。但是，促进新药品的开发，并且使那些需要这些药品的人能够尽快得到它们，同样也是一件好事。然而通常的情况总是，在众多良好的目标当中，某一目标与其他目标相冲突；对一方来说意味着安全和谨慎，对另一方来说很可能就意味着死亡。

问题的关键在于，食品与药品管理局能否将各种相互冲突的目标调和起来，并且以最好的方式调和起来。这些问题都已经研究得很详细、很透彻了。到目前为止，已有相当多的证据表明，食品与药品管理局的管制行为是"反生产效率的"，也就是说，因阻碍有价值的药物的生产和销售所造成的损失，大于因禁止有害或无效的药物的销售所造成的收益。

而且，食品与药品管理局的管制，对新药品的创新率造成的消极影响也是十分巨大的。自 1962 年以来，每年发布的"新化学药品"的数量减少了一半还多。同时，现在一种新药要想获得批准，所需的时间更长，从而在一定程度上加大了开发新药的成本。据估计，20 世纪 50 年代到 60 年代初，开发一种新药品并将其投入市场，所需的成本大约是 50 万美元，所需的时间大约是 25 个月。如果考虑自那时起的通货膨胀因素，那么现在开发一种新药的成本也不过是 100 万美元多一点。但实际上，1978 年"开发一种新药并将其投入市场，其成本大约是 5400 万美元，要花费的时间约为 8 年"，成本是原来的 100 倍，花费的时间是原来的 4 倍，而一般物价水平只上升了一倍。[11] 由此导致的结果便是，美国的制药企业无法再为那些疑难杂病的患者研制药物了，它们必须依靠大批量地生产和销售普通药物才能生存，且这种依赖程度日益加深。一直以来，美国在新药品开发方面都处于领先地位，但现在却大大落后了。并且，我们甚至不能从国外新药品研发当中获得好处，因为通常情况下，食品与药品管理局对国外的药物有效性鉴定并不认可。如此下去，最终的结果很可能和铁路客运行业一样，即对新药研制实行国有化。

由此导致了所谓的"药品时滞"问题，这一点在美国与其他国家可供药品的种类方面体现得尤为明显。罗彻斯特大学药品开发研究中心的威廉·沃德尔（William Wardell）博士对此进行了仔细的研究，研究结果表明，有些药品在英国有但在美国却没有，当然，有些药品在美国有在英国却没有，但是，前一种情况要比后一种更为常见。而且，即便某种药品在两国都有，一般来说它在英国上市的速度也要比在美国快。在 1978 年，沃德尔博士说：

我们仔细考察一下就会发现，某些很有疗效的药品在美国买不到，但在世界其他地方如英国却可以买到，结果，许多美国患者正是因为缺乏这些药品而在忍受病痛的折磨。例如，有一种称为贝塔封阻剂的药物在美国就买不到，现在人们发现，它能防止心脏病发作导致的突然死亡，也就是说，能够防止冠状动脉因心肌梗塞而导致病人死亡。假如在美国能买到这种药物，那么在一年中大约可以挽救上万条生命。在美国，1962 年修正案通过后的 10 年当中，没有一种医治高血压（即控制血压）的药物得到过批准，而英国却批准了好几种。在 1967~1972 年的 5 年期间，所有心血管类药物当中，仅有一种得到了批准。之所以会出现这种局面，食品与药品管理局组织结构上存在的各种问题是难辞其咎的。

　　患者受到的牵连还不止于此。在治疗方面，过去，医疗方案通常是由医生和患者共同议定，但现在却愈来愈多地由联邦一级的专家委员会来确定。这些委员会及其上级主管部门食品与药品管理局，行事决策从来都是偏重于避免风险。避免风险当然是好事，我们现在使用的各种药品比以前要安全得多了，但是这种做法带来的弊端是，很多有效的药品我们却买不到了。最近我从上述一些咨询委员会那里听到一些言论，很值得我们注意。这些委员会在考虑某些药品应不应当得到批准时经常说："患有如此严重的疾病的人不多，因此不必在市场上广泛出售这种药品。"如果你为全体国民的利益考虑，致力于将药品的毒害性最小化，那当然是一件好事；但是，如果你碰巧是"人数不多的病人"之一，也就是说你患上某种极为严重的疾病或某种极为罕见的疾病，那么你就自认倒霉吧。

　　如果上述情况均属实，那么，禁止某些危险药品上市，避免镇静剂悲剧的重演，由此带来的好处足以超过我们付出的代价吗？萨姆·佩尔兹曼（Sam Peltzman）从客观事实出发，对这个问题进行了最为仔细的研究，而且得出了明确的结论：这种做法带来的害处远超过好处。他指出："在1962年以前，市场机制对无疗效药物的出售者进行的惩罚似乎已经足够严厉了，几乎无须管制机构来除恶务尽。"[12] 毕竟，生产镇静剂的各制药厂家最终支付了几千万美元的赔偿费，这么高的代价，对于类似事件的重演可以说是一种足够强的抑制力了。当然，我们以后还会犯错误（镇静剂悲剧即是一例），只不过是在政府管制之下犯错误。

　　一般推论的正确性，在事实当中再次得到了证明。尽管食品与药品管理局的动机是良好的，但它实际上妨碍了那些可能非常有效的新药品的研制和销售，这绝不是偶然的。

　　假如你是食品与药品管理局的一名官员，负责审批某种新药，那么你可能会犯两种大不相同的错误：

1. 批准一种新药物，结果其副作用出乎意料，导致了大批人受到严重的伤害甚至死亡。

2. 拒绝批准一种药物，而事实上这种药物能拯救许多生命，或者能够缓解巨大的病痛，并且没有不良的副作用。

如果你犯的是第一种错误，即批准生产了一种类似镇静剂那样的药物，那么每家报纸就会在头版头条公布你的名字，使你颜面尽失。但如果你犯的是第二种错误，那又有谁会知道呢？生产和推广这种新药的制药厂商当然知道此事，但他们会被谴责为铁石心肠唯利是图的商人；研制这种新药的药剂师和医师也知道此事，但他们也不过就是发发牢骚表示失望而已。除此之外，没有人会知道这件事。对这类错误，那些本可以被这种新药挽救生命的人不可能提出抗议；其家属无论如何也不会想到，导致亲人丧命的原因，居然是食品与药品管理局一名素不相识的官员的"谨慎"。

事实是，几家出售镇静剂的欧洲制药企业受到了谴责和批判，而阻挠在美国批准使用镇静剂的那位女士——即弗朗西斯 O. 凯尔西（Frances O. Kelsey）博士，因其在政府服务方面的突出贡献而被约翰 F. 肯尼迪（John F. Kennedy）总统授予一枚金质奖章——则得到了人们的交口称赞而声名鹊起。面对这样的结果，你愿意犯哪种错误，恐怕也就没什么可犹豫的了。不管是你还是我，假如处在食品与药品管理局官员的地位上，我们就必定会倾向于拒绝或推迟批准许多好的药品，以避免批准一种具有副作用的药品而招来新闻媒体的批判，即便这种可能性微乎其微。

这种倾向可以说是必然的，而制药工业的反应进一步强化了这种倾向。这种倾向使得标准过于严格了，要想得到政府批准，就要花费更多的钱和更长的时间，也要冒更大的风险。研制开发新药品变得越来越无利可图；就算竞争对手在药物研发方面取得了新进展，自己也不像以前那么焦急了。现有的厂商和现有的各种药品，相当于受到保护而免受竞争，也没有多少新厂商愿意进入这一行业了，各家厂商的研发工作可能集中在那些争论最小、从而创新也最少的药物上。

一位同仁在 1973 年 1 月 8 日出版的《新闻周刊》的某一专栏上撰文指出，由于上面提到的种种原因，应该将食品与药品管理局取消。随后该栏目收到了一些来自药厂工作人员的信件，信中谈到了许多令人苦恼的经历，他们对食品与药品管理局阻碍药品发明这一说法表示认同。不过，大部分人仍然说道："我并不同意你的观点，我认为食品与药品管理局不应该取消，但是我确实认为它的权力应该"这样或那样地加以改变。

紧接着，该专栏刊登了一篇题为《汪汪叫的猫》的文章（1973 年 2 月 19 日），答复说：

如果有人说"如果猫能汪汪叫，我就愿意养一只猫"，对这种说法你会怎么看呢？这就好比是你说：如果食品与药品管理局的做法符合我的意愿，那么我就支持它。决定猫的特征的生物学法则，比起决定政府机构在其一旦建立后的活动的政治法则，并不更为严谨。食品与药品管理局活动的方式及其有害的后果，并非偶然的原因所造成，也不是人们容易改正的某种错误所造成，而恰好像喵喵的叫声同猫的本能有关系一样，是该管理局成立本身的结果。作为一个自然科学家，你承认不能任意把特征归因于各种化学和生物的实体，不能要求猫发出汪汪的叫声，也不能要求水燃烧起来。那你为什么假定在社会科学中情形就不同了呢？

人们总是认为，各种社会机构的行为是可以任意改变的，这是一种流布甚广的谬见，也正是大多数所谓的改革家所犯的根本性错误。正是这种错误，常常使改革家们认为过失在于人而不在于"制度"；他们提出的解决问题的方法是"赶走坏人"，让好人掌权。正是这种错误，使得各项改革措施仅能获得表面上的成功，随后便会荒腔走板。

食品与药品管理局带来的害处，并不是主管人的过失造成的（除非人类本身就是无能的）。他们大多是有才干的和忠实的公务人员。然而社会的、政治的和经济的压力对主管某一政府机构的人的行为的影响，要比他们对该机构活动的影响大得多。无疑会有例外，但例外是极少的——差不多像汪汪叫的猫那样稀少。

上述情况并不意味着有成效的改革是不可能的。但是，要使改革成功需要考虑支配政府机构活动的政治法则，而不要单纯责备政府官员效率低、浪费严重，或者怀疑他们的动机，觉得他们没有真正努力工作。《凯弗维尔修正案》改变了对公务人员的压力和刺激，在此之前，食品与药品管理局虽然也带来害处，但要比现在少得多。

■ 消费品安全委员会

消费品安全委员会作为例子说明了管制活动在过去 10 年左右的时间发生的变化。这个委员会跨越各个产业部门。它关心的主要不是价格或成本，而是安全。它拥有广泛的处理权限，并仅在最一般的授权条件下活动。

1973 年 5 月 14 日正式成立的上述"委员会，被授予特别权力，保护公众不因消费品具有过大危险而遭受伤害，帮助消费者评价这些产品的安全，制定有关消费品安全的标准，在联邦、州和地方各级把上述标准相互抵触的地方减少到最低限度，并调查研究消费品造成死亡、疾病和伤害的原因及其预防方法"。[13]

该委员会的权限适用于"任何物品及其构成部分，其生产和分配是为了卖给消费者……或是为了消费者使用、消费或享受"。不属于该委员会管制的是"烟草及烟草制品；汽车及汽车备件；药物；食品；飞机及飞机部件；某些船艇；以及其他一些物品"——所有这些差不多都属于其他管制机构如酒、烟和火器局；全国公路交通安全管理局；食品与药品管理局；联邦航空管理局和海岸警备队等的权限之内。[14]

虽然消费品安全委员会刚刚建立不久，但它很可能成为一个主要机构，这一机构对我们行将购买的产品和劳务说来，将具有深远的影响。对于各种产品，从安全火柴到自行车，从儿童们的玩具砸炮枪到电视接收机，从垃圾箱到圣诞树上的小灯泡，该委员会均进行检验并颁布安全标准。

提高产品的安全性显然是个很好的目标，但将为此付出多大代价，又将按照什么标准来衡量安全或不安全呢？"过大的危险"不能说是一个很科学的词，因为我们无法给它下一个客观的定义。对于儿童（或成年人）的听觉说来，砸炮枪发出多大分贝的声响构成"过大的危险"，我们认为砸炮枪的声响有危险，是因为有时看到训练有素而拿高报酬的"专家"在玩砸炮枪时戴着耳套，这根本不能使纳税人相信他们的钱花得是地方。同不够"安全"的自行车相比，一辆"较安全"的自行车可能速度较慢、较笨重又比较昂贵。消费品安全委员会在颁布标准时，根据什么尺度来决定自行车的最大速度和应有的重量，根据什么决定应花更多的钱来达到更大的安全？较安全的标准能带来较多的安全吗？还是只会促成使用者不太注意和不太留神？毕竟大部分自行车事故和类似的事故是由于人们的疏忽大意造成的。

大多数这类问题没有客观的答案——可是，在制定和颁布标准的过程中，这些问题无疑必须加以回答。这种回答将会部分地反映有关公务人员的任意判断，偶尔也反映消费者或消费者组织的评价，他们碰巧对有关产品具有特殊兴趣，然而多半是反映产品制造者的影响。一般说来，只有产品制造者对拟议的标准具有浓厚的兴趣，能够发表有见解的意见。的确，制定产品标准的工作大部分已移交给了各同业公会。毫无疑问，制定的标准将增进同业公会成员的利益，特别是保护他们不受国内外可能出现的新生产者的竞争。结果将加强现有的国内工厂主的竞争地位，使得研制新产品和改进老产品花费更大，困难更多。

当产品按照事情的正常发展进入市场时，就有机会进行反复的试验。无疑，会生产出劣等产品，会犯错误，会出现意料之外的缺点。但是，所犯的错误通常是小错误——不过也有一些大错误，如最近生产的燧石500号涂料车胎——而且可以慢慢纠正。消费者可以亲自进行试验，看自己喜欢哪些产品，不喜欢哪些产品。

当政府通过消费品安全委员会介入时，情形就不同了。在产品得到广泛试用和在实际使用中出差错之前，必须做出许多决定。产品的标准不能适应于不同的需要和爱好。它千篇一律地对待一切需要和爱好。消费者将不可避免地失去试验一系列可供选择的产品的机会。仍然会犯错误，一旦犯错误，就是大错误。

与消费品安全委员会有关的两个事例可说明这一问题。

1973 年 8 月，该委员会刚刚成立三个月，"就宣布某些牌子的雾喷粘胶剂具有直接的危险，禁止人们使用。该决定主要是根据某研究机构的一位研究人员的初步发现，这位研究人员认为粘胶剂会使孕妇生下有缺陷的孩子。由于更为彻底的研究无法证实最初的论断，该委员会在 1974 年 3 月解除了禁令"。[15]

这样迅速地承认错误是值得大加赞许的，并且对于一个政府机构说来是极其难得的。但最初的决定已经带来了危害。"看来至少有 9 名使用过雾喷粘胶剂的孕妇，做了人工流产，对该委员会的初步决定做出了反应。她们害怕生下有缺陷的孩子，因而决定停止怀孕"。[16]

一个严重得多的事例是所谓特里斯化学药品事件。消费品安全委员会成立后，负有实施 1953 年通过的《易燃纺织品法令》的责任，该法令企图减少因产品、纺织品及有关原料意外燃烧而引起的死亡与伤害。该委员会的前身于 1971年颁布了有关儿童睡衣睡裤的安全标准，这一标准在 1973 年年中被该委员会固定了下来。当时达到这一标准的最经济的方法是把一种名叫特里斯的能防止燃烧的化学药品加入布料之中。不久，在美国制造和销售的儿童睡衣睡裤约 99％含有特里斯。后来发现这种化学药物是一种很厉害的致癌物质。1977 年 4 月 8日，该委员会宣布禁止在儿童服装方面使用这种化学药品，并且要求从市场上收回用这种化学药品处理过的服装，要求消费者退货。

不用说，该委员会在其 1977 年的年度报告中，并没有承认正是它以前的行动造成了这种危险局面，没有承认它对此应负的责任，而是装出一副面孔，好像是它发现了这一问题，现在正由它来加以解决。最初的要求使千百万儿童面临得癌症的危险。最初的要求和其后禁止使用特里斯，两者都把大量费用强加给生产儿童睡衣睡裤的厂商，归根结底，意味着把费用强加给消费者们。可以说，最终一切费用都要落在消费者头上。

这个例子有助于说明全面管制和市场交易之间的区别。要是当时允许市场发挥作用，某些制造商无疑也会使用特里斯，使其产品具有抗燃性，从而增加对顾客的吸引力，但采用特里斯的进程将是缓慢的。在大规模采用这种化学药品之前，人们会发现它的致癌性质，因而停止使用。

■ 环境

联邦政府对环境问题的干预程度和范围近年来发展得尤为迅猛，对此，各种各样的环保运动起到了推波助澜的作用。环境保护局于 1970 年成立，旨在"保护和改善物质环境"，自成立以来，该部门被赋予的权力和权限越来越大。1970~1978 年，其预算翻了 7 倍，目前已超过 5 亿美元，拥有职员约 7000 人。[17]环保局要求各工业部门及各州、各地方政府达到它制定的各种标准，由此给它们带来的成本达每年数百亿之多。目前，在企业新增的资本设备净投资额中，大约有 1/10~1/4 用于防治污染。这还不包括为满足其他部门的种种要求所需支付的成本，如旨在控制交通工具尾气排放量的部门带来的成本，土地使用规划或野生动物保护部门带来的成本，以及联邦、州、地方政府以保护环境的名义给企业带来的成本。

保护环境和避免过度污染是一个现实问题，在这一问题上，政府确实可以发挥重大作用。当某种行为的全部成本和收益以及受益者或受损者容易确认时，市场机制可以非常有效地确保人们只采取这样的行动，这一行动对市场参与各方来说，都是收益大于成本。但是，当成本和收益不明确或受益者或受损者不易确认时，就会出现市场失灵，对此我们在第 1 章已经谈到过，这是"第三方"或毗邻效应造成的。

举一个简单的例子，假设，我们说某个居住在上游的人污染了河水，这实际上意味着，他是用脏水与居住在下游的人交换洁净水。住在下游的人很可能愿意根据某种条件进行交换，问题是，这种交换不可能是自愿的，因为我们无法确认究竟是谁得到了脏水，而且无法要求上游居民事先征得下游居民的同意。

政府确实是一种可以弥补"市场失灵"的手段，可以根据我们的意愿较为有效地利用各种资源生产出所需要的清洁的空气、水和土地。不幸的是，导致市场失灵的那些因素，也同样使政府难以找到一种满意的解决办法。一般而言，政府同市场参与各方相比，并不能比后者更容易确认谁是受益者谁是受损者，也不能比后者更容易估算出损益双方的收益和成本。利用政府来弥补市场失灵，往往是以政府失灵代替了市场失灵。

公众在讨论环境问题时，往往容易感情用事，而不是进行理智的思考。在许多讨论中，好像问题是要么有污染，要么没有污染，似乎应该有而且可以有一个不存在污染的世界。这显然是毫无意义的空想。一个人只要认真思考过这一问题，就不会认为完全无污染的局面是可取的，也不会认为这是可行的。我们可以彻底杜绝汽车尾气对空气的污染，只要废弃所有的汽车即可。但这样一来，我们就无法拥有现有的工农业生产力，由此我们大多数人的生活水平就会急剧下降，许多人可能就会因此而活不下去。再有，大气污染的主要因素之一就是人类呼出的二氧化碳，我们可以直截了当地终止这一污染源（大家都不要呼吸），但这显然是得不偿失的。

正如我们要想得到其他好东西都要付出成本一样，得到清洁的空气也是要付出成本的。我们的资源是有限的，因而在减少污染带来的收益和付出的成本之间进行权衡。此外，"污染"并非一种客观现象，对甲来说是污染，对乙来说则可能是享受。对我们某些人来说，摇滚乐不啻是一种噪音污染，而对另一些人来说，却是一种享受。

问题的关键不在于"消灭污染"，而在于用什么方法能够使污染水平"适当"，"适当的"污染水平是指：在这一污染量之下，减少污染得到的收益刚好大于为减少污染而必须放弃其他好东西（如房屋、鞋子、上衣等）所付出的代价。在这一污染水平之下，如果我们继续减少污染，付出的代价就会大于得到的收益。

此外，人们往往从道德善恶的角度来考虑污染问题，这是妨碍我们理性地分析环境问题的又一障碍。人们认为，似乎总有一些怀有恶意的坏人，他们心肠很黑，故意把污染物排入大气当中。因此，污染是一个与动机有关的问题，只要我们当中那些高尚的人愤怒地站出来制服这些坏人，一切就会好起来。指责和谩骂，总是比理性而细致的分析要容易得多。

就污染问题来说，人们往往把"工商企业"（即生产商品和劳务的企业）斥为邪恶的罪魁祸首。事实上，应该对污染负责的人是消费者而不是生产者，正是消费者创造了对污染的需求。对于从发电厂的烟囱冒出来的烟尘，应该负责的是用电的人。如果我们既要用电又要减少污染，我们就必须以直接或间接的方式支付很高的电费，以此来补偿额外的成本。获得更加清洁的空气、水和其他一切资源所支付的费用，最终必须由消费者来承担，没有人会为此付账。企业只是一种中介，它只是协调消费者和生产者的活动。

控制污染和保护环境带来的收益和成本往往落在不同的人身上，从而使问题大大复杂化了。例如，从生态保护区面积的增加、江河湖泊水质再生能力的改善或者市内空气污染物的减少等方面得到收益的人，通常和那些因为食品、钢铁或化学制品的成本增加而受到损害的人不是同一群人。我们一般的感觉是，因减少污染而得益最多的人，不论在经济上还是在文化教养上，都比因允许较多的污染，从而使物品的成本较低而得益最多的人要强。后一种人宁愿要较便宜的电力，也不要较清洁的空气。董事法则在控制污染方面仍然起作用。

总地说来，政府在控制污染方面采用的方法，同政府在管理汽车运输、食品和药物，以及增进产品安全等方面采用的方法是一样的。为控制污染，建立了一个拥有处置权力的政府管制机构，该机构颁布了私人企业、个人以及州和地方团体必须遵守的各项规章制度，由上述机构和各级法院确保各项规章制度的贯彻实施。

这种控制污染的方法不能有效地确保成本与收益相等。由于完全依靠强制命令的方法解决问题，这种方法造成的局面是，谁违反规定谁受惩罚，而不是买与卖；是对与错，而不是多与少。而且，它具有和其他领域中的管制方法相同的缺点。受管制的人或机构卖力去做的，不是花费人力物力达到政府规定的标准，而是对政府官员施加影响，以获得对他们有利的规定。另外，管制人员的自身利益同保护环境的基本目标关系极少。正如官僚统治下的一般情况那样，广为分散的个体利益受到漠视，集中起来的利益则备受照顾。过去，所谓集中起来的利益一般是指商业企业，特别是规模巨大、有权有势的企业。最近，除大企业外，又增加了一些组织得很好、自称代表"公共利益"的集团。这类集团自称代表某类群体的利益，而该群体可能对它们的存在一无所知。

大多数经济学家认为，和现有的专门的管制与监督方式相比，一种有效得多的控制污染的方法是对排出物征收费用，让市场规律起作用。举例来说，可以对排出的每单位废物征收特定数额的税金，而不是要求各厂商建立专门处理废物的工厂，也不是要求它们排入江河湖泊的水必须达到特定的标准。这样一来会刺激厂商采用最经济的方法减少排出物。同样重要的是，采用这种方法可以客观地衡量出减少污染的费用。如果低额税率导致污染大量减少，那将明确告诉我们，允许排出污染物几乎得不到什么好处。另一方面，如果征收高额税仍有大量污染物排出，那将表明相反的情形，但高额税将提供足够的金额赔偿受损失的人或者消除损失。税率本身应随着费用和收益的变化而变化。

和管制一样，废物排放税将自动地把费用加到对污染负有责任的产品使用者身上。那些减少污染花费大的产品，相对于减少污染花费小的产品，价格将上升，正如现在那些因管制活动而被征收重税的产品相对于其他产品价格上升一样。前一类产品的产量将上升，后一类产品的产量将下降。废物排放税和管制之间的区别在于，废物排放税将以较低的费用更有效地控制污染，而且给不造成污染的活动带来的负担较少。

A. 迈里克·弗里曼三世（A. Myrick Freeman Ⅲ）和罗伯特 H. 哈夫曼

（Robert H. Haveman）在一篇出色的文章中写道："我国不采用经济刺激的方法，是因为该方法行之有效，这样说并非完全开玩笑。"

正如他们所说的，"结合环境质量标准建立污染税制度，会解决有关环境方面的大部分政治冲突，而且将光明正大、堂堂正正地解决这些冲突，让这一政策的受害者都知道发生了什么事。制定政策的人们力图避免的正是这种光明正大、堂堂正正的作风"。[18]

上面我们非常简要地论述了一个极其重要而影响深远的问题。最后我们指出这样一点也许就够了：在政府根本不应发挥作用的领域中——如在汽车货运、铁路运输和航空运输的价格确定及路线分配中——政府管制所遇到的种种困难，在政府应发挥某种作用的领域中也出现了。

建立污染税制度也许还会导致人们重新看待市场机制在某些领域中的作用，在这些领域中，人们一般认为市场机制起的作用是不理想的。毕竟，不理想的市场可能和不完善的政府干得一样好，或者更好一些。在控制污染方面，重新看待市场机制的作用会带来许多意想不到的事情。

假如我们看一看现实而不是书本上的词句，那么同100年以前相比，今天的空气一般说来要清洁得多，水也比较卫生。现在，比起落后国家，在世界先进国家中空气较为清洁，水也较为卫生。工业化产生了各种新的问题，但是它也提供了解决一些重要问题的手段。汽车的发展确实增加了一种污染形式——但它却基本上结束了人们更不喜欢的一种污染形式。

■ 能源部

1973年，石油输出国组织（欧佩克卡特尔）对美国实行禁运，由此引起了一系列能源危机，加油站也常常发生排队的现象，从那时起，能源问题一直让我们很伤脑筋。政府的反应是，接二连三地成立官僚机构以控制和管理能源的生产及使用，最终在 1977 年成立了能源部。

　　政府官员、报纸报道和电视台时事评论员，都惯于把能源危机的归咎于石油工业的贪得无厌、消费者的铺张浪费、气候的恶劣或者阿拉伯各国的酋长们。但实际上，这些因素对能源危机都没有责任。

　　石油工业毕竟早就诞生了，并且一向都是贪得无厌的；消费者也没有理由突然变得浪费起来；我们过去也有严酷的冬天；至于阿拉伯各国的酋长们，自从阿拉伯世界出现以来，他们就一直在追逐财富。

　　用上述那些愚蠢的解释在报纸上和广播中大放厥词的人一向精明世故，但他们似乎从来没有想过这样一个简单的问题：在 1971 年以前的一个多世纪当中（除第二次世界大战期间外），为什么都没有发生过能源危机，没有发生过汽油短缺，没有发生过关于燃油的问题？

　　出现能源危机的原因是由政府造成的，当然，政府并非故意要造成这一危机。尼克松、福特和卡特三位总统从来没有授意国会，请求其制定导致能源危机和使人们排长队买汽油的法案。但凡事总要看其两面，自从尼克松总统于 1971 年 8 月 15 日冻结工资和物价以来，政府就对原油、零售汽油以及其他石油产品强行制定了最高限价。令人遗憾的是，正当我们取消对其他所有产品的最高限价时，石油输出国组织在 1973 年却把原油价格翻了两番，这妨碍了美国对石油及其产品取消最高限价。对石油产品规定最高法定价格是一个关键因素，在第二次世界大战期间和 1971 年以来都出现过。

　　经济学家可能并非万事通，但至少有一点我们很清楚，即怎样能够造成产品过剩和产品短缺。你想要产品过剩吗？只要让政府通过法律规定最低限价，使这一价格高于在没有政府干预下的市场价格即可。我们曾多次采用这种方法使小麦、食糖、黄油以及其他许多农产品出现过剩。

你想要产品短缺吗？只要让政府通过法律规定最高限价，并让这一价格低于在没有政府干预下的市场价格即可。这就是纽约市以及近来其他城市对出租住宅的租金采取的管制办法，并且，这也正是这些城市正在遭受或即将遭受住房短缺之苦的原因。这正是第二次世界大战期间导致各种产品短缺的原因，也是目前出现的能源危机和汽油短缺的原因。

只需一个简单的方法，即可在明天就结束能源危机和汽油短缺；注意，我们指的是明天，不是 6 个月之后，也不是 6 年之后。这方法便是，废除对原油和其他石油产品的一切价格管制。

政府的其他误导性政策，以及石油输出国组织的垄断行为，可能使石油产品继续保持高昂的价格，但不会导致现在我们所面临的漫无组织、一团混乱的局面。

这一解决办法还能降低消费者的成本，我们指的是实际成本，这可能会令人感到惊讶。每加仑[⊖]汽油的价格可能会上涨几美分，但消费者再也不用为排队和寻找加油站浪费时间和汽油了，也不用为能源部每年的预算付款（纳税）了。1979 年，能源部的预算高达 108 亿美元，平摊到每加仑汽油上，约合每加仑 9 美分。

这一解决方法既然如此简单有效，为何没有被采用呢？在我们看来，是出于两个基本原因，一个是一般的原因，另一个是特殊的原因。要使接受正规训练的经济学家以外的大多数人了解价格机制的作用原理，似乎是不可能的，这无疑会使每一位经济学家感到失望。记者和电视台评论员，似乎对他们在大学一年级学过的那些经济学基本原理尤为抵触。其次，废除价格管制无异于戳穿了皇帝的新装，将会使人们明白，能源部 20 000 名雇员的所作所为，原来不仅无用，而且有害。有人甚至可能会想：要是压根就没有能源部该多好！

卡特总统宣称，政府必须制订一项生产合成燃料的庞大计划，否则到 1990

⊖　1 加仑 =3.785 41 立方分米。

年美国的能源将被耗尽。这一主张又如何呢？这还是一种谬见。正是由于政府
对自由市场机制这一有效的解决办法处处加以阻挠和压制，才使人们觉得只有
政府制订计划才是一种解决办法。

根据长期贸易协议，我们从石油输出国组织的购买价格是每桶约 20 美元，
在现货市场（立即交货的市场）上，我们支付的价格甚至比这还要高，可政府
却强迫国内生产者按每桶 5.94 美元的低价出售石油。政府对国内的石油生产征
税，用来补贴从国外进口石油。我们从阿尔及利亚进口的液化天然气的购买价
格，比政府允许国内天然气生产者所收取的价格要高出一倍还多。在环保问题
上，政府对能源的使用者和生产者都加以严格的限制，很少考虑或者根本不考
虑由此产生的各种经济成本。各式各样的规章制度和行政过程中的繁文缛节，
使建立发电厂（不论是以原子核、石油还是煤炭为原料）所需的时间一再拖长，
也使充足的煤炭投入生产所需要的时间一再拖长，并且使成本成倍地上升。种
种"反生产率的"政府政策，严重地压制了国内的能源生产，使我们比过去任
何时候都更加依赖于石油进口，尽管卡特总统说过："仰仗一条跨越半个地球的
油轮运输线是很危险的。"

1979 年年中，卡特总统提出了一项为期 10 年、耗资 880 亿美元的生产合
成燃料的庞大政府计划。让纳税人为产自油页岩的石油直接或间接支付每桶 40
美元或更高的价格，同时却禁止国内油井所有者对某些种类的石油收取高于
每桶 5.94 美元的价格，这样做合理吗？或者，正如爱德华 J. 米切尔（Edward
J.Mitchell）在《华尔街日报》（1979 年 8 月 27 日）上发表文章中指出的："我
们倒要问一问……就算我们花了 880 亿美元，能在 1990 年生产出一定数量每桶
40 美元的合成石油，这又怎么能够'保护'我们当前（或是 1990 年）免受欧
佩克每桶 20 美元的石油之害呢？"

从油页岩、含油砂层等提炼燃料，当且仅当这种方法比其他方法更加便宜
的时候，这样做才是有意义的，当然，前提是把全部成本都考虑进来。确定上
述方法是否便宜最有效的机制便是市场机制。如果这种方法果真便宜的话，那

么谋求自利的私人企业对此进行开发就将是有利可图的，前提是它们既能获取利益同时更要承担成本。

仅当私人企业确信将来价格不会受到管制的时候，它们才能够期望获取收益。否则私人企业就相当于是在赌博，而且"左右都是输"。这就是现在的情形：假如价格上升，各种管制措施和"暴利税"便会悄然出现；假如价格下降，私人企业就要两手空空。正是这种前景削弱了自由市场机制，从而使卡特总统的政府计划成了唯一的选择。

仅当私人企业不得不为破坏环境而付出代价时，它们才会承担所有的成本。达到这一效果的正确方法是对排放物征税，而不是让某一政府机构任意制定各种标准，随后又建立另一个机构来杜绝前一个机构的拖沓作风。

对于私人企业发展各种替代性燃料来说，价格控制和管制的威胁是唯一重要的障碍。有人说，发展替代性燃料风险太大，资本成本太高。这纯属无稽之谈，冒险正是私人企业的本质所在。把风险强加给纳税人而不是资本家，并不能消除风险。阿拉斯加的输油管表明，私人市场完全能够为有前途的工程筹集巨额资金。派遣税务员到处征税，并不能增加国家的资本金，与其这样还不如让股票市场使这些资金运作起来。

说到底，最后还是人民为我们消费的能源付账。假如我们采取直接付账的方法，并能够自己决定怎样使用能源，而不是通过纳税和通货膨胀等间接形式付账，也不是由政府官僚告诉我们应该怎样使用能源，那么，我们为所消费的能源支付的总金额将会少得多，得到的能源将会多得多。

■ 市场

我们这个世界是不完美的，总会有质量低劣的产品、庸医和骗子。但总地看来，如果允许市场竞争机制起作用的话，与日益强加到市场机制上的政府机制相比，市场将能更好地保护消费者。

我们在本章开头引用过亚当·斯密的一段话，正如他所说，竞争保护消费者不是因为商人比官僚们心肠更软，不是因为商人有更多的利他主义思想，或更加慷慨大方，也不是因为他们更有才能，而只是因为为消费者服务正是为他们自己的私利服务。

假如一名店主向你出售的商品比其他店主出售的商品质量低或价格高，你就不会继续光顾他的商店了。假如他买来出售的商品不合你的需要，你就不会购买。因此，商人们会在全世界搜寻能满足你的需要、受你欢迎的各种产品。而且，他们会极力推销其商品，否则的话他们就会破产。你走进一家商店，没有人强迫你买什么。你可以随便买哪一样东西或者到另一家商店去。这是市场和政治机构之间的本质区别。你能够自由选择。没有警察从你口袋里掏钱去为你不想要的某样东西付款，没有警察要你去做你不想做的事。

然而，鼓吹政府管制的人会说，如果没有食品与药品管理局，怎么能防止企业出售假冒伪劣产品或有危险的产品呢？其实，正如万灵磺胺、镇静剂以及其他许多不太为人所知的事故所表明的，出售这类产品的代价是非常高昂的。这是一种非常低劣的做生意的手段，而不是招揽忠实而可靠的顾客来做生意。当然，如果没有食品与药品管理局，会出现各种差错和事故，但正如特里斯事件所表明的，政府管制并不能阻止事故的发生。区别在于犯严重错误的私人企业可能会破产，而犯严重错误的政府机构则很可能因此而得到更多的预算。

只要无法预测不利情况的出现，就肯定会出现一些差错和事故，但同私人企业相比，政府并没有更好的方法来预测不利情况。防止差错和事故的唯一方法是停止前进，但停止前进也就消除了出现意想不到的有利情况的可能性。

鼓吹政府管制的人还会说，没有消费品安全委员会，消费者怎么能判断各种复杂的产品的质量呢？市场的回答是，消费者无须自己做出判断。他有一些可以依赖的对象，其中之一就是中间人。例如，百货公司的主要经济职能是根据我们的利益检查质量。我们购买的东西很多,一个人不可能对所有东西都懂行,即便是衬衫、领带或鞋子等最平常物品,我们有时也不能正确地判断其质量。如果我们买了一件不好的东西,我们多半会退给出售商品的零售商,而不会退给工厂主。在判断产品质量上,零售商所处的地位远比我们优越。同百货公司一样,西尔斯公司、娄巴克公司和蒙特文梅里·沃德公司不仅是销售机构,而且是为消费者有效地检验和证明产品质量的机构。

另一种可以依赖的市场手段是商标的声誉。通用电气公司、通用汽车公司、西屋电气公司、劳斯莱斯公司为了自身的利益,都要获得生产安全可靠的产品的声誉。这是它们"信誉"的源泉,作为一家公司,这种信誉甚至比厂房设备更有价值。

还有一个手段是私人检验组织。这样的检验组织在工业部门中是很普遍的,并在证明大量产品的质量方面起着极其重要的作用。对于消费者来说,有像消费研究会一类的私人组织,该研究会创立于 1928 年,并仍在它每月出版的《消费研究》杂志上评价各种各样的消费品;还有 1935 年建立的消费者联合会,它出版《消费通讯》。

消费研究会和消费者联合会都很成功,有充足的资金雇用大批人员,其中包括工程师以及经过训练的检验人员和办事人员。可是,在将近半个世纪之后,它们至多只能吸引 1% ~2% 的可能的追随者。这两个组织中规模较大的消费者联合会现在拥有大约 200 万名会员。它们的存在是市场对消费者需求的一种反应。它们的规模很小,而且没有出现其他类似的机构,这表明只有少数消费者需要这类机构,并愿意为它们提供的服务付钱。大多数消费者一定正在从其他方面得到他们所需要的指导,并愿意为此支付费用。

有人宣称消费者会被广告牵着鼻子走,这一论断又如何呢?正如许多耗资巨大的广告宣传的可耻失败所表明的,我们的回答是消费者不会被广告牵着鼻子走。埃德塞尔牌汽车是福特汽车公司生产的一种最不受欢迎的汽车,但该公司却开展大规模的广告宣传运动推销这种汽车。从根本上说,广告是做生意的一种成本，企业家都想从付出的钱中得到最大的好处。设法满足消费者真正的需要和愿望，比起试图制造人为的需要和愿望，不是更为合理吗？的确，同制造人为的需要相比，向消费者出售满足他们现有需要的商品，一般是比较便宜的。

一个极好的例子是所谓人为制造出来的要求改换车型的愿望。可是，尽管开展了耗资巨大的广告宣传运动，福特汽车公司终究没能使埃德塞尔牌汽车成为畅销货。市场上总是有一些不经常改换车型的小汽车，如美国制造的苏珀巴牌小汽车（这种汽车是奇克牌出租汽车的仿制品）以及许多外国小汽车，但它们所能吸引的顾客一直不过是很少的百分之几而已。如果不经常改换车型的汽车是消费者真正需要的，则制造这种汽车的公司就会兴旺起来，同时其他公司也会仿效它的做法。多数批评意见都反对广告，不是因为广告操纵了人们的嗜好，而是因为一般公众具有浮华庸俗的嗜好，即同批评意见不一致的嗜好。

无论如何，我们不能光凭想象下结论，应该对各种可供选择的方法进行一番比较，即要货比货。如果商业广告是骗人的，那么，不要广告或者政府对广告加以控制，是否更为可取呢？至少私人商业方面有竞争，你做广告，我也可以做广告，而一牵涉到政府，就比较难于做到这一点了。政府也从事广告宣传。政府拥有数以千计的与公众联系的代理人，他们用最动听的语言介绍政府的产品。同私人企业的广告宣传相比，政府的广告宣传更具欺骗性。我们只要看一看财政部为出售其储蓄债券进行的广告宣传就够了。美国财政部为了出售储蓄债券特地印制了一种宣传卡片，由各家银行分发给广大顾客，上面印有以下劝人进行储蓄的话："美国储蓄债券……多么伟大的储蓄方式！"可是，在过去十几年里，凡购买储蓄债券的人都上了当。他在债券到期所得到的金额，同他购买公债所付出的金额相比，只能购买更少的商品和服务，同时他还得为不利的"利息"纳税。所有这一切是通货膨胀造成的，而通货膨胀则是向他出售债券的政府造成的。然而，财政部却继续散发上述宣传卡片，为储蓄债券做广告，宣称储蓄债券可以"增进个人安全"，是"自行增值的礼物"。

有人说垄断的威胁导致了国会颁布各项反托拉斯法令，这种说法怎么样呢？垄断的确是一种威胁，消除这种威胁的最有效的方法，不是在司法部下面设立更为庞大的反托拉斯机构或者给联邦贸易委员会拨更多的款，而是废除阻碍国际贸易的各种现有的关卡。这样，来自全世界的竞争将比各项反托拉斯法令更有效地削弱国内的垄断。英国的弗雷德·莱克无须从美国司法部取得帮助就可以破坏航空公司的卡特尔。日本和联邦德国的汽车制造商迫使美国的汽车制造商生产较小型的轿车。

对消费者的最大威胁是垄断——不论是私人的还是政府的垄断。保护消费者的最有效的方法是国内的自由竞争和遍及全世界的自由贸易。要想使消费者不受单一的卖主的剥削，就必须存在其他的卖主，消费者能向他购买，而他也希望卖东西给消费者。在保护消费者方面，可供选择的办法要比全世界所有的拉尔夫·纳德之流提出的办法有效得多。

■ 结论

"流泪的日子即将过去。贫民窟将只是昔日的回忆。我们将把牢房变成工厂，使监狱变成仓库和粮仓。男人挺起胸膛，女人面带微笑，孩子蹦蹦跳跳。地狱将一去不复返"。[19]

著名的福音传教士和禁酒运动的领导人比利·桑戴（Billy Sunday），就是以上面一段话迎接 1920 年禁酒运动的开始的。这场运动是在第一次世界大战末人们突然发现真正的道德标准的情况下开展起来的。它清楚地告诉我们，目前的道德觉醒，即目前开展的保护大家不受自身侵害的运动将向何处发展。

禁酒运动是为了我们自身的利益开展起来的。酒是一种危险物，每年饮酒过度而丧生的人数，往往超过食品与药品管理局管制的所有危险物毒死的人数。但是，禁酒运动究竟导致了什么样的结果呢？

结果是谁喝酒谁就犯有违反国家法令罪，从而政府只能建造新的牢房和监狱以收容罪犯。艾尔·卡彭（Al Capone）及巴格斯·莫兰（Bugs Moran）二人可谓臭名昭著，他们谋财害命，敲诈勒索，拦路抢劫，并且非法酿酒卖酒。那么，谁是他们的顾客？谁买他们非法供应的酒呢？向他们买酒的正是一些受人尊敬的公民，他们绝不会赞同或参与艾尔·卡彭及其同伙干的那种罪恶勾当，他们只是想喝一点酒。为了喝上一点酒，他们不得不违反法律。禁酒运动没有能阻止人们饮酒，它只是使许多在其他方面遵纪守法的公民变成了违法者，给饮酒这件本来很平常的事披上了一层神秘的外衣，从而吸引了许多年轻人。它压制了许多具有制裁作用的市场力量，这些力量通常可以保护消费者不受质量低劣的、弄虚作假的以及有危险的产品的损害。它腐蚀了向法律诣佞之徒，并使道德风尚败坏，但并没有阻止酒的消费。

目前，在禁止使用环己基氨基磺酸盐、DDT 和苦杏仁苷等问题上，还远未造成上面那种状况。可是，我们正朝着那个方向前进。食品与药品管理局禁止出售的药品，其交易已经出现了某种灰色市场；在美国不能合法购买的药品，人们已开始到加拿大或墨西哥购买，就像禁酒运动期间人们为了购得一点合法的酒一样。许多认真负责的医生感到自己处于进退两难的窘境：要么使用解除病人痛苦的药品而违反法律，要么不使这种药品而严格遵守法律。

如果我们继续在这条路上走下去，那么终点就是十分明确的。如果政府有责任保护我们免受危险物质的侵害，那么照此逻辑，烟、酒均应在禁止之列。如果应该由政府保护我们在骑自行车和玩砸炮枪时免遭危险，那么照此逻辑，滑翔、骑摩托和滑雪等更加危险的运动就更应禁止。

甚至主管各管制机构的人想到这种前景，也会感到震惊。就其他人说来，对于控制我们行为的更为极端的尝试，如要求汽车安装拉环锁、禁止生产糖精等，公众的反应充分证明：我们丝毫不需要这种政府管制。假如政府真的能够掌握一般人无法得到的、有关我们食用的东西或从事的活动的利弊的信息，那么政府就应该向我们提供这些信息。不过，政府最好还是听任我们自由选择，让我们自己决定自己的命运。

■ 注释

1. Marcia B.Wallace and Ronald J.Penoyer, "Directory of Federal Regulatory Agencies," Working Paper No.36, Center for the Study of American Business, Washington University, St.Louis, September 1978,p.ii.

2. *Evaluation of the 1960-1963 Corvair Handling and Stability* (Washington,D. C. : U.S.Department of Transportation, National Highway Traffic Safety Administration, July 1972), p.2.

3. See Mary Bennett Peterson, *The Regulated Consumer* (Los Angeles : Nash Publishing, 1971), p.164.

4. Matthew Josephson, *The Politicos* (New York: Harcourt Brace, 1938), p.526.

5. Thomas Gale Moore, "The Beneficiaries of Trucking Regulation," *Journal of Law and Economics*, vol.21 (October 1978), p.340.

6. Ibid., pp.340, 342.

7. Gabriel Kolko, *The Triumph of Conservatism* (The Free Press of Glencoe, 1963), quotation from p.99.

8. Richard Harris, *The Real Voice* (New York: Macmillan, 1964), p.183.

9. William M.Wardell and Louis Lasagna, *Regulation and Drug Development* (Washington, D.C. : American Enterprise Institute for Public Policy Research, 1975), p.8.

10. Sam Peltzman, *Regulation of Pharmaceutical Innovation* (Washington, D.C. : American Enterprise Institute for Public Policy Research, 1974), p.9.

11. Estimates for 1950s and early 1960s from Wardell and Lasagna, *Regulation and Drug Development*, p.46; for 1978, from Louis Lasagna, "The Uncertain Future of Drug Development," *Drug Intelligence and Clinical Pharmacy*, vol.13 (April 1979), p.193.

12. Peltzman, *Regulation of Pharmaceutical Innovation*, p.45.

13. U.S.Consumer Products Safety Commission, *Annual Report*, *Fiscal Year* 1977 (Washington, D.C., January 1978), p.4.

14. Wallace and Penoyer, "Directory of Federal Regulatory Agencies," p.14.

15. Murray L.Weidenbaum, *The Costs of Government Regulation*, Publication No.12（St.Louis：Center for the Study of American Business, Washington University, February 1977）, p.9.

16. Ibid.

17. Wallace and Penoyer, "Directory of Federal Regulatory Agencies," p.19.

18. A.Myrick Freeman III and Ralph H.Haveman, "Clean Rhetoric and Dirty Water," *The Public Interest*, No.28（Summer 1972）, p.65.

19. Herbert Asbury, *The Great Illusion*, *An Informal History of Prohibition*（Garden City, N.Y.: Doubleday, 1950）, pp.144-145.

第 8 章

谁在保护工人

Free to Choose

在美国以及其他经济发达的社会中，普通工人的工作条件在过去的两个世纪中有了显著的提升。如今很少有人还在从事那些艰苦繁重的体力劳动，而这在一个世纪前，以及目前全球的大部分其他区域仍旧是一个普遍现象。工作环境日益改善，工作时间逐渐缩短，休假以及其他相关福利都不再是种奢望。收入的显著提高使得普通家庭也可以过上曾经那些达官贵人才能享有的富裕生活。

如果进行一次盖洛普民意测验，问及"是什么部门或组织的努力使得工人的生活和工作环境得以改进"，虽然有人会回答"没有这样的部门或组织"或者"不知道"抑或"不曾想过"，但是最有可能出现的两个答案，必然首先是"工会"，其次是"政府"。可是，美国及其他西方国家之前的两个世纪的历史证明，这两个答案是错误的。

在大部分的历史时期中，工会在美国的社会影响微乎其微。在1990年，工会成员只占工人总数的3%。直至今日也只有不足1/4的工人加入了工会。所以，工会显然不是工人的生活和工作条件得以改善的原因。

至于政府，情况类似。在罗斯福新政实施之前，美国政府，尤其是中央政府在对经济进行调控和管理方面几乎没有发挥过作用。虽然政府在自由市场体系的建设中扮演了重要角色，但是很明显，工人生活和工作水平的普遍提升并不能归功于它的直接领导。

当今，对于究竟"谁是工人的生活和工作环境得以改进的功臣"，大部分工人赞同的答案是"没有这样的部门或组织"。

■ **工会**

将"劳方"作为"工会"的同义词，是一种目前在生活中很常见的、严重的词语误用，例如在一些报告中使用"劳方反对"这样的词语，或者在拟定法律时以及立法的程序中使用"劳方"的提案如何如何。这样的做法，犯了两种错误。首先，在美国有 3/4 以上的工人并非工会成员。即便是在工会势力远远强于美国的英国，大部分的工人也没有加入工会。其次，把工会会员的价值取向认定为整个工会的价值取向也是一种错误。虽然对于大部分的组织来说，在大部分的时间里，组织成员的期望目标与组织本身的期望目标是相关的，甚至是密切相关的，但是有足够多的案例表明，工会中的高层常会通过一些合法的程序或者滥用、挪用工会基金的方式谋取私利，这警告我们不要不自觉地把"工会"的利益同"工会会员"的利益等同起来，更不用说把工人整体的利益与工会的利益等同起来了。

目前，工会的作用和影响被普遍高估了，而这种词语上的误用既是这一趋势的原因也是这一趋势的结果。工会每次采取的措施或行动都会受到普遍关注并具有很高的新闻价值，他们常常会成为夜间电视新闻的头版头条或者整篇报道的对象。而决定美国大多数工人工资的"市场上的讨价还价"（亚当·斯密），则明显缺乏透明度，并不怎么引起关注，鉴于此，其重要性也被严重低估。

这种词语上的误用同样使得人们误以为工会是现代工业发展的产物，其实并非如此。相反，工会的发展可以追溯到工业革命以前的封建时期，城市和城邦内商人和手工业者的特有组织形式，即行会。事实上，现代工会的一些特征甚至可以追溯到更久之前，例如 2500 年前希腊的医生们达成的协议。

希波克拉底（Hippocrates），世界公认的现代医学奠基人，于公元前 460 年出生在科斯岛，一个距离小亚细亚海岸几英里的希腊小岛。科斯岛在当时经济繁荣，同时是希腊的医学中心。在研学了一段时间的医学之后，希波克拉底一面游历，一面行医，以其卓越的医术获得极高的声誉，尤其是他在治愈瘟疫和传染病方面的显赫功绩。在此之后，他回到科斯岛，在那里建成并亲自管理一个收治病人同时开展教学的医学院校。他接收所有愿意学习医学同时缴纳学费的学生。这个医务教学中心很快就享誉整个希腊，吸引了各方的学生、病人和医务工作者。

相传，希波克拉底在 104 岁时病逝，当时他的学生和追随者遍布科斯岛，他们全部是从医人员。所以对病人的争夺越发激烈，在这种情况下自然就会出现某种协同运动——用现代术语来说就是将规则"合理化"，以消除"不公平竞争"。

同样，相传在希波克拉底死后的 20 年左右，医疗工作人员一起完成了一份行为准则，并命名为希波克拉底誓言。此后，在科斯岛以及越来越多的世界其他地方，每一位接收完医学培训的医师在从医之前必须宣读希波克拉底誓言。这一习俗一直沿用至今，成为美国绝大部分医学院毕业典礼中必不可少的一个环节。

类似于其他的职业法规、商业贸易协议以及工会合约，希波克拉底誓言充满了对于保护病人的美好愿望："我要竭尽全力，采取我认为有利于病人的医疗措施……无论进入谁家，只是为了治病，不为所欲为……"

但是该誓言中也包含着一些同上述精神不相符的内容，例如："对于我所拥有的医术，无论是能以口头表达的还是可书写的，都要传授给我的儿女，传授给恩师的儿女和受过正式训练并宣过誓的人；除此三种情况外，不再传给别人。"现在，我们把这种做法称作封闭式雇佣制度（即只雇用某一工会会员的制度）的前身。

在面对饱受结石困扰的病人时，有这样一条誓言："即便是结石患者，我也不会为他做手术，但是我会把手术留给治疗结石的医生去做。"[1] 一份典型的内外科医生之间分割市场的协议。

我们可以猜想，当医学院的毕业班宣誓时，希波克拉底在九泉之下定然不得安宁。当年，他曾经把知识传授给每一个对医学感兴趣并且愿意交付学费的人。而从那个年代至今，医生们逐渐通过采用限制工作领域的方式避免竞争从而自我保护，对于此，大概希波克拉底本人也会强烈反对吧。

很少有人将美国医学会认定为一种工会。人们认为它的作用远远超出了普通工会的范围。它为自己的成员以及整个医学界提供重要的服务。但是，它的确就是一个工会，并且以我们现有的判断标准来衡量，它可以被认定为全国最成功的几个工会之一。在过去的几十年中，它缩减了医生的数量，提高了医疗服务的费用，以帮助病人的名义阻止了来自其他领域的人同"发誓遵守本誓言的学生"之间的竞争。对于此观点，本书不必重复，医学界的负责人对于"该行业的高准入门槛可以帮助病人"这一信念是多么的忠贞不渝。现在，人们普遍有这样一种理解：我们必须相信凡是符合我们自身利益的就是符合社会利益的。

随着政府对医疗事业的影响日益加大，并且在为其大部分的成本费用买单，医学会逐渐失去了它的控制力和地位，并最终由另一个垄断性机构——联邦政府——所取代。我们认为这一结果的出现可部分归因于医药行业自身为进行组织化而采取的措施。

医疗行业的这类发展非常重要，并且对于将来我们可能面对的医疗服务种类和费用都有深远的影响。然而鉴于本章主题是工会，并非医疗，所以仅讨论与工会活动这一主题相关的医疗经济的个别方面，而暂不涉及有关医疗保健组织目前的发展状况方面的问题。

谁受益

医生在美国是一种高收入的工作。这种情况对于从工会受益的人来说并不稀奇。尽管工会通常展示给众人的形象是保护低收入人群免受雇主的剥削，然而现实却并非如此。工会最擅长的事就是为那些有特殊技能的高收入人群打掩护，而无论他们是否加入了工会。这些工会只是使得高收入人群能够始终保持他们的收入优势地位。

例如，美国的航空飞行员在 1976 年的平均年收入是 50 000 美元并且还在不断上涨，同时他们每周只工作 3 天。乔治·霍普金斯（George Hopkins）在他的一份名为《航空飞行员》的调查中写道："现在飞行员惊人的高收入水平并不是基于他们所承担的责任抑或是他们所掌握的技能，而是得益于工会方面对行业的保护。"[2]

在美国历史最为久远的工会是手工业者工会，由木工、铅管工、泥水匠以及其他具有高技能水平和高收入的工种组成。这些年一个快速发展的工会，事实上也是唯一处于发展状态的工会，就是政府雇员工会，由中小学教师、警察、清洁工以及其他各类政府雇员组成。在纽约，市政工人工会几乎将整个城市拖到破产的边缘，可见它们的强大。

中小学教师和市政雇员在这方面的消极影响在英国得到了更好的例证。他们的工会不直接与纳税人接触，虽然是纳税人在支付它们成员的薪水。这些工会只是与政府官员直接接触。而这些政府雇员与纳税人的联系越不紧密，政府雇员和工会就越有可能勾结起来滥用纳税人缴纳的税金，这就如同某些人在将另一些人的钱花在第三方的身上。这就是为什么市工会在诸如纽约这样的大城市要比在小城市中显得更为强大，也是为什么工会中的中小学老师开始脱离当地的社区，在对学校事务和教育经费方面的掌控能力越来越大，同时越来越集权化。

在英国，国营的行业数量远多于美国，包括煤矿开采、公共事业、电信和医院。而在国营的行业中，工会的势力最为强大，工人问题也最为严重。类似的情况同样存在于美国的邮政业工会。

假使一个强大工会中的所有成员都是高收入人群，那么自然有这样一个问题：是因为工会的强大，他们才有高收入，还是因为他们都有高收入，工会才得以强大？工会的维护者声称其成员的高额薪酬是工会强大的结果，所以如果所有的劳动者都加入这个工会，那么大家都能享有丰厚的报酬。

然而，现实情况要复杂得多。由高级技工组成的工会毫无疑问具备为其成员提高工资的能力；然而，那些在任何情况下都能拿到高工资的人也同样具备增强自己工会势力的优势。此外，就算工会具备为工作者提高待遇的能力，也并不说明所有的工会可以联合起来为提高工作者的待遇而努力。相反，那些强大工会为自己的成员争得的大部分好处，是以牺牲其他工人的利益为代价的。

理解这种情形的关键是了解经济学的一个基本原理：需求法则——价格越高，买者越少。某种工作的报酬越高，那种工作的需求数量就越少。木匠的要价越高，人们对家具的需求量就会越低，对于那些必须制作的家具，人们则会选择那些尽可能少使用木匠的制作材料和制作方法。提高飞行员的工资，机票价格就会上涨，购买机票的人数就会减少，进而对飞行员的需求就会降低。相应地，如果减少木匠和飞行员的数量，他们就可以要求高工资。所以控制医生的数量，就赋予了他们进行高额收费的权力。

一个成功的工会减少了其所控制行业的工作岗位数量。结果，有人愿意以低于工会规定水平的工资就职，却不能如愿，只能转向其他行业。其他行业劳动力供应量的增加，会拉低该类岗位的工资水平。即便是普遍工会化，也无法改变这种状况。某些人获得高工资，就必然意味着另一部分人要失业。更有可能发生的情况是，工会力量有强弱之别，强大的工会其成员可获得更高的工资，正如他们现在所做的，当然是以弱小工会的成员失业为代价的。

工会领导人常常建议企业以放弃利润的方式增加员工工资。但是这实际上是不可能的：根本没有那么多的利润。美国每年要将80%的国民收入用于支付劳动者的工资、薪金和其他社会福利。剩下的部分中有一半以上用于支付租金和贷款利息。工会领导人所言的企业利润——税前利润——还不到整个国民收入的10%，而企业的税后利润差不多只占国民收入的6%。即便是所有的企业利润都用于提高雇员的工资，也不可能出现明显的工资上涨，而且这是一种杀鸡取卵的做法。这种小额的边际收益使得企业更愿意在厂房、机器和新产品、新工艺的研发方面进行投资。而这些投资和创新行为则不断地提高工人的产出水平，进而提供了满足工资上涨的资金需求。

一部分人工资的上涨，必然是来源于另一部分人创造的价值。大约 30 年前有人估计，在美国相对于正常的工资上涨率，如果工会或者其他类似机构（如医学会）使得 10%~15% 的人员工资平均上调 10%~15%，那么则会有大概 85%~90% 的人员工资会下降 4%。最近的研究表明这种估计仍然基本符合对工会作用的评定，[3] 也就是使高收入人群的工资越来越高，低收入人群的工资越来越低。

工会成员的高额工资意味着高额的产品成本，进而导致产品价格的上涨，于是作为消费者，所有人，包括那些工会会员都因此而间接地受到利益伤害。对每个消费者来说，包括木匠，房产的价格高得没有道理。工会阻挠工人运用他们的技能生产价值最高的东西，工人被迫从事那些生产率较低的劳动。对于我们全体说来，可得到的物品的总量，比应有的数量要少。

工会权力的来源

工会如何为自己的会员涨工资？工会权力的基本来源是什么？答案是：他们可以缩减就业机会的数量，换言之，他们可以缩减某类工作从业人员的数量。通过政府的协助，工会可以对某类工作实行高工资率，以此缩减此类岗位的数量，同时通过颁发执业许可证的方式，缩减从业人员的数量。工会有时也通过与雇主勾结，对其成员生产的产品形成垄断地位，从而获得上述权力。

实行高工资率　如果工会可以设法对承包人支付给水管工或木匠的工资设定一个最低限额，例如说每小时不少于 15 美元，那么对这类工种的需求就会减少，同时，愿意从事这类工种的人数又会增加。

假设在某段时间内可以实行高工资率，那么针对这类高收入岗位的求职人员总数，就一定需要通过某些方法确定出最合理就业机会数量限额。目前已采用的各类方法包括：裙带关系，即把工作保留给家庭成员；按照资历和学历招工；超额雇用工作所需要的人员；以及单纯的行贿受贿。由于牵扯太多的利害关系，因而对于工会来说，采用哪种方法是一个敏感的问题。某些工会不允许在公开会议上讨论有关资历方面的规定，因为这种讨论常常引起极大的争议。通过给工会工作人员一些财物来确保获得工作的优先权，是一种普遍的腐败方式。虽然目前采取的种族歧视措施受到了猛烈的抨击，但它仍然是工会分配工作的另一种方法。如果对于某类工作求职人员多于岗位数量限额，则采用招工方法必定是武断的。通过采用偏见的方式以及其他类似的不合理措施来确定谁该被排挤在大门之外，常常会得到那些"已进入者"的大力支持。就连医学院在招生问题上也会涉及种族和宗教歧视，理由是一样的：符合条件的申请人太多，有必要对他们进行分类。

回到高工资率的问题上，为什么工会可以针对行业实行高工资率？一种方式是暴力或者以暴力相威胁：宣称如果雇主雇用非工会会员，或付给工会会员的工资低于工会指定的工资率，又或者有工人愿意接受低工资待遇，那么他们的财产就会被毁坏，他们本人也会被殴打。这就是为什么工会在进行工资调解和谈判时，经常伴随有暴力行为。

解决这一问题的简单方法就是向政府求助。这也是为什么工会都把总部设在华盛顿美国国会的附近，并且总是在政治活动上投入大量金钱和精力。霍普金斯在其有关航空公司飞行员工会的研究报告中特别提出："该工会得到了联邦立法的充分保护，使职业航空公司驾驶员实际上成了受国家保护的人"。[4]

政府帮助建筑工人工会的一个典型案例是《戴维斯 - 培根法案》，该联邦法令规定，凡是同联邦政府或者哥伦比亚区签订工程价值超过 2000 美元合同的承包人，对工人支付的工资率不得低于当地"由劳工部长决定"的"同等工人和技工普遍享有的"工资率。实际上，"在决定工资的绝大多数场合……不论建筑面积和种类如何，普遍享有的工资率"[5]往往就是工会的工资率。后来，这一有关工资率的条款又被写进了诸多其他联邦政府援建项目的条款，以及 35 个州（截至 1971 年）颁布的有关建筑开支的条款中，从而扩大了上述法案涉及的范围。[6]实施这些法令的结果是，政府对于大量建筑活动实行了工会的工资率。

甚至对于暴力的使用都可能存在来自政府的支持。一般来说，在劳资争议中公众在情感上总是偏向工会的，这导致了政府当局总是能够容忍工会的各种行为，而这种容忍度在其他任何情况下都是不可能存在的。如果在劳资争议过程中，某人的私家车被掀翻，或者工厂、商店、住房的窗户被砸碎，甚至或有人遭到殴打并严重受伤，肇事者都不大可能被处以罚款，更不用说去坐牢了。但如果在其他情况下发生同样的事情，情形就不一样了。

政府实行工资率政策的另一套措施是制定最低工资限额法令。政府声称颁布这项法令的目的是为了保护低收入人群。而事实上，它反而损害了低收入人群的利益。这项法令之所以颁布，是因为有部分人向国会施压，要求提高最低工资标准。而这些人不是贫苦民众的代表，他们主要是一些工人联盟、劳联-产联以及其他工人组织的代表。在这些工会中，没有任何一个会员挣得的工资接近最低工资标准。尽管有一套关于帮助穷人的漂亮话，但他们主张提高最低工资的真正目的是为了保护其会员免受竞争的危害。

最低工资法令要求雇主对于低技能水平的工人采取歧视的态度。虽然没有人这样明确说过，但这的确是一条潜规则。举个例子，一个没受过太多教育、没什么特殊技能的青年人，只能提供每小时价值 2.00 美元的服务，那么他也可能很愿意从事这项工作，以便挣得工资去接受更好的培训，进而获得更好的工作。而法令要求，只有当雇主愿意为这份工作支付每小时 2.90 美元（1979 年）的报酬时，他才能被雇用。也就是说，除非雇主愿意仁慈地为该青年价值仅为 2.00 美元的服务增加 90 美分的回报，否则他是不会被雇用的。青年人从接受每小时 2.00 美元收入的工作状态变为因不能得到每小时 2.90 美元的收入而失业的状态，居然还宣称其生活状态得到了改善，真令人匪夷所思。

青少年特别是黑人青少年的高失业率，既是一种耻辱，也是社会动乱的一个严重根源。而它正是最低工资法令的严重后果。在第二次世界大战的末期，最低工资标准为每小时 40 美分。战争时期的通货膨胀使得这个工资标准低到几乎没有任何实用价值。此后最低工资急剧上升，1950 年升至 75 美分，1956 年上升到 1 美元。20 世纪 50 年代初期，社会的总体失业率大约为 4%，青少年的失业率平均为 10%——对于刚参加工作的年轻人来说，10% 的失业率也许比人们预料的稍微高了一些。白人和黑人的青少年失业率大致相等。在最低工资率大幅提升之后，白人和黑人青少年的失业率也扶摇直上。更为重要的是，在白人和黑人青少年的失业率之间出现了差距。目前，白人青少年的失业率在 15%~20% 之间，黑人青少年的失业率则在 35%~45% 之间。[7]我们认为，在所有法令中，最低工资率法令是最歧视黑人的一项法令。首先，在政府开办的学校里，许多年轻人，大部分是黑人青年，所接受的教育使他们不能掌握高工资工作所要求的技能。然后，为了防止雇主对他们进行在职培训，政府通过不允许他们为低廉工资而工作的方式再一次惩罚了他们。而所有这一切都是在帮助穷人的名义下进行的。

限制从业人员数量　实行工资率的另一种方法是直接限制可能从事某种职业的人数。当某个行业的雇主较多，推行工资率会存在较高难度时，工会常常采用这种方法。医疗行业就是一个典型的例子，其工会的各种举措就是以限制从业医生的人数为目的。

如同推行工资率，想要在限制人数方面获得成功，同样离不开政府的协助。在医疗行业，医生的职业执照是工会成功控制医生数量的关键——每个希望"行医"的个人都必须获得政府的许可。当然，只有执业医生才有资历判定医生候选人的能力，因此各州（在美国，发放许可证的工作在州政府的管辖权限之内，而非联邦政府）签发执照的评审组一律由医生组成，或者医生至少占多数，而这些医生一般又都是美国医学协会的会员。

评审组或州的立法机关提出了批准行医执照的各项具体条件，而这实际上是让美国医学会拥有控制行医人数的权力。每位医生必须受过长期的训练，必须毕业于某一"政府认可"的学校，并在某一"政府认可"的医院担任过实习医生。而那些"政府认可"的学校和医院的名单，与美国医学会的医学教育和医院委员会公布的名单，无一例外地相同。除非具备医学协会的医学教育和医院委员会的"认可"，否则没有一所学校可以建成，即便是建成了，也不可能维持很久。得到认可的学校有时需要遵照委员会的旨意限制招生人数。

在经济大萧条的 20 世纪 30 年代，医疗行业的工会在限制从业人员数量方面显示出了极强的控制力。尽管当时从德国和奥地利（那时属于世界医学的发展中心）涌入了大批受过严格训练、医术精良的医生难民。但希特勒上台后的 5 年中，获准在美国开业的外国医生，并不比前 5 年多。[8]

颁发从业执照被广泛地用于限制行业从业人数，特别是医生这类行业，它们的从业人员为大量的独立顾客服务。与医疗行业类似，签发执照的审批组，主要是由该行业持有从业执照的人员组成——不论他们是牙医、律师、整容专家、航空公司飞行员、水管工，还是殡仪业者。没有哪个行业会萧条到不必考虑通过从业执照的颁发来限制人员数量。据联邦贸易委员会主席说："在某州议会最近召开的一次会议上，各行业协会纷纷要求为自己的行业制定从业执照制度，其中有拍卖人、采矿者、房屋改建承包商、宠物饲养人、电学家、性病医生和性生活顾问、数据处理者、估价人以及电视机修理人。夏威夷州推行了文身艺术家执照，新罕布什尔州推行了避雷针推销员执照。"[9]推行各种执照的理由总是一样的：保护消费者。然而，要探究真正的缘由，我们得看一看在各州议会里是谁在为实行或巩固从业执照制度进行游说。游说者无一例外是有关从业人员的代表，而非普通消费者代表。水管工比其他任何人都更清楚该如何保护他们的顾客，这一点无可厚非。然而，当水管工就谁可以成为水管工这一问题在竭力谋取法律权力时，很难以把他们对顾客的无私关心作为其行为的根本动机。

为了加强对本行业就业人数的限制，同时增加具备执业资格人员的业务数量，个个组织化的职业集团总是千方百计地尽量使其业务活动范围被规定得宽泛一些。

通过签发执照限制从业人员数量，其结果之一是创造出了一些新的行业分支，例如在医学中出现了整骨术及脊柱按摩疗法。反过来，这两种职业又开始试图通过颁发执照的办法，限制人数。美国医学会已针对一些脊柱按摩医生及整骨医生提起诸多诉讼，指控他们非法开展其他医疗业务活动，企图把他们限制在尽可能小的营业许可范围之内。而脊柱按摩医生和整骨医生则控告其他医生在没有执照的情况下就实施脊柱按摩疗法和整骨术。

由于新型的高精度手提设备的出现，最近在许多社区中新增了一项医疗服务，即在紧急情况下，提供急救服务。这类服务有时由市政府或市政府的一个机构提供，有时完全由私人企业提供，并且进行急救工作的人员大部分是医务辅助人员，而不是持有执照的医生。

乔·多尔芬（Joe Dolphin）是提供这类服务的私人企业老板，他的机构附属于加利福尼亚州南部的一个城市消防队，乔·多尔芬这样描述自己企业的作用：

我们所服务的加利福尼亚州的这个地区，是一个拥有 58 万人口的县，在提供急救服务以前，因心脏病突然发作心脏停止跳动的病人，在送入医院之后康复出院的比例不到 1%。提供急救服务以后，仅在前 6 个月中，23% 的心脏停止跳动的病人被成功地救活了，他们病愈出院并且回到了工作岗位上。

我们认为这是很了不起的事，事实说明了一切。然而，很难将其与医学界联系起来，他们有他们自己的想法。

通常，管辖范围是引起工人罢工的主要的因素。所谓管辖范围争议，即关于各职业领域业务活动范围的争议。有个采访过我们的广播电台记者，就是这方面的一个例子。他强调整个采访会很短，不会超过他录音磁带一个单面录制的时间，因为反转录音带的工作是属于电工工会人员的工作范畴。他说，如果他自己翻转了录音带，那么在回到电台之后，整盘磁带会被洗掉，采访内容也会全部丢失。医学界对待医务辅助人员的方式与上述情况完全相同，而且目标动机也相同，即为某个特定职业的服务增加需求数量。

工会与雇主之间的勾结　工会有时通过帮助商业企业之间联合定价或者分

配市场的方式，增强自身的势力。而在反托拉斯法的规定中，商业企业间的这种串谋属违法行为。

在这方面，最具历史意义的事件发生在 20 世纪 30 年代的煤矿开采业。当时的两个格费伊煤炭法案试图为煤矿经营者共同指定价格的卡特尔行为提供法律上的支持。30 年代中期第一个法案因被认定违反宪法而废除时，约翰 L. 刘易斯（John L.Lewis）以及他所领导的美国矿工联合会开始替代该煤炭法案发挥作用。每当煤炭的开采量过剩，以致煤炭价格即将下跌时，刘易斯就与采煤工业进行默契的合作，通过号召工人罢工或停工，控制产量从而控制价格。一位煤矿公司的副董事长在 1938 年写道："他们（美国矿工联合会）为煤矿行业的稳定运营做了大量事情，并尽全力使该行业保持盈利的状态。虽然没有人愿意承认这一点，但事实上他们在这方面所做的工作……的确比起煤矿经营者自己的努力……还要更加有效。" [10]

这种合作带回的收益往往在煤矿经营者和矿工之间进行分配。矿工获得了高工资率，但这也意味着矿主会通过加深机械化的方式降低雇员数量。对于这种结果，刘易斯明确承认，而且其实他也很愿意接受——假如受雇者全部是其工会的成员，那么他认为高工资带来的好处完全可以补偿低雇佣水平带来的坏处。

矿工联合会之所以可以起这种作用，是因为工会不受《谢尔曼反托拉斯法案》的限制。其实真正在利用这一豁免权从事非法活动的不是工会，而是那些试图形成卡特尔集团的商业企业。关于这一观点，卡车司机联合会是最值得一提的工会。有一个或许不足凭信的，关于卡车司机联合会主席戴维·贝克（David Beck）的故事，在他之后，由詹姆斯·霍法（James Hoffa）担任该工会主席，两人最终都入狱了。当贝克与华盛顿州的各啤酒厂就啤酒厂卡车司机的工资进行谈判时，对方告诉他，他所要求的工资是不可行的，因为"东部啤酒"的价格会因此而低于华盛顿州的啤酒价格。他就问对方在东部啤酒的价格为多高时，他所要求的工资水平才是可行的。假设说，每箱的价格应该为 X 美元，这时贝克许诺道："从今以后，东部啤酒的价格就是每箱 X 美元。"

工会有权而且的确也经常为其会员提供有用的服务，例如，就会员的雇佣条件与用人单位进行谈判，反映会员的疾苦，以及使会员感觉到有所依附、有所作为，等等。作为自由的信仰者，我们赞成给予工会等这样的志愿者组织充分的机会，让他们为自己的会员提供会员希望享有的，同时愿意付费的任何服务，只要工会尊重其他人的权利而且不使用暴力。

然而，工会以及职业协会等组织，并不是依靠绝对的自愿的活动和全体会员来达到其公开宣称的目标——提高会员的工资。工会及类似的组织成功地获取了政府给予它们的特权和豁免权，这些特别权利使他们可以通过牺牲其他工人和全体消费者利益的方式，让自己的会员和管理人员受益。最重要的是，受益者的收入要远远高于受害者的收入。

■ 政府

除了保护工会会员之外，政府还颁布了大量的法律条款，并采取了一系列措施用以保护工人一般权益，例如，向工人提供补偿费的法规，禁止雇用童工的法规，规定最低工资水平和最长工作时间的法规，为保证就业的公平性而建立相应的委员会，加强监管和奖惩力度，为规范就业市场而建立联邦职业安全卫生管理局，等等。

其中的一些举措对于工作环境的改善起到了积极的作用。而大多数，如工人补偿费法令和童工法，在它们颁布以前，就已体现在人们的自觉行动中了，颁布这些法令也许只是对边远地区具有实际意义。其余的，多少有些不尽如人意，既带来了好处，也带来了害处。它们为个别工会和特定的人群谋得了权力，为一些官僚提供了官职，而同时却减少普通工人的就业机会和工资收入。职业安全卫生管理局就是一个典型的例子——这是一个可怕的官僚主义机构，人们对它怨声载道。正如最近流传的一个笑话所说：目前在美国安装一只灯泡需要几个人？答案是需要五个人，一个人安灯泡，另外四个人填写环境影响测评表和职业安全卫生管理局要求的各种报告。

政府的确保护了一部分人员的利益，而且保护得十分到位，这部分人就是政府雇员。

距离美国首都华盛顿半小时路程的马里兰州的蒙特戈梅里县，居住着许多高级文职人员。在美国所有的县中，该县的家庭平均收入最高。蒙特戈梅里县每四个就业人员中，就有一个是为联邦政府工作的。他们不担心失业，获得的薪资与当地生活成本直接挂钩。退休后，他们享有文职人员养老金，这种养老金也同当地生活成本直接挂钩，并且不受社会保障条款的限制。许多人又具备领取社会保障金的资格，成了拿双份养老金的人。

上述文职人员在蒙特戈梅里县的邻居中，有大部分，甚至是全部都与联邦政府有着某种联系。他们有的是国会议员，有的是院外活动人员，又或者是同政府订有合同的大型公司的董事长。与华盛顿周边的地区相同，蒙特戈梅里县的发展十分迅速。最近几十年中，政府已变成了一种十分可靠而且发展很快的行业。

所有的文职人员，无论职位的高低，都可以得到政府的良好保护。大量研究表明，他们的平均收入高于同等规模企业中雇员的收入，而且不受通货膨胀的影响。他们享有大量的额外福利，以及高度职业安全感。

《华尔街日报》的一篇报道曾这样写道：

当（文职人员）管理规章越来越细化，整整 21 卷，堆起来大约高达 5 英尺的时候，政府主管人员愈发感到难以解雇他们了。与此同时，升职和加薪则成了自然而然的事情。其结果是产生了一种没有激励、不受控制的官僚统治机构……

去年符合增加工资条件的 100 万人当中，只有 600 人的工资没有增加。几乎没有一个人被解雇；去年丢掉工作的联邦工作人员不到人员总数的 1%。[11]

让我们来看一个具体事例：环境保护局的一名打字员上班一贯迟到，1975年1月，他的上司要求将他解雇。而整个程序历时19个月，如果把全部步骤记录下来，足有21英尺长。为了满足所有规章制度方面的要求，满足所有劳资协议上的要求，缺少哪一步骤都不行。

全部程序涉及的人员有：被解雇人员的直接上级、局长和副局长、人事处长、局内该部门的主管人、两名雇员关系专家、一位相关调查办公室的职员和该办公室的主任。不用说，这一大群工作人员的工资都来自于纳税人的税金。

在州和各地方政府中，上述情况在地区间有所差异，在许多州以及像纽约、芝加哥和旧金山这样的大城市中，情况或者同联邦政府相类似，或者比联邦政府还要糟糕。目前，由于市政雇员工资的急剧增长，更准确的说法是，给提前退休人员过高的养老金，纽约市几近破产。在各大城市所在的州中，政府雇员的代表常常是州立法机关中的主要利益集团。

■ 没有这样的部门或组织

有两类工人得不到任何保护：一类是只有一位可能雇主的人，另一类是没有任何可能雇主的人。

那些实际上只有一个可能的雇主的人，一般是一些掌握了某项特殊技能的人，因为技能特殊，所以极具价值，他们的收入也会很高，而且最多也就只能有一个人作为老板来充分利用这些资源。

20世纪30年代我们学习经济学时，教科书中的标准例子是棒球大王巴比·鲁思（Babe Ruth）。通常人们直接称呼他为"最佳击球手"，他是那个时代最受欢迎的棒球选手。当时有两个大型的棒球俱乐部，不论他为其中的哪一个打球，比赛场上都是座无虚席。纽约扬基俱乐部拥有当时最大的运动场，因而也有能力支付给他最高的酬劳。结果，扬基俱乐部就成了他唯一的可能雇主。当然，这并不意味着巴比·鲁思无法再要求更高的薪水，但确实意味着没有人保护他；在他跟俱乐部讨价还价的时候，以不再打球相威胁是他唯一可用的武器。

那些无法选择雇主的人是政府保护措施的最主要受害者。其中的一类我们已经说过，就是因为最低工资标准而失业的人。如前所述，他们中的绝大部分属于政府行为的双重受害者：低劣的初级教育和因为过高的最低工资标准而失去的在职培训。

依赖公共援助的人也处于类似的境地。对于他们来说，只有当雇主提供工资水平高于领取的救济金时，选择去工作才是明智的。然而他们所能做的工作大概很难有那么高的价值。对于 72 岁以下的受助者来说，如果他们的工资收入超过政府规定的限额，他们就没有资格继续领取社会保障津贴。这就是近几十年来，65 岁以上就业人员所占比例急剧下降的主要原因，对于男性，这一比重由 1950 年的 45% 下降为 1977 年的 20%。

■ 其他雇主

对于大多数人来说，只有存在较多的可能雇主，他们才能得到最可靠和最有效的保护。如前面所言，当一个人只有一位可能雇主时，他基本上是得不到保护的。保护工人的是那些愿意雇用工人的雇主。对工人劳务的需求，使得雇主出于自身利益的考虑而向工人支付合理的工资，因为如果他不这样做，就会有别人这样做。所以，真正保护工人利益的是竞争——争夺工人劳动成果的竞争。

当然，雇主之间这样的竞争时而激烈，时而不激烈。一些人力资源的争夺是无价值的，而一些有价值的工人却没有受到应有的重视。让雇主找到合适的雇员，或者让雇员找到合适的雇主，都不是一件容易的事。这不是一个尽善尽美的世界，因而竞争不能提供十全十美的保护。然而对于绝大多数工人说来，竞争是迄今人们所发现的或者说发明的，优点最多、缺陷最少的保护方式。

竞争的这种作用是我们一再提到的自由市场的一种特性。

其他雇主的存在保护了工人免受其雇主的伤害，因为他可以到别处干活。其他工人的存在保护了雇主免受工人的伤害，因为他可以雇用别人。其他卖主的存在保护了消费者免受某一卖主的伤害，因为消费者可以到别的商店买东西。

为什么我们的邮政服务质量、长途火车服务质量、中小学教育质量总是如此差劲？因为在这些服务领域，我们总是没有第二个选择。

■ 结论

当工会通过限制从业人数的方法使自己的会员获得高工资时，这种高工资代价就是其他工人就业机会的减少。当政府向其雇员支付较高工资时，这种高工资的代价就是损害纳税人的利益。但是，当工人们通过自由市场获得较高工资和较好工作条件时，当雇主为雇用优秀员工而开出高工资时，当表现优异的工人获得高工资时，这种高工资的实现不损害任何人的利益。它来自于更高的生产率、更大的资本投入以及更加先进的技术。蛋糕被做大了——不仅是工人得到了好处，还有雇主、投资人、消费者，甚至是政府官员。

这就是自由市场制度在整个社会分配经济利益的方式，这就是在过去两个世纪中工人的工作生活环境得以巨大改善的原因所在。

■ 注释

1. There are many alternative translations of the oath.The quotations in the text are from the version in John Chadwick and W.N.Mann, *The Medical Works of Hippocrates* （Oxford：Blackwell, 1950）, p.9.

2. George E.Hopkins, *The Airline Pilots：A Study in Elite Unionization*（Cambridge：

Harvard University Press, 1971), p.1.

3. Milton Friedman, "Some Comments on the Significance of Labor Unions for Economic Policy," in David McCord Wright, ed., *The Impact of the Union* (New York : Harcourt Brace, 1951), pp.204-234.A similar estimate was reached more than a decade later on the basis of a far more detailed and extensive study by H.G.Lewis, *Unionism and Relative Wages in the United States* (Chicago : University of Chicago Press, 1963), p.5.

4. Hopkins, *The Airline Pilots*, p.2.

5. John P.Gould, *Davis.Bacon Act*, Special Analysis No.15 (Washington, D.C. : American Enterprise Institute, November 1971), p.10.

6. Ibid., pp.1, 5.

7. See Yale Brozen and Milton Friedman,*The Minimum Wage Rate* (Washington,D.C.: The Free Society Association, April 1966) ; Finis Welch, *Minimum Wages: Issues and Evidence* (Washington, D.C.:American Enterprise Institute, 1978) ;and *Economic Report of the President*, January 1979, p.218.

8. See Milton Friedman and Simon Kuznets, *Income from Independent Professional Practice* (New York: National Bureau of Economic Research, 1945), pp.8-21.

9. Michael Pertschuk, "Needs and Incomes," *Regulation*, March/April 1979.

10. William Taylor, Executive Vice-President of the Valley Camp Coal Company, as quoted in Melvyn Dubofsky and Warren Van Tine,*John L.Lewis: A Biography*(New York: Quadrangle/New York Times Book Co., 1977), p.377.

11. Karen Elliott House, "Balky Bureaus : Civil Service Rule Book May Bury Carter's Bid to Achieve Efficiency," *Wall Street Journal*,September 26,1977,p.1, col.1.

第 9 章

通货膨胀的对策

Free to Choose

钞票与同样大小的彩色纸片相比，拥有无法比拟的强大功能，如购买商品，进行各种交易。为什么会如此？只因它是合法货币。合法货币的含义是：政府可以接受它作为偿债和纳税的工具，法院承认它可以清偿以美元计算的债务。可是凭什么在个人进行商品和劳务的交易时也要接受货币的这种媒介作用呢？

简单地说，那是因为每个接受它的个人都绝对相信，别人也已经接受货币的这种作用了。这些特殊的纸之所以有价值，是因为大家都认为它们有价值。而大家之所以都认为它们有价值，是因为在每个人的生活经历中，它们总是被别人认定是有价值的。如果没有一种普遍接受的交易媒介（或者哪怕这种媒介的数量不够多），美国就无法发挥它现有的生产力水平；这个交易媒介的存在又有赖于某种约定俗成的观念，然而从某种程度来讲，这种观念不过是一种虚幻。

只是，不管是约定俗成还是虚幻，都是一种根深蒂固的信念。事实上，拥有一种通用货币的意义是极为巨大的，以致即便当人们的这种信念受到现实的严峻挑战时，人们依旧对此深信不疑。下文中，我们将会谈到，这里所言的挑战就是货币发行人可以利用通货膨胀获得利益，从而它也就有理由制造通货膨胀。但也不能说这种虚幻是坚不可摧的，"不值一张大陆币"这个短语总是能够提醒人们，当初为了进行独立战争后的重建工作，美国大陆会议是如何超量发行大陆币，导致虚幻破灭的。

尽管货币价值的存在依赖于一种虚幻，但是货币的确具有极为重要的经济职能作用，当然这也是一种表面现象。决定一个国家财富的"真正的"力量，是其公民的能力、勤劳和智慧、所能利用的资源以及经济和政治的组织方式等。正如约翰·斯图亚特·穆勒在一百多年前写道："在社会经济中，没有什么东西在本质上比货币更不足道；它不过是一个用来节约时间和劳动的发明。有了它，事情能处理得更便捷，没有它，同样能办事，只是不那么便捷罢了。而且它同其他许多机器一样，一旦出了毛病，就只能发挥它特有的、独立的作用。"[1]

如果我们能意识到，在我们现有的社会经济产物中，没有什么在失控的情况下能比货币带来更大的危害，那么这样描述货币的作用就是完全正确的。

我们已经讨论过相关的事例：在大萧条时期，货币供给量急剧减少，最终导致失控。本章将讨论一种更为常见的、相反的情况：由于货币供给量的急剧上升而导致的货币失控。

■ 各种类型的货币

历史上，有很多东西在人们的日常生活中扮演过货币的角色。"金钱"（pecuniary）这个词，来自拉丁文中的"pecus"，意为"牛"，因为牛也曾是一种"货币"。其他充当过货币的东西还有盐、丝、毛皮、鱼干甚至是羽毛，另外，在太平洋的雅浦岛上，人们还曾把石头作为货币来使用。在原始时期，贝壳和珠子是流通性最强的货币。在纸和笔（可用来记账）被发明之前，社会经济较原始时期取得了一定的发展，那时人们开始广泛使用金属货币——金、银、铜、铁、锡。

所有这些曾用来充当货币的物品都有一个共同点，就是普遍接受性，即在特定的地方和时间，人们普遍认可它在换取商品和服务时具有的经济价值。

美洲早期的定居者在与印第安人做交易时使用的"瓦姆庞普"是一种贝壳，并且当时在非洲和亚洲的经济生活中，人们也使用类似的贝壳。在美洲殖民地，人们使用过的最有趣、最耐人寻味的货币是烟草。当时在弗吉尼亚州、马里兰州和北卡罗来纳州，人们都用烟草充当货币："1619 年 7 月 31 日，即在约翰·史密斯（John Smith）上尉登陆美洲并在詹姆斯敦建立起新世界的第一个永久性殖民地之后的第 12 年，弗吉尼亚州第一届议会通过的第一个法律就是关于烟草的，它规定'上等烟草的价格为 3 先令 1 磅，次等烟草的价格为 18 便士 1 磅'……"[2] 由此烟草成了当地的货币。

在多个历史阶段，烟草都被指定为唯一的合法货币。在近两个世纪的时间里，甚至是美国独立战争结束后的很多年，烟草一直是弗吉尼亚州及其周边殖民地的主要货币。殖民者用它购买食物、衣物、纳税——甚至是做彩礼：弗吉尼亚州的作家，威姆斯（Weems）牧师说，"每当有船从伦敦到达的时候，是弗吉尼亚那些帅小伙们最开心的事，他们一个个挟着一捆上好的烟草跑到岸边，然后每人都带回一个美丽而贤惠的年轻妻子。"[3] 另一位作家引用了这段话之后说，"这些小伙子一定不仅帅气，而且高大，否则不可能每人挟着一捆 100~150 磅重的烟草飞跑。"[4]

后来，烟草和实际货币同时流通。但是按照英国货币来确定的烟草价值高于它的实际种植成本。所以种植者的生产积极性很高，产量逐渐加大。这就意味着，货币的供给量在不断增加。通常情况下，当货币的增长量超过可销售的商品和服务的增长量时，就会发生通货膨胀，所以当时按烟草计量的物品的价格急剧上涨。这场通货膨胀持续了大约半个世纪，在它结束时，物价上涨了 40 倍。

烟草种植者对这场通货膨胀极为不满。按烟草衡量的物价在上涨说明烟草的购买能力在下降——商品所代表的货币价值，是按货币计量的商品价格的倒数。于是，烟草种植者开始向政府求助。结果，政府通过了一项又一项关于限制烟草种植的法律：禁止一部分人种植烟草；要求毁掉一部分已收获的烟草；禁止种植烟草一年，等等。但这些都无济于事。最后，人们自己行动起来，结帮成伙，去毁坏田里的烟草："破坏行为达到极为严重程度，以致议会在 1684 年 4 月通过了一项法律，宣布这些破坏分子的行动极其严重地扰乱了社会治安，他们的目的是颠覆政府。同时宣布，如果有 8 个以上的人纠合在一起毁坏烟草田，就以叛国罪论处，处以死刑。"[5]

烟草货币生动地说明了一条最古老的经济学法则，即格雷欣法则——劣币驱逐良币。烟草种植者在纳税或者支付其他按烟草计算的债务时，自然用质量最差的烟草，而保留质量最好的以供出售，从而换回"硬"货币，比如说英镑。

结果作为货币而流通的往往是质量低劣的烟草。当然，人们还是会尽可能地把表面工作做好："马里兰州在 1698 年发现有必要通过法律来惩治弄虚作假的行为——人们经常在承装烟草的木箱顶层铺上一层好烟叶，而下面塞的却是甘蔗叶。弗吉尼亚州在 1705 年采取了同样的措施，但显然并没有解决问题。"[6]

这个问题得以基本解决是在"1727 年烟票合法化后"，当时，国家规定"烟票在性质上同存款单相类似，由验收人员签发。法律规定它可以在签发烟票的库房所在地区流通，并可以用它偿还一切债务"。[7] 尽管实行烟票制的弊病很多，"但直到 19 世纪前夕，这种收据却起到了通货的职能"。[8]

历史上，这并不是烟草最后一次充当货币。第二次世界大战期间，在德国和日本的集中营里，烟草作为交易媒介，再次被广泛使用。第二次世界大战后，占领军当局对德国的法定货币规定了远远低于其实际价值的最高限价，结果使德国的法定货币丧失了作用。人们采用以物易物的方式做交易，小额交易用香烟作为媒介，大额交易用法国白兰地酒作为媒介——无疑，这两种东西是我们所知道流通性最强的货币。路德维希·艾哈德的货币改革结束了货币历史上这一段富有启发意义，又具有破坏性的小插曲。[9]

尽管在当今社会，纸币和记账分录取代了过去的基本货币和商品库房收据，但是弗吉尼亚的烟草货币向世人说明的基本道理对于当代社会仍然适用。

与过去相同，只要货币供给量的增长速度超过商品和服务供给量的增长速度时，就会导致通货膨胀，按这种货币计量的物价就会上涨。至于货币供给量增长的初衷，则与此无关。在弗吉尼亚州，烟草货币数量增加，导致了按烟草计算的物价的上涨，是因为以劳动和其他资源计算的烟草生产成本显著低于它的价值。在中世纪的欧洲，金银是主要的货币，当时按金银计量的商品价格普遍上涨，是因为西班牙从墨西哥和南美洲运来的贵金属充斥欧洲市场。19 世纪中叶，世界范围内按黄金计量的商品价格普遍上涨，是因为人们在加利福尼亚州和澳大利亚发现了金矿。后来，从 19 世纪 90 年代到 1914 年，物价上涨是因为人们将氰化处理法成功地运用于商业——可以从产自南非的低廉矿石中提取黄金。

■ 通货膨胀的诱因

对于一个社会的经济来说，通货膨胀是一种疾病，一种危险的有时是致命的疾病，一种如果处理不及时就有可能毁灭整个社会的疾病。这方面的例子很多。第一次世界大战后，德国的恶性通货膨胀——物价有时一夜之间上涨一倍或一倍以上——为纳粹主义奠定了基础。1954 年在巴西，100% 的通货膨胀率导致了军人政府的产生。更为严重的通货膨胀导致了 1973 年智利阿连德政府的倒台和 1976 年阿根廷庇隆政府的倒台，两国都由军人政府接管了政权。

即便不是恶性通货膨胀，也没有哪个政府愿意承担制造了通货膨胀的责任。政府官员总是能够为通货膨胀的发生找出种种借口——企业家的贪得无厌、工会的无理取闹、消费者的奢侈挥霍、阿拉伯的酋长（提高了石油价格）、气候问题，或者其他一些更不着边际的理由。的确，企业家很贪婪，工会总是得寸进尺，消费者常常挥霍浪费，阿拉伯酋长们不断提高石油价格，气候也总是不好。但是这些原因都只能导致某一类商品价格的上涨，不会造成物价的普遍上涨。它们可以造成在短期内有所涨落的通货膨胀率，但不会形成持续的通货膨胀。理由很简单：这些被指控的"罪人"全都没有印钞机，去印制那些装在我们口袋里的钞票，而且他们也没有办法迫使银行随意更改他们的账户金额。显然，在当今世界上，通货膨胀是印钞机引发的现象。

意识到通货膨胀的本质是一种货币现象，只是正确理解通货膨胀的成因和找寻对策的第一步。更根本的问题是，为什么现代的政府总是急于增加货币的数量？为什么它们明知有潜在的危害，还是要制造通货膨胀？

在讨论这个问题之前，有必要就通货膨胀是一种货币现象这一观点再做些讨论。尽管这一论断意义深远，尽管大量历史事实证明它是完全正确的，但是目前它还是受到了普遍的否认——很大程度上是因为政府在放烟雾弹，试图掩盖它们制造通货膨胀的行为。

如果可供出售的商品和服务的数量——简言之就是产量——能够与货币的

增长量同速增长，那么物价就可以保持稳定。甚至，随着收入的增长，人们存款的积极性增加，物价又可能还会下降。通货膨胀发生于货币供给量增长速度显著高于产量增长速度的情况下，而且每单位产量的货币量增长得越快，通货膨胀率就越高。在经济学里，也许没有哪个论断比这个论断更为正确。

产量受到可利用的物质资源和人力资源的限制，也受到科技水平和先进技术普及度的限制。所以，产量的增长相当缓慢。在过去一个世纪里，美国年产量的平均增长速度约为 3 %。即使是日本在第二次世界大战后经济的高速增长时期，每年产量的增长也只是在 10% 左右。商品货币的数量也受到类似的限制，不过正如烟草、近代的贵金属和 19 世纪的黄金等例子所表明的，商品货币的增长速度有时比普通商品产量的增长速度快得多。现代货币——即纸币和账目——是不受限制的。货币数量，也就是美元、英镑、马克或其他货币单位的数量，可以按任意的速度增长。在现实生活中，它们的增长速度有时高得惊人。

例如，第一次世界大战后德国发生恶性通货膨胀时，流通货币数量的增长速率平均每月在 300% 以上，这种状况持续了一年多，物价也以同样的速度上涨。第二次世界大战后匈牙利发生恶性通货膨胀时，流通货币数量的增长速率平均每月在 12 000% 以上，这种状况持续了一年，物价甚至涨得更多，每个月上涨近 20 000%。[10]

1969~1979 年，美国发生了温和的通货膨胀，流通货币数量的增长速率平均每年在 9% 左右，物价平均每年上涨 7%，这两个增长率之间的差异反映的了在这 10 年中，产量的平均增长率大约在 2.8%。

正如这些例子所表明的，货币数量的增长一般远远超过产量的增长；正是这个原因，我们讲到通货膨胀是一种货币现象时，没有附加任何与产量有关的条件。这些例子还告诉我们，货币增长率和通货膨胀率并不是完全相等的。但是，就我们所知，历史上还没有哪次大规模的通货膨胀不伴随着相应的货币供给量的高速增长，也不曾有过在货币供给量急速增长的情况下，不发生通货膨胀的先例。

图 9-1 至图 9-5 表明，近些年中，通货膨胀率与货币数量增长率之间始终

保持同向变动的关系。图中的实线是有关国家在 1964~1977 年，每年每单位产量的货币价值，虚线是消费品价格指数。

为了便于比较，两条线都用占整个时期平均值的百分比来表示。两条线必然具有相同的平均水平，但只要数字计算精确，两条线并不会在每一年都是重合的。

在图 9-1 中，美国的两条曲线几乎是重合在一起的。从其他几张图中可以看出，这种情况并非美国特有的。尽管在其他国家，两条线之间的距离差异要比美国的情况明显，但是总体来说，两条线的走势还是基本一致的。不同的国家有很不相同的货币增长率。但无论是哪个国家，总有与之相称的通货膨胀率。巴西是个最明显的例子（图 9-5），它的货币增长率高于任何其他国家，因而其通货膨胀率也高于其他国家。

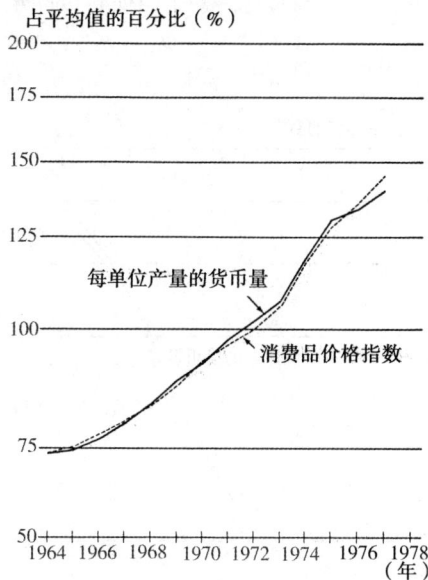

图 9-1　货币与物价，美国（1964~1977 年）

注：纵坐标上的数值为对数值。

占平均值的百分比（%）

每单位产量的货币量

消费品价格指数

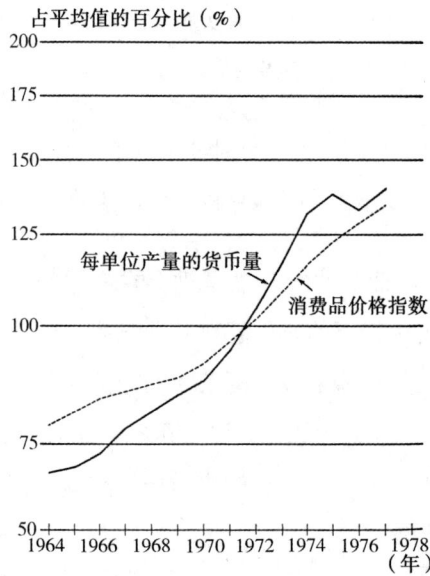

图 9-2　货币与物价，德国（1964~1977 年）

注：纵坐标上的数值为对数值。

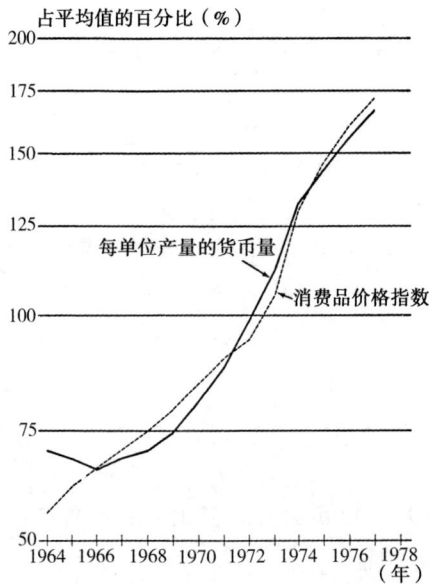

占平均值的百分比（%）

每单位产量的货币量

消费品价格指数

图 9-3　货币与物价，日本（1964~1977 年）

注：纵坐标上的数值为对数值。

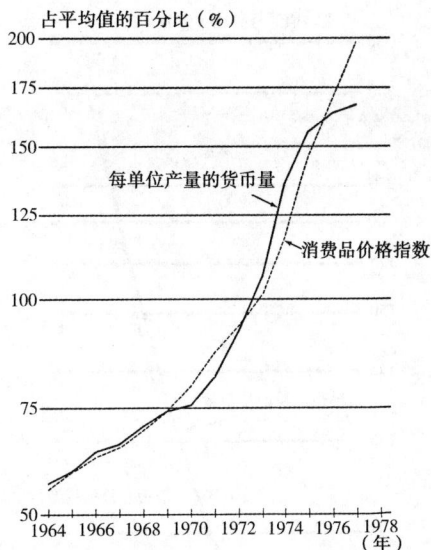

图 9-4 货币与物价，英国（1964~1977 年）

注：纵坐标上的数值为对数值。

究竟谁是因，谁是果？是由于物价的快速上涨而导致货币供给量的增加，还是相反？有一点可以帮助我们解答这个问题：在大部分图中，表示某年货币量的点总是要比表示那一年的消费品价格指数，在时间上早 6 个月。如果能够对这些国家在这些年有关货币供给量的制度安排做一些调研，对相关的历史事件做一些了解，就能清楚地知道到底谁是原因，谁是结果了。

南北战争是一个有说服性的例子。南方主要是靠印制钞票来资助战争，在这一过程中，从 1861 年 10 月到 1864 年 3 月，通货膨胀率平均每月为 10%。为了制止通货膨胀，南方实施了货币改革："1864 年 5 月，货币改革生效，货币量减少了，一般物价指数显著下降……尽管当时北方军队侵入，战争几乎要失败，对外贸易减少，政府陷于混乱，军队士气低落，但是货币量的减少对物价稳定产生的积极作用，很大程度上克服了上述原因对百姓生活产生的消极影响。"[11]

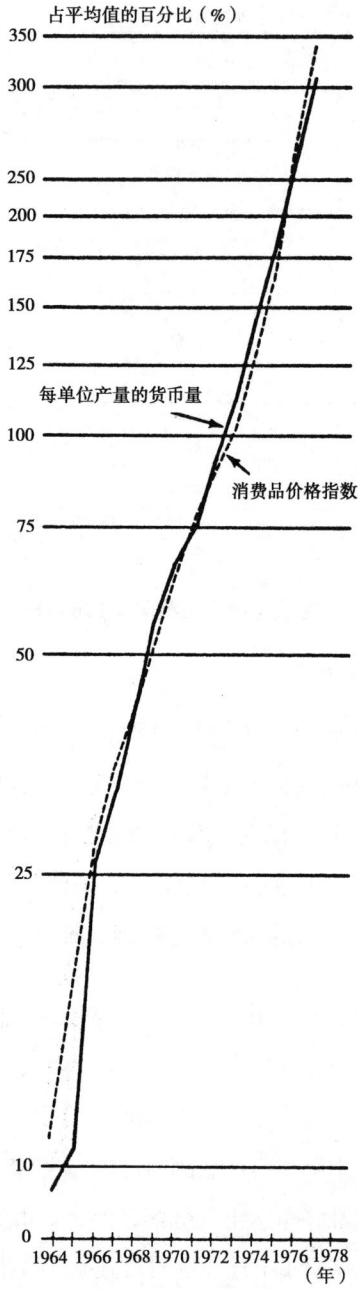

图 9-5　货币与物价，巴西（1964~1977 年）

注：纵坐标上的数值为对数值。

这些图中所示的信息彻底反驳了各政府当局一直宣扬的通货膨胀理论。在它们对之所以发生通货膨胀的解释中，工会是一只最大的替罪羊。政府指责工会常常利用其强势地位提高工资，进而拉动成本上升，导致物价上涨。可是，如果当真如此，那该怎样解释日本和巴西的情况呢？在日本，工会的社会影响力微乎其微；在巴西，工会完全是政府的一个傀儡机构，可是这两个国家的图中，两条曲线的走势关系与英国、德国和美国的情况完全一致，而在后三个国家中，工会才称得上是一个强大的社会组织。工会的确可以为自己的成员谋得利益，也的确通过限制就业机会的方式造成了一定的社会危害，但是工会没有能力制造通货膨胀。工资的上涨幅度超过产出水平的上涨幅度是通货膨胀产生的结果，而不是其产生的原因。

同样，企业家也不是通货膨胀产生的原因。他们提高产品价格是客观经济环境造成的结果，或者说是对其的一种反映。企业家贪婪的本性是不分时间和区域的，也与国家通货膨胀的程度无关。所以，该如何用企业家的贪婪去解释为什么通货膨胀的严重程度在不同地区、不同时期会有所差异？

另一个常被政府官员用来推卸通货膨胀责任的解释是，通货膨胀是从国外输入的。在多个大国都实行金本位制度的时代，这个解释还可以说得通。当各个国家将本国每单位的货币价值都与一定数量的某一特定商品（例如黄金）的价值挂钩的时候，通货膨胀就可以发展成为一种国际现象。因为无论出于什么原因，只要这种特定商品的数量有较大幅度的增长，那么所有国家都会受到影响。但是，就这些年的国际局势来说，这个解释显然是不正确的。否则，为什么目前在不同的国家里，通货膨胀率会有如此大的差异？在 20 世纪 70 年代初期，日本和英国的通货膨胀率每年达 30% 以上，而美国的通货膨胀率在 10% 左右，德国的不到 5％。只有当通货膨胀在多个国家同时发生的时候，我们才能说它是一种世界范围内的现象，就如同现在我们可以说政府的巨额开支和严重赤字是一种世界范围内的现象一样。但是通货膨胀并非如此，因为每个国家可以凭借自己的力量控制发生在本国的通货膨胀——就如同现在每个国家政府巨额开支和严重赤字绝不会受到其他国家的控制一样。

另一种常见的对发生通货膨胀的解释是，生产效率低下。可是想想巴西的例子，在它的产出增长率排在世界前列的同时，却正在经历着世界罕见的通货膨胀。虽然，每单位产出的货币价值的确能够影响通货膨胀的严重程度，但是，正如前文所指出的，产出量的变化幅度远远低于其货币价值的变动幅度。对于一个国家的长期经济福利来说，没有什么比提高生产效率更重要的了。如果生产率每年增长 3.5%，那么 20 年后，产量就能增长一倍；比较而言，如果生产率每年增长 5%，那么仅仅 14 年后，产量就能增长一倍。但是生产率对于通货膨胀几乎没有影响，货币才是罪魁祸首。

至于阿拉伯的酋长们和石油国输出组织，情况又是如何呢？他们使我们的生活成本不断上升。原油价格的大幅上涨减少了我们所能购买的商品和服务的数量，因为我们必须要增加出口数量才能进口原油。供给量的降低会导致价格的升高。但是这种影响只是一次性的。它不可能通过高层次的价格水平对通货膨胀产生持久的影响。在 1973 年石油危机过后的 5 年里，德国和日本的通货膨胀逐渐得到缓和，在德国，通货膨胀率从 7% 左右下降到 5% 以下；在日本，从 30% 以上下降到 5% 以下。美国在石油危机过后的一年中，通货膨胀率达到峰值 12%，然后在 1976 年下降到 5%，接着到 1979 年居然又上涨到 13%。难道这些大相径庭的情况仅用一条石油危机的理由就能解释得清吗？德国和日本使用的石油全部来自进口，美国仅有一半依赖进口，英国是个重要的石油输出国，可是在控制通货膨胀方面，德国和日本做得却比美国和英国要好得多。

现在我们继续讨论那个论断：通货膨胀是一种货币现象，主要诱因是货币供给量的激增，并非产出的增加。或者说，货币量是关键原因，产量只是次要因素。很多事件可以引起通货膨胀率的短期波动，但是只有当它们影响到货币增长率时，才能产生持久的影响。

■ 为什么超量供给货币

在探寻通货膨胀的起因和对策时，理解通货膨胀本质上是一种货币现象至关重要，但这只不过是探寻过程的一个开始。说它重要是因为，它可以指引我们找出通货膨胀的根本起因，同时提供了可行的解决方案。说它只是一个开始，是因为更深一层的问题是，为什么会出现货币的超量供给？

不论对于烟草货币或者是金银本位币制度下的货币来说情况如何，就当今的纸币来说，货币供给量的激增以及相应的通货膨胀，都是由政府造成的。

美国在过去15年中，货币数量的增长无外乎以下三个原因：第一，政府支出的快速增长；第二，政府的充分就业政策；第三，联邦储备局的错误政策。

如果政府通过征税和向公众借款的方式，为政府支出进行融资，就不会导致货币数量的快速增加以及相应的通货膨胀。在那种情况下，政府开支增多，而公众开支减少，政府的高额支出与私人在消费和投资方面的少量支出相匹配。但是从政绩方面考虑，以征税和向公众借款的方式为政府的额外支出筹集资金，并不是可取的做法。绝大多数人希望政府增加支出，可是很少人希望政府增加税负。政府经常通过提高利率的方式向公众借款，这样做的结果是私人在贷款购房或者企业在贷款投资时，成本和难度都会增加。

除此之外，能够为政府的高额支出进行筹资的唯一办法就是增加货币供给数量。例如我们在第3章中提到的，美国政府可以让自己的一个分支机构（财政部）向自己的另一个分支机构（联邦储备局）售卖债券从而达到增加货币数量的目的。对于这笔交易，联邦储备局要么就直接支付联邦储备金，要么就在账目中为财政部记下一笔存款。然后，财政部就可以利用这笔现金或者记录在联邦储备局里的银行存款来偿付账款。当这笔高能货币被其所有人存入商业银行时，它就成为这些商业银行的储备金，成为货币供给量得以大规模增长的基础。

对于国家总统和国会议员来说，通过增加货币量来解决政府巨额支出问题是最具吸引力的办法。这使得他们不用加大税负，也不用向公众借款就可以增大政府支付，还可以给选民提供福利。

近年来，美国货币流通量增长较快的第二个原因是，政府希望实现充分就业。其实对于绝大多数政府来说，为了实现这个目标，都做了大量的努力，只是效果甚微。"充分就业"这个目标的实际含义远比它的字面意义复杂得多。在这个始终处于变化状态的世界里，新产品淘汰旧产品；需求从一种产品转向另一种产品；技术创新改变生产方式……变化永不停息，所以，存在一定量的流动劳动力也是一种正常现象。人们时常会更换自己的工作，在这之间自然会有一段时间。有部分人在没有找到新工作之前，就辞退了旧工作。年轻人在刚开始工作时，希望尝试不同的工作岗位，积累各种经验，这也需要花很多时间。此外，工会的干扰、最低工资率等这些阻碍劳动力市场自由运作的因素，加大了劳动者找到合适岗位的难度。那么在这种情况下，平均有多少人找到工作才算得上是充分就业呢？

与政府在处理支出和税收问题时所表现出的态度一样，对于就业问题，政府是有政策倾向的。凡是有助于提高就业率的，就是可取的政策；凡是可能导致失业率增加的，就是不可取的政策。结果是政府在观念上存在一定偏见，以是否有助于实现不切实际的充分就业目标作为制定政策的大方向。

实现充分就业与通货膨胀存在两层关系。首先，大家普遍认为政府支出有助于增加就业，而税收政策会导致失业增长，因为它减少了个人可支配收入。所以，为了实现充分就业，政府会尽可能地增大支出，同时减少税收，至于由此而引发的财政赤字问题，则是通过增加货币供给量的方式来解决，而绝不会通过增加税负或者向公众借款的方式。其次，即便政府不增加支出，联邦储备局也可以增加货币量，用新印制的高能货币购买已发行的政府公债。这使得银行可以发放更大量的私人贷款，进而促进就业。在实现充分就业的压力下，联邦储备局的货币政策与政府的财政政策一样，都具有制造通货膨胀的倾向。

这些政策的实施最终都没能实现充分就业，但是却导致了通货膨胀的发生。正如 1976 年 9 月，英国首相詹姆斯·卡拉汉（James Callaghan）在工党全国代表大会上的演讲中所指出的："我们曾经一度认为，只要增加政府支出，同时减少税收，就可以克服经济的衰退，而且提高就业率。但是现在我不得不说，我们再也没有这种选择了，或者说我们从来就不曾有过这种选择。这种做法的代价就是严重的通货膨胀以及紧随其后的高失业率。这就是在此之前的 20 年中，历史给我们的经验教训。"

　　近年来，美国货币流通量增长较快的第三个原因是，联邦储备局采用了错误的货币政策。处于实现充分就业的压力之下，联邦储备局的政策不仅具有引发通货膨胀的倾向，而且由于它试图同时完成两个相对立的目标，极大地恶化了这种倾向的消极影响。联邦储备局有能力控制流通中的货币数量，但是它却很少为实现这个目标而努力。就如同莎士比亚在《仲夏夜之梦》中描写的狄米特律斯，总是冷落深爱自己的海丽娜，而跑去追求爱慕别人的赫米娅，联邦储备局不是把心思放在控制货币量上，而是放在控制利率上，而它根本没有能力对利率进行控制。结果是两败俱伤，货币量和利率都出现大幅度震荡。这些震荡同样可能引起通货膨胀。1929~1933 年，联邦政府在面对这些震荡的时候，总是更急于解决低水平层次上的货币量增长率问题，而对于高增长率则表现得相当冷静，这样的态度倾向最终为整个社会经济带来一场巨大灾难。

　　政府增加财政支持、充分就业政策以及联邦储备局对利率的干扰，最终使得通货膨胀率好像轨道上的过山车一样，时高时低。在上升的时候，通货膨胀率总是能再创历史新高，而在下降的时候，又总是能不断创造出历史新低。无论何时，随着货币量的增大，政府的支出不断加大，税收收入也不断上升，但是支出的增长速度始终大于收入的增长速度，所以财政赤字也在不断恶化。

　　这些现象不仅仅发生在美国，也不仅仅发生在最近的几十年。早在远古、封建时代，无论是国王、君主还是国会都试图通过增加货币量的方式解决战争、工程或者其他事项的资金问题。尽管每次都会造成通货膨胀的爆发，但是政府总是抵御不了这些利益的驱使。

　　大约 2000 多年前，罗马帝王戴克里先（Diocletian）曾通过"降低铸币成色"的方式，制造了一场大规模的通货膨胀。当时，他下令将足值的银币换成看似像银币，但其实含银量极低，基本没有价值的合金币。于是，流通的所谓银币只不过是"贱金属表面镀了一层银而已"。[12] 现代政府的做法是印制纸币，同时将账目记录在案——与古法并没有本质上的区别。美国曾经的足值银币，现在变成铜币，而且表面镀的那一层甚至已经不是银，而是镍。

■ 通货膨胀带给政府的财政收入

通过提高货币量来为政府筹资看似是种聪明的做法，但其实是一种徒劳的努力。举个简单的例子，政府为了新建一条公路，通过增印货币来支付所有的费用。看起来每个人都获得了更高的效用，筑路工人得到酬劳，可以购买食品、衣服和住房，没有人需要为此缴纳额外的税金。可是，毕竟有一条新的公路建成了，到底谁在为此负担成本？

答案是所有为此条公路间接付费的人。如果那些工人不是修路，而是从事其他生产活动，那么就不会有额外货币的出现，进而不会引起物价的上涨。这部分上涨的物价形成一种资金流，沿着消费渠道不断循环，从筑路工人流到消费品的卖方，然后从这些卖方手中再流到其他卖方的手中，依次往复。价格上涨意味着，消费者原来持有的货币量的购买能力下降了。在相同收入水平的情况下，为了能够拥有与以前购买能力相同的货币量，消费者就必须节省开销，增加储蓄。

那些新印制的货币，从某种角度来说也相当于个人所得税。因为，假使这部分货币量使得物价普遍上涨 1%，这就等同于每个货币持有者都必须为他们持有的财物缴纳 1% 的税金。人们为了保持原有的购买能力就必须增加存款数量（或者说增加收入记录），可是我们无法分清其现有的存款总额中哪部分是具备原先的购买能力的（或者说账目中已计入的收入），哪部分是已经发生贬值的，但是实际上它们全部是计税基础。

与这部分税金相对应的实物，就是那些用来筑路所耗费的人力和物力所能提供的其他商品和服务。正是那些为了保持自己购买能力而减少开支，增加存款的消费者，放弃了对这部分商品和服务的购买，从而使得政府拥有可以修建公路的资源。

由此，你可以理解为什么凯恩斯在第一次世界大战后讨论通货膨胀问题时，写下这样一段话："颠覆现有社会的最有效，同时最不易被察觉的方法就是，大量印制流通货币。这样做既不会违反各种经济法规有关扰乱经济秩序方面的条款，又不会被大众所察觉——100 万人中也不会有 1 个人明白真正发生了什么。" [13]

增加的货币量和记入联邦储备局账册的存款，只占政府从通货膨胀中获得的收入总额的小部分。

通货膨胀可以自动提高实际税率，从而间接地为政府增加收入。由于通货膨胀的发生，人们的收入水平随之增长，进而符合了更高一级所得税税率的要求。公司的收入水平由于无法扣除更多的折旧费用和其他相关成本，也出现了虚增的情况。一般说来，如果在通货膨胀率为 10% 而相应的收入增长率也为 10% 的情况下，联邦的税收就会增加 15% 以上——这样，纳税人为了跟上大部队就不得不越跑越快。从而，总统、国会、州长和议员们就能够做出一种试图减税的假象，而他们真正在做的不过是避免税负过快增长。每年，国家都在讨论怎样"减税"，但是税负从来没有减少过。相反，实际税负其实是在不断增长——联邦政府的税收收入占国民总收入的比例从 1964 年的 22% 上涨到 1978 年的 25%；各州及地方政府的这一比例从 1964 年的 11% 上涨到 1978 年的 15%。

通货膨胀为政府增收的第三种方式是，帮助政府偿还部分债务——或者说，自动免除了部分债务。虽然政府借入的和偿还的都是美元，但是由于通货膨胀的发生，它所偿还的美元的购买能力要低于它借入的那些美元的购买能力。如果在借款期间，政府为通货膨胀而支付给债权人足额的利息，那么政府就不会因为通货膨胀而获得收益。但是绝大部分情况下，政府不会这样做。储蓄国债就是这样一个例子。假设你在 1968 年 12 月买进一份储蓄国债，持有至 1978 年 12 月兑现。在 1968 年，你可能以 37.5 美元的价格购入面值为 50 美元，期限为 10 年的储蓄国债，然后在 1978 年兑现时获得 64.74 美元（因为在此期间，政府为了抵消部分通货膨胀的影响，提高了利率）。但是 1968 年 37.5 美元的购买能力相当于 1978 年 70 美元的购买能力。你不仅仅是损失了 5.26 美元的购买能力，此外，你还要为名义收入和支出的差额（27.24 美元）缴纳税金。所以整件事的结果就是，你不仅向自己的政府借了钱，还要向政府支付额外的费用。

通过通货膨胀来抵消债务同样意味着，尽管联邦政府的财政赤字问题和债务危机一年比一年严重，但是从购买能力的角度来看，这些债务的增长量并没有它看起来那么多，而且其占国民收入的比重其实是在不断下降的。1968~1978 年，联邦政府的累积赤字高达 260 亿美元，但是其负债占国民收入的比重却从 1968 年的 30% 下降到 1978 年的 28%。

■ 通货膨胀的对策

通货膨胀的对策，说起来很容易，但真正实施起来很困难。既然流通货币量的超额增长是引发通货膨胀的唯一重要原因，那么降低货币量增长率就是消除通货膨胀的唯一有效的方法。问题不在于不知道该做什么，因为这很明显，政府必须降低货币供给量的增长速度，而是如何让政府采取这些必要措施。通货膨胀一旦发展到严重的程度，再采取这些措施就必须经历一段漫长的时间才能看到成效，而且代价惨痛，因为有明显的负面效应。

举两个医学病例来说明这个问题。第一个例子是关于一位患有闭塞性血栓性脉管炎的年轻人，这种疾病会使人体供血机能出现异常，从而导致皮肤与皮下肌肉及骨骼的坏死。这个年轻人的手指和脚趾都已经发生了病变。治疗方法很简单：戒烟。可是由于烟瘾太大，这位年轻人始终没有毅力戒烟。所以，从某个角度说，他的病是可以治愈的，而从另一个角度也可以说是无法医治。

　　第二个例子更具针对性，是关于酗酒。酒鬼在开始喝酒的时候，最先感受到的必然是畅快淋漓，至于宿醉后的不良反应要到第二天早晨才能体会得到，每当这时，酒鬼们的选择往往是"以毒攻毒"，用再次喝醉的方式来缓解醉酒的不适。

　　通货膨胀问题与这两个例子完全类似。当一个国家经历通货膨胀的时候，其最初的效果似乎是令人称赞的。货币量的增加使得任何可以支配这些钱的人——目前来说，主要是政府——都可以在不减少他人可支配收入的前提下，增加自己的现金储备；同时，就业机会增多，经济繁荣，可以说是皆大欢喜。但是，所有这些美事都只发生在通货膨胀的初期。随后，消费的增加刺激了物价的上涨，人们发现虽然他们的工资涨了，但是他们有能力买到的东西却少了；企业家们发现，由于成本的上升，销售量的增加并没有带来预期的利润增加，除非他们能以更大的幅度和频率提高产品价格。这时，通货膨胀的负面效应开始显现：物价上涨，需求缺乏弹性，通货膨胀和经济萧条同时发生。与那个酒鬼的选择类似，我们也选择"以毒攻毒"，加快货币量的增长速度，由此，我们就坐上了前文所说的过山车。在这两个情景中，都是通过加大用量——酒或货币——的方式，满足酒鬼或者社会经济的"嗜好"。

　　酗酒和通货膨胀的病理相似，治疗方案也相同。对于酗酒来说，治疗方法很简单，就是戒酒。而戒酒之所以难以做到是因为，这一过程需要先经过炼狱，才能进入天堂。戒酒的初期，戒酒者需要忍受种种不良生理反应，才能最终克服对酒的依赖。治理通货膨胀也是如此，放慢货币量增长率，在一开始也会带来各种痛苦的负面效应：经济增长率降低，失业率升高，通货膨胀率却没有明显的下降。但是，这些现象都是暂时的。只要经过一两年的时间，人们就能看到治理的成效：通货膨胀率降低，经济开始复苏，呈现出非通货膨胀性的快速增长的潜力。

　　对于酗酒或者一个国家的通货膨胀来说，之所以难于消除，一个重要的原因是，必须经历一段痛苦的过程。此外，还有另一个原因是，缺乏戒除嗜好的决心，至少在初期阶段，这一点要比第一个原因还显得重要。在酒鬼享受一瓶瓶烈酒的时候，他并不愿意承认自己是个酗酒者，所以他也不认为自己应该戒酒。发生通货膨胀的国家处于同样的情况，它更愿意相信通货膨胀只是一种暂时的现象，是由外部经济环境引起的正常现象，而且会自行消失——这个愿望从未实现过。

此外，其实很多人是很欢迎通货膨胀的。虽然人们都希望自己要买的消费品价格能够下降，或者至少不会上升，但是，人们更乐于看到自己要卖的东西在涨价——无论是生产的商品，还是可提供的劳务，抑或是自己拥有的住房等其他东西。农民在抱怨通货膨胀的同时，却聚集到华盛顿要求政府提高农产品价格。至于我们中的绝大多数，在面对通货膨胀的时候，也往往是以不同的方式做本质上相同的事情。

通货膨胀具有极大破坏性的原因之一，是一部分人获得巨大利益的代价是另一部分人失去了相应的利益，从而出现了得利者和失利者的社会分级。得利者将他们获得的收益归功于其自身的远见、谋略和资本的初始积累，而将那些不好的现象，诸如物价上涨，归咎为他们无法掌控的外界力量。几乎每个人都宣称自己反对通货膨胀，而大家真正反对的，是那些发生在自己身上不好的现象。

举一个确切的例子，在过去的 20 年中，几乎每一个有房产的人都从通货膨胀中获得了好处，因为房产在急速增值。即便是贷款购房，利率水平也总是低于通货膨胀率水平。结果就是，在支付了所谓的"利息"或者"本金"之后，也就同时偿还了贷款。举个简单的例子，假设某年的利率和通货膨胀率都是 7%。此时你借入一笔当年只偿还利息的，10 000 美元的贷款。那么一年后，这笔钱的购买能力只相当于一年前的 9300 美元，所以实际上你就少欠了 700 美元——正好等于支付的利息。换句话说，你没有为这笔 10 000 美元的借款支付任何费用。（事实上，由于利息支出降低了你应交所得税的计税基础，所以本该为借钱而付出代价，但你却因此而获得了部分收益。）对于房产主来说，通货膨胀的这种效应更加明显，因为房产在迅速增值。而与此同时，小储户们则蒙受了巨大的损失，他们将钱存入银行，为那些发放抵押贷款的储贷协会、互助储备银行以及其他金融机构提供资金来源。而这些小储户们又没有其他更好的选择，因为政府以保护储户的名义，对银行的存储利率限定了很低的最高利率标准。

因为高额的政府支出是造成货币过度增长的重要原因，所以减少政府开支是放慢货币增长的一个关键因素。对于这一点，人们的想法也常常是非理智的。只有不会给自己带来损失的时候，我们才愿意看到政府缩减开支。也只有为别人增加税赋的情况下，我们才认为减少政府财政赤字是件好事。

然而，随着通货膨胀的加剧，迟早会给整个社会带来严重危害，造成各种不公平现象和社会问题。到那个时候，每个公民都会醒悟过来，希望能为消除通货膨胀而做些贡献。至于通货膨胀发展到什么程度公民意识才能觉醒，则取决于这个民族的特点和历史。在德国，因为有第一次和第二次世界大战后的惨痛经历，所以通货膨胀不用太严重，人们就可以觉醒；在英国和日本，通货膨胀要严重一些才可以；而在美国，民众还不曾有过这种意识。

■ 治理通货膨胀的负面效应

在以往的报道中，我们总是能够读到这样的内容：高失业率和经济的低增长率是治理通货膨胀的途径，我们唯一能做的就是在高通货膨胀率和高失业率之间进行抉择，政府也正在调节失业率和经济增长率，以治理通货膨胀。然而在过去的几十年中，美国的经济增长速度的确放慢了，平均失业率也上升了，但与此同时，通货膨胀却越来越严重。我们既有高通货膨胀率，又有高的失业率。其他一些国家也有类似的情况。这是为什么呢？

答案就是，经济的低增长速度和高失业率并不是治理通货膨胀的有效途径，而是成功治理通货膨胀时才会产生的负面效应。我们所实施的一些政策不仅妨碍了经济的正常增长，而且增加了失业，甚至还加重了通货膨胀。比如，对物价和工资进行管制的政策，增加政府干预经济的政策，所有这些都伴随着政府支出和流通货币量的急速增加。

另一个医学上的例子也许可以说明治疗和负面效应的区别。假如你患了急性阑尾炎，医生建议做阑尾手术，而且告诉你手术之后要卧床休息一段时间。你拒绝动手术，但是开始卧床休息，认为这是轻松治疗阑尾炎的好方法。虽然这看起来很荒唐，但是人们在看待失业率究竟是一种治理途径还是治理产生的负面效应时，总是会犯一样的低级错误。

既然治理通货膨胀的负面效应是具有严重危害的，所以有必要理解为什么会产生这些负面效应，以及怎样采取有效措施减轻它们的危害。我们早在第 1 章就阐述过产生这些负面效应的原因，即政府不断更改货币量的增长率，对价格系统的信息传递产生干扰，进而使经济活动的参与者做出了错误的反应，而对这些错误的纠正需要花很长时间。

首先，考虑一下当货币量开始膨胀性增长时会发生什么情况。通过增加货币的印制量来解决高消费的问题，对于商品的出售者、劳动者或者其他需要付费的服务提供者来说，并没有什么影响。例如，铅笔零售商发现，在原有价格的基础上销售量有所增长。所以起初他不会提高价格，而是会多从批发商那里购进铅笔，接着批发商又会向厂家多订货，然后厂家再向原材料供应商多订货，依次沿着供应链级级向上。假设铅笔需求量的增加是以其替代品需求量的减少为代价的，例如圆珠笔，而非货币膨胀性增长的结果，那么整条铅笔供应链的增值，必然伴随着整条圆珠笔供应链的贬值。最终，铅笔以及制作铅笔所用的原料会依次涨价，而圆珠笔以及制造圆珠笔所用的原料就会依次降价，但是平均物价水平不会发生变化。

然而，如果铅笔需求增加的原因是货币量的增长，那么情况就完全不同了。那时，铅笔、圆珠笔以及绝大部分商品的需求量会同时增加，消费总额（按美元计算）会增长。但是铅笔零售商并不懂得这个道理。在他重新订货之前，他还是会保持铅笔价格不变，希望以此增加销售量。然而此时，铅笔行业需求量的增长，是与圆珠笔行业以及其他许多行业需求量的增长同时发生的。为生产出足够的商品来满足社会需求量的普遍增长，就必须使用更多的劳动力和原材料，工人和原料供应商最初的反应与铅笔零售商相似——加班工作和生产更多的产品，然后，由于相信社会对他们提供的商品的需求量增加了，所以会提高价格。可是这一次不会发生抵消效应，不会有与某行业需求量增长基本匹配的另一行业需求量的下降，不会有与某种商品价格上涨相匹配的另一种商品的价格下跌。当然，这一点在变化刚开始发生的时候是不容易察觉到的。在一个动态的世界里，需求总是在变化，一些物价在上涨，另一些在下跌。我们常常无法辨别到底是社会需求在普遍增加还是仅仅个别商品的需求在增加，我们总是会把这两种需求增加信号混淆起来。这就是为什么在开始的时候，货币量快速增长的负面效应会被误认为是经济繁荣和就业人数增加。但是，负面效应就是负面效应，其本质迟早会显现出来。

　　一旦这种本质显现出来，工人、厂商和零售商就会发现他们受骗了。当他们对于自己销售的那点商品的增长需求量做出反应的时候，误以为只有自己的商品卖得好，至于自己需要购买的其他商品，价格并不会变动。当他们发现自己的错误时，会进一步提高工资和价格——不仅是对需求的增加做出反应，也是因为他们所需商品的价格在上涨。此时，我们就陷入一种价格——工资螺旋上升的过程中，这是通货膨胀的后果之一，而不是诱因。如果此时政府不继续推进货币量的增长速度，那么通货膨胀对就业形势和产出的影响，就会由最初的积极作用转为消极作用，就业人数和产出量都会因为工资和物价的循环上涨而逐渐下降。宿醉的痛苦感终究会胜过最初喝酒时的惬意。

　　这些变化的依次发生需要经过很长一段时间。过去一个多世纪里，在美国、英国和一些其他西方国家，平均需要 6~9 个月，货币量的增加才能影响到社会经济，使得经济增长和就业人数增加。再经过 12~18 个月，才能对物价水平有明显影响，产生或者进一步恶化通货膨胀。这一过程在这些国家中之所以需要如此长的时间，是因为这些国家的货币量增长率和通货膨胀率在很长一段时期内（除了战争期间）都不曾出现过明显变动。第二次世界大战前夕，英国的平均批发价格基本与 200 年前差不多，美国的与 100 年前差不多。在这些国家，通货膨胀是第二次世界大战以后才出现的一种新现象。通货膨胀率时高时低，在一定的时期内不存在明确的发展趋势。

许多南美洲国家则不具有这种优越的历史条件。在这些国家，货币增长对经济产生影响所需要的时间要短得多——至多几个月。如果美国不对其近年来的经济过热进行调控，而是任由通货膨胀率大幅度变动，那么货币增长对经济产生影响所需要的时间也会逐渐缩短。

放慢货币增长率后会出现的情况，与上文所描述的恰好相反。最初，开支的减少会被认为是对某些特定产品需求的减少，经过一段时间后，这将导致产出总量和就业人数的减少。再过一段时间，通货膨胀得以缓解，同时出现就业的人数增加和产量的提高。酒鬼经过一段最难熬的自我克制期后，终于戒酒成功。

上述这些调整变化都是随着货币增长速率和通货膨胀率的变化而发生的。如果货币增长率高而且稳定，物价就会逐年上涨，譬如说10%，则经济也许就能够自我调整，从而与此相适应；工资每年也只会以10%的速度增长；利率同样每年也只会以10%的速度增长——为了补偿债权人因为通货膨胀而遭受的损失；税率也会为适应通货膨胀而进行调整，诸如此类。

虽然这样的通货膨胀不会造成太大的危害，但是也没有任何积极作用。它不过是让经济的正常运转多走了几条弯路。问题是，一旦这种情况稍有恶化，经济就不会继续保持稳定。如果从政府的角度看，制造一个10%的通货膨胀率是有利可图的，而且也是可行的，那么一旦通货膨胀达到这个程度的时候，政府的野心也会水涨船高，希望通货膨胀率涨到11%、12%，甚至15%。历史经验证明，没有通货膨胀才是可行的政治目标，而非使通货膨胀率达到10%。

■ 缓解负面效应

每次通货膨胀都会历经经济增长速度放慢和失业率升高这两个过程，历史上还不曾出现过反例。据此，我们可以断定，治理通货膨胀的负面效应是不可避免的。

但是，通过采取有效措施来缓解这些负面效应，降低它们的危害性，还是有可能的。

缓解负面效应的最可取的办法是，通过事前颁布一项政策并加以贯彻执行，使之取信于民，从而渐进地、平稳地降低通货膨胀率。

对通货膨胀的治理，之所以要逐步推进而且要事先通知民众，是为了让他们有时间调整、纠正自己的经济行为，同时也是为了诱导他们这样做。因为多数人会依据他们对通货膨胀的预期，订立各种长期合同，包括人事合同、借款贷款合同、生产建设合同等。这些长期合同加大了快速降低通货膨胀的难度，同时也意味着，对通货膨胀的治理会使很多人蒙受损失。而如果提前告知民众政府的政策倾向，那么为了适应新形势，民众可能就会提前终止这些合同，或者对其进行修改，又或者重新谈判具体条款。

缓解负面效应的另一种行之有效的办法是，在长期合同中加入一些"伸缩条款"，即在合同执行的过程中，会依据通货膨胀的严重程度自动进行调整。最常见的伸缩条款是在薪酬合同中常有的生活费用调整条款。这种合同规定，每小时的工资将按通货膨胀率或通货膨胀率的一部分（譬如说 2%）增加。在这种情况下，通货膨胀率低，工资增长幅度就低，通货膨胀率高，工资增长幅度就高，但无论是哪一种情况，工资的购买能力保持不变。

伸缩条款的另一大用处是在财产租赁合同中，该类合同不是确定一个长期固定的租金，而是规定每年的租金按照当年的通货膨胀率进行调整。零售商店的租赁合同就常常用商店的总收入乘以一个固定百分比，来计算当期的租金。这种合同看似不包含伸缩条款，但实际上却有，因为商店的收入会随着通货膨胀率的变化而同向变动。

此外，还有一个用处就是贷款合同。通常来说，贷款的基本特点有：本金固定；按事前确定的利率计算利息；在一定期间内还本付息。例如，一笔1000美元的贷款，年利率为10%，期限为一年。另一种做法是不将利率固定成10%，而是用通货膨胀率加上某一个确定的利率百分比，比如2%。这样的话，如果通货膨胀率是5%，利率就是7%，如果通货膨胀率是10%，利率就是12%。还有一种效果相同的做法是，不事先确定还款数额，而是将其与通货膨胀水平相联系，对本息总额进行调整。继续用上述的例子来说明，假设借入1000美元的贷款，还款时按当时通货膨胀率计算相应的应还本金数，再加上以2%的利率所计算的利息。那么，当通货膨胀率是5%时，其应还本金数就是1050美元；当通货膨胀率是10%时，其应还本金数就是1100美元，然后再加上2%的利息。

除了在薪酬合同以外，在美国人们很少用到伸缩条款。但是它的使用范围正在扩大，尤其是在抵押贷款业务中，人们常用它规定可变动利率。几乎所有经历过恶性通货膨胀的国家，以及通货膨胀率波动较大的国家，都越来越重视对伸缩条款的使用。

伸缩条款的使用可以缩短放慢货币量增长率后调整工资及物价所需要的时间，从而缩短过渡期，减少中间过程的负面效应。然而，尽管伸缩条款很有效，但也算不上是灵丹妙药。想要以此调整所有的合同是不可能的（例如纸币就不能这样调整），而且调整成本与调整的数量成正比例增长的关系。使用纸币的最大优点在于能够以最经济、最便捷的方式进行交易，而伸缩条款的普遍使用将削弱这种优势。所以，理想的状况是没有通货膨胀，也不使用伸缩条款。这就是为什么我们主张，只有当私营经济在运行中发生了通货膨胀，为了缓解治理过程中出现的负面效应时，才应使用伸缩条款，而不要把它当成保持经济稳定的永久性措施。

在联邦政府部门里，伸缩条款则是一种备受欢迎的永久性措施。社会保障和其他的退休人员福利、联邦雇员包括国会议员的工资，以及其他许多政府开支项目，现在都按通货膨胀率自动调整。但是，仍然存在两项明显的，而且不可原谅的遗漏：所得税和公债。如果按通货膨胀率来调整个人所得税税率和公司所得税税率——物价上涨 10% 就应使税率提高 10%，而不是目前的状况，税率平均提高了 15% 以上——那么，不用通过听证会就可以消除高额税金给民众带来的负担，也不会非得经历一次示威抗议才终止不合理的课税制度。此外，如果按通货膨胀率来调整所得税税率，还能减少政府对通货膨胀的兴趣，因为政府能够从通货膨胀中获得的收入减少了。

政府公债的利率也完全应该按照通货膨胀率进行调整。这些年来，美国政府自己制造的通货膨胀，使得购买长期公债成为非常不理智的投资。所以，出于对公民的公正和诚实方面的考虑，政府在发行长期公债时，有必要采用伸缩条款。

人们有时把对工资和物价的控制当成治理通货膨胀的一种方法。然而这些年的经验事实表明，控制工资和物价并不能治理通货膨胀，于是人们又转而主张用它来缓解治理通货膨胀所产生的负面效应。据称，只要公众相信政府治理通货膨胀的决心，那么对工资和物价的控制就能发挥这种作用。反过来，政府也希望在公众订立各种长期合同时，它能降低人们对未来的通货膨胀率的预计水平。

然而，就这一目的来说，控制工资和物价只能起到相反的效果。它会扭曲价格结构，降低价格制度运行的效率。由此造成的产量下降会进一步恶化治理通货膨胀的产生的负面效应，而不是缓解负面效应。控制物价和工资还会浪费劳动力，因为一方面它扭曲价格结构，而另一方面大量的劳动力要用于建立、执行和逃避这种管制。不论工资和物价的控制是强制的还是标榜为"自愿的"，这种效果都是一样的。

在现实生活中，物价和工资控制基本上是作为减少货币量和财政支出的替代措施，而不是辅助措施。这种印象会使经济活动参与者，把物价和工资管制的实施视为通货膨胀率在上升的一种表现，而不是通货膨胀率在下降的信号，进而导致他们的预期值会偏高，而不是偏低。

通常，物价和工资控制在实施后的一个较短期内是有效的。商品报价（计入价格指数的商品价格）看似降低了，然而实际上是抬高了，因为人们有变相抬高物价和工资的方式——如降低产品质量，取消售后服务，提供过量晋升机会，等等。但是，当这些规避管制的简便办法用尽之后，价格结构的扭曲状况日益恶化，由管制引起的经济压力达到极点，消极作用越发严重，最终导致整个计划的失败。结果就是，通货膨胀的严重程度加深了，而不是减轻了。回顾 400 年来的历史，物价和工资控制的实施，没有哪一次不是由政治家和选民的短浅目光所造成的。[14]

■ 案例分析

日本这些年的经验对于如何治理通货膨胀问题提供了一个极好的范例。如图 9-6 所示，从 1971 年开始，日本的货币量增长率逐年升高，到 1973 年中期，年增长率超过了 25%。[15]

在货币量大幅度增长的前两年，经济运转并没有出现明显异常，直到 1973 年初才爆发了通货膨胀。其后，通货膨胀的快速恶化迫使货币政策发生了根本的转变。政府将关注的重点从日元的外部价值——汇率——转向它的内部价值——通货膨胀。于是，货币量的增长速度明显放慢，从每年 25% 以上下降到 10%~15% 之间。这样的状态保持了 5 年之久，其间几乎不曾出现过例外。（由于日本的经济增长率较高，所以这个范围内的货币增长率有助于保持物价稳定。比较而言，能保持美国物价稳定的货币增长率应在 3%~5% 的范围内。）

在货币量增长率开始下降之后的大约 18 个月，通货膨胀率也随之下降，但是直到两年半之后，通货膨胀率才降到两位数以下。在此后的两年中，虽然货币量增长率略有上升，但是通货膨胀率基本保持恒定。最终，随着货币增长率进入新的一轮下降阶段，通货膨胀率开始快速地向零趋近。

与一年前同一个月相比增加的百分率（%）

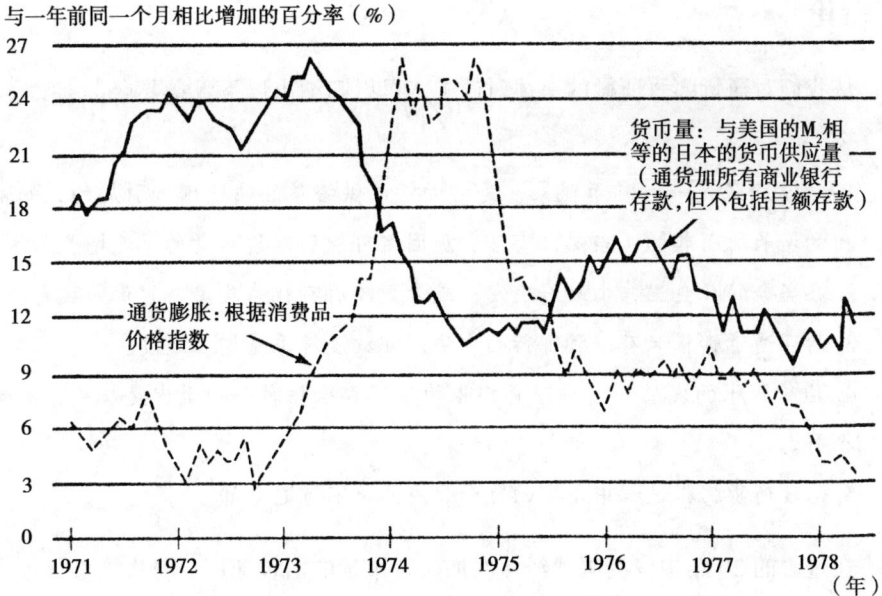

图 9-6　通货膨胀随着货币量的增减而变化：日本的情况

资料来源：Japanese Economic Planning Agency。

图 9-6 中的通货膨胀曲线是依据消费品价格水平描绘出的。实际上，如果按照批发价格来表示，经济状况会显得更好，因为在 1977 年中期的时候，批发价格就开始下降了。战后，日本的劳动力开始从生产率低的产业向生产率高的产业进行转移，例如汽车制造业和电子工业，这就意味着，相对于日常消费品来说，服务行业的价格会上涨得更快。所以，消费品价格会高于平均批发价格。

日本在放慢货币量增长率之后，经济增长率下降，失业率上升，尤其是在 1974 年通货膨胀率还没有对低货币增长率做出明显反应之前。在 1974 年，整体经济状况处于最低迷的阶段。此后，经济开始复苏，接着增长——虽然增长率略低于 20 世纪 60 年代繁荣时期，但仍然相当可观，每年增长 5 % 以上。在治理通货膨胀率的过程中，日本从未对物价和工资实施过控制。而其通货膨胀率开始下降时，正是日本在为适应原油价格上涨而对国内经济进行调整的时候。

■ 结论

从我们对通货膨胀所做的上述讨论中，可以归纳出以下 5 条要点：

1. 通货膨胀是一种货币现象，是由于货币供给量的快速增加引起的，而不是产出的增长所引起的（当然，有多种原因都可能引起货币量的急速增长）。

2. 在当今的社会里，由政府决定，或者说政府有权力决定，货币的数量。

3. 治理通货膨胀只有一种可行的方法，即放慢货币量增长速度。

4. 通货膨胀的发展，和对通货膨胀的治理都很耗时——至少是几年，不会是几个月。

5. 治理通货膨胀过程中发生的负面效应，是不可避免的。

在过去的 20 年中，美国曾经 4 次加快货币量的增长速度。每次增加货币供应量之后，首先引起经济的快速增长，紧跟着就是通货膨胀。为了遏制通货膨胀，政府又不得不再次放慢货币量的增长速度，由此，又会引发国内经济的衰退。再然后，通货膨胀率开始下降，经济也进入复苏期。到目前为止，每次事态的发展顺序都与日本在 1971~1975 年的历史经验完全相同。然而，我们并没有像日本那样，把对货币量的限制作为长期的政策主张，而这一处差别却是解决问题的关键因素。我们所采取的措施是，由于对经济衰退过度紧张，于是加快货币量的增长，使经济陷入新一轮的通货膨胀，使民众遭受更高的通货膨胀率和更高的失业率的折磨。

我们被一种错误的两分法引入歧途，我们以为通货膨胀率和失业率呈反向变动关系。这样的抉择观念显然是一种错觉。真正的选择是：要么把高失业率作为高通货膨胀率的后果，要么把它作为治理通货膨胀的负面效应。

■ 注释

1. John Stuart Mill，*Principles of Political Economy*，vol.II，p.9（Book III，chap. VII）.

2. Andrew White，*Money and Banking*（Boston：Ginn & Co.，1896），pp.4 and 6.

3. Robert Chalmers，*A History of Currency in the British Colonies*（London：Printed for H.M.Stationery Office by Eyre & Spottiswoode，1893），p.6 in.，quoting from a still earlier publication.

4. A.Hinston Quiggin，*A Survey of Primitive Money*（London：Methuen，1949），p.316.

5. White，*Money and Banking*，pp.9-10.

6. C.P.Nettels，*The Money Supply of the American Colonies before 1720*（Madison：University of Wisconsin，1934），p.213.

7. White，*Money and Banking*，p.10.

8. Paul Einzig，*Primitive Money*，2nd ed.，rev.and enl.（Oxford and New York：Pergamon Press，1966），p.281.

9. See Chapter 2.

10. See Phillip Cagan，"The Monetary Dynamics of Hyperinflation," in Milton Friedman，ed.，*Studies in the Quantity Theory of Money*（Chicago：University of Chicago Press，1956），p.26.

11. Eugene M.Lerner，"Inflation in the Confederacy，1861-65," in M.Friedman，*Studies in the Quantity Theory of Money*，p.172.

12. Elgin Groseclose，*Money and Man*（New York：Frederick Ungar Publishing Co.，1961），p.38.

13. John Maynard Keynes，*The Economic Consequences of the Peace*（New York：Harcourt，Brace & Howe，1920），p.236.

14. Robert L.Schuettinger and Eamon F.Butler，*Forty Centuries of Wage and Price Controls*（Washington，D.C.：Heritage Foundation，1979）.

15. 原因是一项试图维持日元对美元的固定汇率的政策。日元受到升值的压力，为了对付这种压力，日本当局用新创造的日元购进美元，从而增加了货币供应量。从原则上说，日本当局可以用其他办法抵消增加的供应量，但并没有那么做。

第 10 章

潮流在转变
Free to Choose

由于西方各国政府从未实现过自己所宣称的执政目标，所以当这些大政府试图再次执行某项政策主张时，总是会激起民众普遍的逆反心理。在1979年的英国，这种对政府的逆反心理成就了玛格丽特·撒切尔（Margaret Thatcher）的首相生涯。在1976年的瑞典，这种逆反心理导致了社会民主党在连续执政40多年后，在大选中落败。在法国，这种逆反心理迫使政府重新制定了一系列旨在消除政府对物价和工资管制的新政策，同时也大幅度减少了各种形式的政府干预。在美国，横扫全国的反纳税运动是这种逆反心理的鲜明体现，此次运动以加利福尼亚州通过了"第13号提议"为标志，此外，其他许多州也通过了对州政府的税收进行限制的宪法修正案。

可是大多数情况下，这些与政府的对抗行为都是短期的，而且在此之后的很短时期内，就会形成一个更具规模的大政府。人们普遍热衷于减少政府税收和其他费用的改革，但是对于如何废除政府的各种项目计划——当然，利于民众的项目计划除外——则缺乏相应的热情。由于公众对于政府的反抗行为通常都是由日益恶化的通货膨胀引发的，同时只要政府认为治理通货膨胀是利大于弊，它们是完全有能力进行控制的，所以只要政府这样做，民众的反抗行为就完全有可能自动减弱甚至是消失。

其实，与其说这种反抗行为是由一时的通货膨胀触发的，不如说通货膨胀在某种程度上是由这种反抗行为引发的。因为从执政者的角度来看，通过征税为政府支出募集资金实在不算是上策，所以立法者就转向通过利用通货膨胀解决资金问题，这样的话，不用通过表决程序就可以变相增加税负，而且这种隐蔽的赋税甚至可以没有明确的征税客体。这种方法在18～20世纪，一直颇受政府的青睐。

此外，那些用于掩人耳目的政府计划目标与这些计划在执行后所取得的最终实际结果总是相差甚远，在前几章中，我们对这些鲜明的差异也做过讨论。由于这种目标和结果之间的反差太过明显，以致有时连大政府的绝对拥护者们都不得不承认政府的失败——不过他们的结论永远会是，只有继续扩大政府的职能领域才能解决问题。

一种观念潮流一旦传播开来，就可以排除万难，势不可当。同样，当一种思潮达到其鼎盛时期时，就会有对立的思想在社会中萌芽，然后迅速高涨。

亚当·斯密和托马斯·杰斐逊极力主张的经济自由和限制政府干预的思想，在 19 世纪末期之前一直占据统治地位。随后，一种对立的思想主张开始萌发——部分原因是经济自由和限制政府干预的政策在推动经济增长和增加公众福利方面取得了巨大的成功，而这种成功反而使得那些长期存在的社会弊病（当然，这类社会问题很多）显得更为突出，于是激起了人们的一种普遍愿望：想要做些变革以消除这些弊病。所以，推崇费边主义和新政自由主义的思潮开始高涨，这种思想上的转变彻底改变了 20 世纪初期英国经济政策的大方向和大萧条后美国经济政策的大方向。

到目前为止，这种新主张已经在英国持续了 3/4 个世纪，在美国也持续了半个世纪之久。相似地，它也基本上达到了顶峰。由于人们对它寄予的期望一次又一次落空，这种主张正在逐渐失去它的学术追捧者。它的支持者在争论中开始处于防守状态，而不是进攻。他们对于目前的社会问题已经给不出新的解决方案。他们也不再能激起年轻人的共鸣，现在的年轻人转而认为亚当·斯密和马克思的思想要远比费边主义和新政自由主义有意义得多。

虽然费边主义和新政自由主义的思潮已经达到顶峰，可是目前仍然没有明确的证据能够表明替代它的新思想，会是更深程度的斯密和杰斐逊主张的自由经济和限制政府干预，还是马克思主张的全能的、一体化政府体制。无论是在理论界，还是在政策的实际运用方面，这一至关重要的问题至今尚无定论。不过以往的经验表明，一般是先有理论界的主导思想，才会出现与之配合的政策主张。

■ 理论界观念导向的重要性

第 2 章中讨论的发生在日本和印度的例子，可以证明理论界的观念导向非常重要，这种观念导向可以决定大部分人以及他们的上级对某种新事物的最初印象，或者说是成见、偏见，也可以决定他们对于一种政策主张和另一种政策主张的不同反应。

在 1867 年取得日本执政大权的明治时期的领导人，致力于增强国家的实力和国际地位。他们认为个人自由或者政治解放都没有什么特殊意义，同时信奉贵族统治和统治阶级应由社会精英组成。但是，他们同时采用了自由的经济政策，这种政策的实施给民众带来了大量的致富机会，并且在执行的最初几十年中，还为很多人带去了人身自由的权利。相反，印度的领导人则致力于推行政治自由、人身解放和民主社会。他们的目标不仅是增强国家实力，而且还要改善大众的经济条件。可惜，他们却采用了集体主义的经济政策，这一政策的实施严重束缚了印度民众的经济行为，就连曾经在英国的鼓励下已经在个人自由和政治解放方面取得的成就也遭到削弱和破坏。

政治倾向上的差异如实地反映了两个时代中，理论界持有的两种相反的主流思想。在 19 世纪中期，人们认为，现代经济只能通过自由贸易和私人企业才能建成，是一种不争的事实。当时日本的领导人可能从没想过还会有什么其他的途径。到了 20 世纪中期，人们认为，现代经济只能通过政府集中管理和不间断的 5 年计划才能建成，是一种不争的事实。当时印度的领导人可能从没想过还会有什么其他的途径。有趣的是，这两种截然相反的主张都起源于英国。只不过日本采纳了亚当·斯密的主张，印度则采纳了哈罗德·拉斯基（Harold Laski）的主张。

我们自己的历史同样有力地证明了观念导向的重要性。1787 年，一群人聚集在独立大厅，为由他们一手建立的国家起草了一部宪法，而这项极具历史意义的工作正是在当时理论界的观念导向下完成的。这一群人历史知识渊博，并深受当时英国思潮的影响——正是后来影响日本政策的那股思潮。他们认为集权政策，尤其是把权力集中在政府手中，是对自由的巨大威胁。他们在起草宪法时，始终牢记这一点。美国宪法力图限制政府权力，保持权力下放，同时赋予个人支配其生活的权利。与宪法原文相比，此特点在《人权法案》和 10 项宪法修正案中体现得更为明显："国会不得制定关于下列事项的法律：确立国教或禁止宗教活动自由；限制言论自由或出版自由；或剥夺人民和平集会和向政府请愿申冤的权利"；"管理良好的民兵是保障自由州的安全所必需的，因此人民持有和携带武器的权利不得侵犯"；"不得用宪法中列举的某些权利取消或轻视人民的其他权利"；"宪法未授予合众国，也未禁止各州行使的权力，分别由各州或人民保留。"（摘自修正案的第 1 项、第 2 项、第 9 项及第 10 项。）

从 19 世纪后期到 20 世纪初的几十年间，由于受英国学术界的影响，即后来影响到印度政策制定的那次思潮，美国学术界的观念导向开始出现转变。从相信个人责任和依靠市场转向相信社会责任和依靠政府。到了 20 世纪 20 年代，大多数——即便不能称为大多数，也至少是不可忽视的一部分——高校教授在对待如何处理公共事务的问题上，都积极推崇社会主义观点。《新共和》杂志和《民族》杂志在当时的理论界是最具权威性的两份期刊。由诺曼·托马斯（Norman Thomas）领导的美国社会党在当时具有广泛的群众基础，而它的中坚力量就是各大高校的师生。

我们认为在 20 世纪的前几十年中，在美国，社会党是最具影响力的党派。由于它没有希望在全国大选中获胜（事实上也有少部分社会党人士出任地方官员，尤其是在威斯康星州的密尔沃基市），所以就致力于发展成为一支理论性的党派。民主党人和共和党人则与此相反。为了能够尽可能拉拢各类不同派别和各种利益集团，民主党和共和党致力于平衡各方关系，求得折中的权宜之计。他们必须避免出现"极端主义"，同时保持自身的中间立场。虽然不能说它们是两支完全一样的政党，但是它们的相似之处的确很多。尽管如此，随着时间的推移，这两支大党最终都采取了社会党的立场。在总统竞选中，社会党代表得到的选票数量从未有哪次超过总数的 6%——1912 年，尤金·德布斯（Eugene Debs）获得过 6% 的选票。在 1928 年的大选中还不到 1%，1932 年的大选中也仅仅只有 2%（诺曼·托马斯获得的）。但是，几乎社会党在 1928 年总统竞选中颁布的每一条经济政治纲领，如今都已制定为法律条款。这些经济政治纲领列示在本书的附录 A 中。

历史证明，当理论界的观念导向开始发生变化，而且这种变化的影响范围在逐步扩大时——如同大萧条后发生的情况——那么，在这种截然相反的观念导向下制定的宪法不可能削弱政府的权力，最多是能够延迟政府扩大其权限的时间。

按杜利（Dooley）先生的话来说，"无论是否符合宪法精神，最高法院都可以随意解读宪法。"宪法的内涵被重新解读而且赋予了新的含义。所有旨在阻止政府进行权力扩张的条款最终都成为无效的。正如雷奥尔·伯杰（Raoul Berger）在研究了最高法院对一项宪法修正案的阐释后，写下了这样的文字：

> 最高法院对于第 14 项修正案的阐释可以清楚地表明法院方是如何"行使"哈兰（Harlan）法官所言的"修正权"的，也就是以阐释内涵的名义不断地篡改宪法的权利范围……
>
> 可以负责任地说，最高法院无视宪法制定者的初衷，对宪法的阐释往往与其本意相冲突……
>
> 此类行为只能使民众得出这样的结论：最高法院的法官就是法律。[1]

■ 民众的观念和行为

之所以说费边主义和新政自由主义的思潮已经达到顶峰，不仅仅是因为知识分子在文献中表示出的观点态度，也不仅仅是因为政治家们在竞选演讲中提及的政策倾向，而是因为普通民众的行为方式。当然反过来说，他们的行为选择必然会对理论界的观念导向和政府的政策制定产生极大的影响。

正如 A.V. 戴西（A.V. Dicey）凭借其超凡的预测能力在 60 年前写下："如

果社会的立法进程受到了阻碍，原因不会是思想家们对公众的影响，而是一些引起大众关注的，有深刻社会影响的举措，例如增加赋税，税收就算不是社会政策的永恒产物，至少也是常见的辅助手段。"[2] 如今，通货膨胀、高额税率、明显的低效率、官僚统治以及来自大政府的过量干预都在如同戴西所预言的那样，发挥着各自的社会效应。这一切迫使民众不得不自谋出路，想办法避开政府设置的各种障碍。

帕特·布雷南（Pat Brennan）是一位在 1978 年引起了极大社会反响的重要人物，因为她和她的丈夫与美国邮政局开展了业务竞争。他们的创业地点是纽约州罗彻斯特市里的一间地下室，他们的业务特色是，保证当天将包裹和信件投递到罗彻斯特商业区的指定地址，而收费标准低于国家邮政局。很快，他们的业务量就开始飙升。

可惜，他们违反了美国法律，国家邮政局把他们告到法院。这场官司一直打到最高法院，但还是以他们的败诉告终。期间，很多地方商人都给过他们经济上的支持。

帕特·布雷南说：

我想美国即将会爆发一场平静的反抗，而我们就是这场运动的先行者……你可以看到人们正在反对官僚统治，而在若干年前这是不可能的，因为会受到镇压……人们决定要自己掌控自己的命运，而不是交给那些不在乎人民生活的华盛顿的官僚们。所以，这不是一个提倡无政府主义的问题，而是一个人们在反思官僚权限和如何限制他们权限的问题……

在各行各业中，出现了有关自由的困惑——你是否有权利从事某种职业，以及你是否有权利决定你要怎样做你的工作。自由问题同样存在于他们对廉价且质优服务的选择权方面，根据目前的联邦政府法规和相关的私人快递法律，我们没有权利开展业务，消费者也没有权利选择服务——在我们这样一个以自由和自由经济为基础的国家里发生这样的事情，的确让人感到困惑。

当有人试图控制我们的生活，而这一切又与他毫不相干时，估计每个人都会做出与帕特·布雷南一样的反应。最初的反应就是愤恨，然后是希望能够借助法律的手段绕过这些障碍，最后就是，从此不再信任法律。这种结局让人遗憾，但是不可避免。

在英国，也有类似的例子，就是人们对没收性征税制度的强烈不满。英国的一位权威人士格雷厄姆·特纳（Graham Turner）说道：

我认为，公平地说，在过去的 10 ~ 15 年间，我们国家已经变成了一个弄虚作假的民族。

人们是如何作假的呢？通过各种极为类似的方式。让我们从社会的底层阶级谈起，以一个农村的杂货铺为例，店主是如何挣钱的呢？他发现如果在正规批发商那里进货，他就得使用发票，但是如果他通过现款取货商店进货……那么这部分商品带来的利润就可以逃税，因为税收人员根本不知道他买了这些商品。这就是他赚钱的方法。

至于社会高层阶级，我们以公司的管理高层为例，他们能够弄虚作假的方式就更多了。利用公款吃喝，以出公差的名义度假，安排自己的妻子成为公司的董事，哪怕她们连工厂都没考察过。在公司建造厂房时，他们偷用公司的材料为自己建住宅。

从下到上，从做着卑贱工作的社会底层人员到社会上层阶级——企业家、高级政治家、内阁成员、影子内阁成员——全部都在作假。

我想，几乎每个人都认为现行的税收制度有失公平，而且几乎每个人都在想办法避税、漏税。现在，一旦人们就税收制度很不公平这一问题达成共识，那么实际上国家就多少有些像个阴谋集团——大家在勾结作假。

想要在这个国家作假是件很容易的事，因为每个人都会协助你。而 15 年前的国情就很不一样。如果那时的人看到当今的社会，一定会感叹地说，嗨，真不应该出现这样的局面。

《华尔街日报》曾刊登过一篇题为"瑞典人的抗税运动"的文章（1979 年 2

月 1 日，第 18 页），作者是梅尔文 B. 克劳斯（Melvyn B.Krauss），这篇文章也很有代表性，以下是其主要内容：

发生在瑞典的，反抗西方国家最高赋税的运动是由个人发起的。瑞典民众没有依靠政府，而是依靠自己掌控事态，简单地说就是拒绝缴税。要达到这一目的有很多种方法可供选择，而且其中的大部分是合法的……

瑞典人拒绝纳税的方法之一就是减少工作时间……在斯德哥尔摩美丽的海面上总是有坐船游览的瑞典人，这恰能生动地描绘出这个国家正在和平进行的抗税运动。

瑞典人通过自己的方式逃避纳税……

以物易物是瑞典人逃避税赋的另一种方式。想要说服一位正在看网球比赛的牙医放弃比赛，回到诊所给病人看牙并不是一件容易的事。但是一个患有牙疼的律师也许可以做到。因为律师可以为牙医提供法律服务作为回报。这种以物易物的方式可以为牙医节省两种税负：他本人的所得税和向律师付费时包含的消费税。尽管以物易物是原始经济的一大特征，但是瑞典的高额税赋却使得它在这个福利国家中，尤其是在一些高技术含量的领域中，成为一种流行的交易方式……

瑞典的抗税运动不仅仅只是有钱人热衷的运动，各个收入水平的人都参与其中。

瑞典这个福利国家，目前正处于一种进退两难的境地。它的意识形态迫使政府不断地扩大支出……但是对于民众的税收负担承受能力来说，存在一个极限，一旦超过这个限度，民众就会团结起来反对增加税负……瑞典人抵制高额税负的所有办法都是在损害经济的发展。所以，增加公共支出就是在削弱社会福利所依赖的经济基础。

■ 为何少数利益集团占优势

如果说在费边主义和新政自由主义的潮流之后，我们所迎接的不是一个极权主义的社会，而是一个更加自由的社会体制和权力相对有限的政府，那么，我们必须要做的不仅是要认清现有体制的缺陷，还要知道为什么会出现这些缺陷以及我们如何改正这些缺陷。为什么政策的最终结果总是与其宣称的目标背道而驰？我们能采取怎样的方式来阻止或者扭转这一趋势？

集中在华盛顿的权力

无论何时参观首都华盛顿，都会感叹：这座城市到底掌控着多少权力。漫步在国会大厦中，很难见到那 435 名众议员和 100 名参议员中的任何一名，因为这里有 18 000 名政府雇员——平均每 65 人为一名参议员工作，每 27 人为一名众议员工作。此外，还有 15 000 名专职的"游说通过议案者"（即政治说客）在国会大厦里来回走动，找寻机会进行他们的游说工作——每个人还会带着秘书、打字员、调查研究人员或者自己利益集团的代表们。

而这只是冰山的一角。联邦政府雇用了近 300 万的文职人员（不包括武装部队）。其中，超过 350 000 人分布在华盛顿以及周边的郊区工作。剩下的则是在间接地被政府雇用，有的是签订政府雇佣合同，但实际上是为私人机构工作；有的是被劳方或者资方组织雇用，或者被其他少数利益集团所雇用，而所有这些机构或组织都将总部设在华盛顿，或者至少在华盛顿有一个办事处，因为那里才是政府的所在地。

华盛顿对律师有巨大的吸引力，全国最大的、收益最高的律师事务所都在这里。据说仅联邦政府及其附属机构每年就需要 7000 名律师为其服务。超过 160 家城外的律师事务所在华盛顿设有办事处。[3]

当然，聚集在华盛顿的权力并未掌握在少数人手中，而是分散在许多不同的部门中。全国各地的任何一个小的利益集团都尽可能地争取所有与他们相关的权限。其结果就是，几乎不存在什么问题，在处理方式上政府的态度是一致的。

例如，在华盛顿的一栋大型办公楼里，一些政府雇员整天忙着制定措施或者执行什么计划，试图用我们的钱来劝阻我们不要吸烟。而在另一栋，可能距离这栋楼几英里而已的办公楼里，另一些政府雇员也在同样努力地工作，想方设法用我们的钱去补助那些种植烟草的农民。

在一座大楼里，工资和物价稳定委员会的人员正在全力以赴，试图通过游说、施压，甚至是以欺骗的方式让厂家降低商品价格，让劳方降低工资要求。而在另一座大楼里，农业部的一些下属机构正在制定各种计划，目的在于稳定或者提高蔗糖、棉花以及其他数以万计的农产品的价格。同时，在另一座大楼里，劳工部的官员正在依据《戴维斯－培根法案》制定所谓的"普遍工资"，以此提高建筑工人的工资率。

国会设立的能源部，雇用了 20 000 名工作人员开展保护能源方面的工作。此外，国会还设立了环境保护局，雇用了超过 12 000 名的工作人员，制定和颁布有关环保的规章制度和一些需要强制执行的要求，而其中大部分要消耗更多的能源。毫无疑问，在每一个机构里都存在工作目的相互矛盾的不同工作部门。

这样的局面，即使不会造成严重的后果，也至少是荒唐可笑的。各种相悖的政策所产生的效果会产生相互抵消的结果，可惜它们所造成的花费并不能抵消。每一项政府计划所需的花费全部来自于我们这些纳税人，而我们原本可以用这部分税金购买任何商品或者服务来满足自己的需求。每一项计划所耗用的那些能干的、高级人力，原本也可以从事一些其他更高效的生产活动。每个机构尽其所能制定出的那些要求、规则、办事流程、填报的表格，只是让公众大为困扰。

利益集中与利益分散

无论是权力的无限细分还是各项政策的自相矛盾，都根源于民主制度的政治现实，这一制度就是通过颁布各种详尽和具体的法律条款而运作。这种系统倾向于赋予那些高度集中的小型利益集团过多的政治权力，也更重视那些能够产生明显、直接、即时效果的政府举措，而那些意义深远、造福子孙，但是短时期内看不出明显效果的政策往往不会被采纳，这种系统常常通过牺牲公众利益来实现少部分人的特殊利益。从以往的经验可以看出，在这种体系下，政治家们也掌控着一只看不见的手，其作用与亚当·斯密所说的看不见的手恰好相反。那些一心一意想要提升公众利益的人，往往会被这只看不见的手所误导，最后提升的只是他们原本不想理会的少部分人的特殊利益。

一些事例可以说明这一问题的本质。例如，政府有一个偏袒海运业的计划，即对造船和出海运营进行补助，同时针对沿岸的水路交通状况为本国的商船提供便利条件。据估计，执行这一计划给纳税人造成的税收负担是每年 6 亿美元——换种方式说，对于这一产业的 40 000 名纳税人来说，每人每年要交 15 000美元。船主、船长和船员都十分希望政府能够实施此项计划。为此，他们在游说政客和政治捐款方面花费巨资。而从另一个方面来说，如果将 6 亿美元平均分给两亿人，也就是每人可得 3 美元，对于一个四口之家来说，也就只有 12 美元。有谁会为这 12 美元的负担就给国会议员的竞选人投反对票？又有多少人会认定为了取消这项计划，继续花些钱也是值得的，甚至是会认为花些时间来熟悉事件的来龙去脉是值得的？

还有一个例子。那些钢铁企业的股票持有人、公司的执行官以及所有钢铁工人都知道，如果美国增加钢铁的进口量，对他们来说就意味着挣钱的机会和工作的机会都在减少。他们清楚地知道只要政府实施减少进口的措施，就能使他们受益。而此时那些处于出口行业的工人们却并不知道自己正受到失去工作的威胁，因为减少从日本的进口商品数量，就同时意味着向日本出口的商品数量也会减少。这些出口工业的工人大概只有到失业的时候才会明白发生了什么。对于汽车、厨房用具和其他钢铁制品的购买商来说，他们可能只是会抱怨自己的进货价格在不断上涨。可是有多少购买商会把这种高价格和政府的限制进口政策联系起来：是因为政府减少了对国外的低价钢材的进口数量，才导致生产商必须使用本国的高价钢材。这些买家很可能只是会指责"贪婪的"生产厂家和"得寸进尺的"工会会员。

农业是另一个例子。农民们开着自家的拖拉机来到华盛顿，要求政府对提高农产品价格予以支持。在政府做出决定之前，为了使自己的行为看起来合乎常理，农民们常常以气候太差，或者修建教堂为理由，而不会直接指责白宫的政策。可是，即便是对食品这样的生活必需品来说，也不会有消费者采取游行的方式反对价格保护。至于农民自己，尽管农业是美国的主要出口业，也不会意识到政府对国际贸易的干涉与他们面临的问题到底有多紧密地联系。他们大概永远不会想到政府对钢材进口的限制对他们会造成怎样的伤害。

我们再举一个非常不同的例子，美国邮政局。每次政府想要削弱邮政局的垄断地位时，就会受到来自邮政部门工会的强烈抗议。因为他们很清楚，一旦向私人企业开放邮政服务业务，就意味着他们可能会失业。所以他们要尽一切可能阻止这一结果的发生。可是发生在罗彻斯特的案例却证明，如果推翻了邮政局在市场上的垄断地位，就会出现一个生机勃勃的私人行业，可能由上千家小型公司构成，同时雇有数以万计的员工。其实目前邮政局的一部分人知道自己极有可能在这样一个新行业中找到更有发展前景的机会，但是尽管如此，他们也不会去华盛顿向国会委员会说明这一点。

个人可能会对政府的某一计划有特殊的偏好，因为能够从中受益，同时个人也可能会反对政府的某些计划，因为会使他的利益受损，而且这两者之间，收益可能大于损失。但是支持一项计划的实施能给他带来直接的收益，而反对某一计划的实施却不行。此时，个人会欣喜地发现他和与他有着相同价值偏好的人群完全有能力为更改某一计划而承担相应的财力和精力的投入。如果没能让政府采用对他们有利的计划，那么被采用的计划就可能伤害到他们的利益。为了维护自己的利益，个人愿意为利己计划的采用付出多少代价，就会愿意为反对其他计划的实施付出多少代价。而这显然是个错误的决定。

市民们通常都关注税收——但即便是这种高度关注也会被绝大部分税种的隐含税负本质所蒙骗。企业税和消费税都是价内税，我们在购买商品交付货款的时候就交纳了，但是并没有独立核算；大部分的所得税在我们得到收入前就已经被扣除了。通货膨胀是性质最为卑劣的隐性税，但是它的这一本质也最难被发现。只有营业税、财产税以及超过抵扣金额的那部分所得税是直接的、显而易见的税负——人们抱怨的也只是这几个税种。

官僚机构

政府的职能部门划分得越细，同时对其职能权限的限制越多，政府就越有可能代表公众的利益，而不是少数人的特殊利益。就这一点来说，新英格兰镇会议称得上具有里程碑意义的事件，值得我们牢记。普通公民意识到他们能够控制政府职员；每一个人都能发表自己的意见；议事日程简单明了，使得每个人不仅可以详尽地了解大事件，也可以获知各种小事件。

不论是从政府管辖的地域范围、人口数量来说，还是从其发挥作用的各种领域来说，政府的职权范围在日益扩大，然而随着这种权限的扩张，处于被统治地位的民众与处于统治地位的官员之间的联系变得越来越弱。在合理的情况下，政府的议程安排应该是对外公开，让民众了解所有的政府项目，但是目前这一点不但是不可能的，而且甚至连政府的大型项目计划都不为民众所知。管理政府所需的官僚体制正在不断地壮大，而且越来越多地介入到普通公民和政府所选出的公民代表之间。这种官僚机构既是特殊利益集团实现利益目标的一种工具，同时其本身也是一个重要的特殊利益集团——我们在第 5 章所说的新阶层的一个重要组成部分。

目前的美国，也就只有在山村、乡镇、小城市或者郊区县，才能出现民众对政府行为进行具体而有效的监管——而且即便是在这些地方，也仅限于那些州政府或者联邦政府没有对地方政府授权管理的事务。在各大州、城市和华盛顿，政府并不是由政府官员掌控，而是由那些幕后的官僚机构在控制。

没有一个联邦立法委员能够通读一遍他将投票表决的法律条文，更不必说去研究分析这些法律。他必须极大程度地依赖他的众多助手、游说通过议案者、同事以及其他信息来源，才能决定如何表决。那些不是通过选举产生的国会官僚们，如今在具体法律条款的制定和通过方面，已经和那些选举出的议员代表们具有同样大的影响力。

在政府执行各项计划时，这种情况更为严重。官僚们存在于各种政府部门和其他独立机构，他们的言行完全不受议员代表的控制。那些经选举产生的总统、参议员和众议员不断地换届，但是政府的文职人员却保持不变。高级官僚们很擅长通过延长办事流程的方式来延误或者取消他们反对的计划，他们也擅长通过"阐释"法规的方式暗中地，有时甚至是明目张胆地篡改法律条文的原意。他们对于符合自己利益的法规会催促施压，以求立即执行和通过，而对于自己不赞成的法律则尽可能地拖延。

近来，面对日益复杂和意义深远的立法，联邦法院一改往日法律条款客观阐释人的传统角色，开始积极参与到制定法律和执行法律的工作中。这样一来，他们就成了官僚机构的一部分，而不是周旋于政府及其分支机构的一个独立部门。

官僚们并没有篡夺权力。他们没有故意参与到任何试图颠覆民主进程的阴谋中，是权力找到了他们。除了直接授权外，没有其他任何可行的方式可以用来处理政府的繁杂事务。当对两个职能不同的官僚机构的授权引起他们之间的冲突时——例如，最近被委任进行环境保护和改善工作的官僚机构与被委任进行能源维护和有效利用工作的官僚机构之间的矛盾——唯一可取的解决方式就是再对第三个官僚机构进行授权，让他们去处理争议。据说，尽管矛盾的本质在于不同官僚机构之间的利益冲突，而并非繁文缛节的办事流程，但是唯一的解决方法还是简化办事流程。

被赋予上述职责的高级官僚们，怎么也不会想到他们所写的和收到的报告、所参与的会议、与其他重要人物一起进行的冗长的讨论、所颁布的规章制度，全部都是诱发问题的原因，而不是解决问题的方案。他们理所当然地认为自己承担着重要的社会责任，认为自己比那些无知的选民或者自私自利的商人更清楚应该做什么。

官僚机构在规模和权力上的扩张，会影响到市民和政府关系的各个方面。如果你对政府的某种举措有所不满，或者发现了从中获得好处的机会，那么你的第一选择极有可能是拉拢某位官僚，让他做出有利于你的行为。也可以求助于你所投票支持的议员，但是真正目的也是让他能够代表你的利益，在某位官僚面前美言几句，而不是希望这位议员支持某条法案。

逐渐地，要取得商业上的成功有赖于是否在华盛顿有人脉，能够与某个议员或者官僚有联系。政府和商人之间也出现了所谓的"旋转门"。在华盛顿当一段时间的政府文职人员，成了商业巨子在成名前必经的学徒期。在政府谋职并不是因为想要为从政迈出第一步，而是因为在将来的事业中可能受到政府的管制，所以提前建立起有用的人脉关系，同时了解政府内幕。虽然旨在防止公务员徇私舞弊的法规越来越多，但是它们只能是防止那些明目张胆的违纪行为。

当一个少数利益集团试图通过某个高度透明的立法程序为自己谋利，那么它不仅需要给自己的请求安上公众利益的假名，而且必须说服一大批与此无关的人，让他们相信这份请求对所有人来说都是有好处的。那些被认定为有明显自利倾向的议案很少能通过审批——例如，最近由于卡特总统在各种竞选运动中得到了一些工会的大力支持，于是同意给海运业更多的特权，但是这一申请最终还是被否决了。保护钢铁业不受国外同行竞争的影响，被说成是出于国家安全和实现充分就业的考虑；对农业进行补贴，被说成是为了保证食品的充足供应；邮政局的国有垄断地位，被说成是有助于国家团结，类似的事件，层出不穷。

大约一个世纪之前，A.V. 戴西解释了为什么当特殊利益集团打着公众利益的幌子进行游说时，会那么有说服力："州政府的干预行为，尤其通过立法进行干预时，产生的正面效应总是直接的、即时的，甚至可以说是立竿见影的，而其负面效应却往往是间接的、逐渐显现的，甚至是不易察觉的……因此，大部分民众必然会过分偏爱政府的干预行为。"[4]

当一个特殊利益集团试图通过行政程序而不是立法手段来为自己谋取利益

时，戴西所说的政府干预行为的"自然偏心"特性就会大大加强。就连一家货运公司在向州际商务委员会求助，以期获得某种有利于自己的行业规则时，都会以公众利益为借口，当然自始至终也不会有人想要拆穿这个谎言。这种谎言除了官僚们，不会有别人相信。那些真正关心公众利益的，与货运公司无关的第三方群体也很少提出反对意见。只有其他的利益相关群体，比如海运公司或者其他货运公司，才会提出自己的想法。整个事件基本不需要其他华丽的谎言。

法院在职能上的转变，进一步强化了官僚机构的发展，而这一切对于约翰·亚当斯（John Adams）在马萨诸塞州宪法草案（1779 年）中所表达的愿景 ——"建立一个由法律支配而不是由人支配的政府"——来说，是一种嘲弄。凡是从国外回来，在海关接受过细致安检的人，凡是被国内税务署重新审计过税单的人，凡是被联邦职业安全卫生管理局或者联邦机构的任何工作人员调查过的人，凡是因任何事件求助过官僚机构，希望他们予以仲裁或者批准许可的人，凡是在工资和物价稳定委员会做出决策之前，就为某种高额物价或者工资进行保护的人，总之，凡是和政府接触过的人，就会知道我们离依法治国到底有多远。政府官员原本应该是我们的公仆。然而当你坐在一张办公桌前，办公桌的那一边坐着来自国内税务署的正在审计你税单的工作人员，那么这个时候到底谁是主人，谁是仆人呢？

再举一个例子。最近《华尔街日报》一篇文章（1979 年 6 月 25 日）的标题是：某公司"前任经理付给证券交易委员会的费用"。据报道，这位名叫莫里斯 G. 麦吉尔（Maurice G. McGill）的前任经理谈道："问题不在于我个人是否从整个交易中获得了好处，而是在于一个卸任的经理应该承担怎样的责任。将整件事情诉诸于法律可能会比较有趣，但我决定直接付钱完全是出于经济上的考虑。与证券交易委员会打官司，成本投入会是个天文数字。"无论是胜诉还是败诉，麦吉尔先生都需要支付诉讼费，而那位受贿的证券交易委员会工作人员，则至多是在单位内部名誉受损，除此之外没有任何损失。

▪ 我们能做什么

　　毫无疑问，凡是想要阻止或者扭转目前这种局势的人，都应该对进一步扩大政府权力和职责范围的措施持坚决反对意见，强烈要求废除目前的标准并进行改革，同时选举持有同样观点的人出任议员和行政官员。但是这并不是扭转目前政府不断壮大势力这一趋势的有效途径，所以注定会失败。我们中的每个人都会尽其所能地维护我们的特权，同时尽可能通过牺牲别人的特权来实现对政府职能的控制。我们要对抗的是一条九头蛇，砍去它一颗脑袋的速度总是没有它长出一颗新脑袋的速度快。

　　美国的开国元勋们早已为我们指出一条更有希望的出路：通过一揽子交易。我们应该采用自我约束的法律，以减少我们试图利用政界渠道才能达到的目标数量。我们不能以利益作为考虑各种事件的唯一出发点，而应该为政府的职责范围制定广泛且具体的规章条例。

　　宪法第一修正案很好地解释了这种方法的优点。大部分的议员和选民会赞成对言论自由施加一些限制，大部分人会赞成禁止纳粹分子、基督复临安息日会教徒、耶和华见证人教徒、三 K 党成员、素食主义者，或者其他任何你能想到的小组织成员在街头巷尾发表演讲。

　　第一修正案的高明之处就在于通过一揽子交易的方法处理这一系列问题。它采用的普遍原则是"国会不得制定关于下列事项的法律……限制言论自由或出版自由"，而不是按照每个事件的特殊性质，按情况予以考虑。当时，大多数人支持这项条款，而据说，目前大多数人还是在支持它。当我们是大多数中的一员时，看到少数人的自由受到干涉，并不会有怎样的感同身受，然而当我们成为少数人中的一员时，这种感受才会深刻——而且我们中的大多数迟早会有成为少数人中的一员的时候。

　　我们认为，美国需要类似于宪法第一修正案那样的法规来限制政府在经济和社会领域的职能范围，一项能对原始人权法案起到补充和加强作用的经济权利法案。

把这样的权利法案加入宪法中，并不能扭转目前政府不断扩张的趋势，也不能放慢这种趋势的发展速度——它的作用肯定不会超过宪法本身。而宪法也没能阻止政府权力的不断扩大和集中，以致目前政府权力的强大和集中已经超出了当年宪法制定者所规定的或设想的范围。对于建立和维护一个自由社会来说，一部成文宪法并不是充要条件。如同英国，尽管只有一部"不成文"的宪法，却造就了一个自由的社会。一些拉丁美洲的国家在制定自己的宪法时，其实就是在一字一句地抄袭美国宪法，而它们迄今都未能建成一个自由的社会。无论是一部成文的宪法，还是相对来说不成文的宪法，但凡能够发挥其社会效力，就必须受到普遍大众及其领导人在思想上的支持。它必须能够体现出那些人们坚信不疑的处事原则，只有这样，人们才会理所当然地认为行政部门、立法机关和法院在遵照这些原则办事。就如同我们所看到的，当人们的观念发生变化时，政策也会随之变化。

然而，我们之所以认为制定并采用经济权利法案可以有效地扭转目前政府扩张的这种趋势，主要基于以下两大原因：首先，制定修正案的过程对于社会观念的定形具有重要的价值；其次，与目前的立法程序相比，修正案的制定能够更加直接且有效地将人们的观念转变为实际的政策。

假如新自由主义的思潮已经达到其顶峰，那么对于这样一部权利法案的制定必然会引起全国性的争论，而这场争论一定会让人们在观念上倾向于自由主义，而不是集权主义。这场争论也将暴露大政府的各种弊病，并让大众了解可行的避免方法。

采纳这种修正案所历经的政治流程，将比我们目前的立法和行政结构显得更为民主，因为它使得大众具备了决定事态最终结果的权力。在解决各种问题时，政府一次又一次地违背人民的意愿行事。每次民意调查都显示，绝大多数人反对通过强制乘坐校车的方式整合学校资源——可是校车制度不仅在继续，还在不断地推广。在就业和高等教育方面实施的各种计划，以及为了实现人人平等而执行的各种措施，也都具有类似的情况。据我们所知，目前还不曾有哪位民意调查员问过公众这样的问题，"政府以代表您的利益为由，每年花掉您收入的 40% 以上，你认为这些钱花得值得吗？"那么，对于民意调查到底应该体现怎样的民意，难道我们不该有所质疑吗？

在前文所述的那些情况，就是为什么特殊利益集团习惯于通过牺牲大众利益来达到自己目标的原因。那些在高校、传媒机构，尤其是官僚机构中涌现出的新阶层，已经成为一个最有势力的特殊利益集团。无论公众的抗议有多强烈，也无论法律有多么具体的限制约束，这个新阶层总是能够成功地将自己的观点强加给别人。

修正案的采用对于权力下放具有极大的推动作用。它要求 3/4 的州政府可以独立采取行动。这样，提议更改修正案甚至不必经过国会的批准：宪法第五条规定"国会……应 2/3 州议会的请求，就应当为修正案的更改召开会议"。到1979 年中期，已有 30 个州议会要求国会召开会议，就如何要求联邦政府保持预算平衡制定修正案。只要再有 4 个州议会提出这种申请，就达到宪法规定的2/3 的数目要求，这一状况在华盛顿引起了很大的恐慌——准确地说，是因为这样一来，整个华盛顿的官僚机构可以被架空。

■ 对税收和政府开支的限制

采用宪法修正案来限制政府行为的运动已经在一个领域展开了——税收和政府支出。到 1979 年初，已经有 5 个州采纳了关于限制州政府可征收的税金总额的宪法修正案，有的州还对政府支出总额进行了限制。其他一些州已经做好了采用这些修正案的准备工作，还有一些州政府计划在 1979 年的选举中提出采纳议案，然后进行投票表决。除此之外的各州中已经有一半以上正在积极筹措，为这类修正案的采纳做着准备。国家税收限制委员会是一个与我们生活密切相关的国家级组织，目前在好几个州都发挥着票据交换所和经济活动协调人的作用。到 1979 年中期，该组织在全国拥有约 250 000 位成员，而且成员数量正在快速增加。

目前在国家层面上，有两件重要的事件正在逐步取得进展。一件是个州议会被迫向国会施压，为有关政府预算平衡的修正案提议召开一次国家级会议——这件事最初是由全国纳税人联盟发起的，这个联盟 1979 年中期在全国范围内拥有超过 125 000 位会员。另一件是国家税收限制委员会的资助商们正在起草有关限制联邦政府开支的修正案。起草委员会包括了律师、经济学家、政治学家、州议员、企业家以及各种团体组织的代表，我们两个也是其中的委员。该委员会起草的这份修正案已经提交给了国会的参众两院，国家税收限制委员会将在全国发起一场运动来支持这份草案。附录 B 就是该修正案的主要内容。

存在于州和联邦修正案背后的基本思想就是要纠正我们现有结构中的缺点，在目前的结构下，议员们投票支持的政府开支额度要高于民众认定的合理数额，可是这些议员们，又是我们通过民主的方式选出的。

正如我们所看到的，这种结果就是由追求特殊利益的政府干预的自然偏心造成的。政府预算是通过把各个已通过审批，正在执行项目的支出加总而得出的。与某个特定项目有特殊利益关系的那一小部分人，总是会花费精力、财力，想方设法让项目通过审批，除此之外的大部分人，可能每个人都会因为该项目的批准而上缴几美元的费用，但他们不会因此就反对该计划，因为哪怕这些人还想详细了解它，也还是会认为继续为此花钱或者奔波劳累是不值得的。

国家还是在被大多数人统治着，但是这些大多数也并非只是普通人，它不过是由多个特殊利益集团组成的。要当选议员，就要把你 2% 或者 3% 的强势选民组织起来，形成几个集团，每个集团都会高度关注某一特定问题，而该问题与其他选民则几乎没有任何关系。只要你承诺会解决某个集团关注的问题，那么他们就会为你投票，而不管你会如何处理其他集团关注的问题。只要你能召集起足够多这样的集团，那么你就能拥有超过 51% 的选民，他们就是统治这个国家的大多数。

那份提交给国会的修正案将通过限制议员——无论是州议员还是联邦议员——受权拨款的总额，来调整他们的工作权限。该修正案要求政府事前制定详细的、有限额的预算，如同我们每个人的预算都会受到限制一样。虽然但凡与特殊利益集团相关的立法都是不值得推崇的，但是它们的弊端并不是显而易见的，而且有时也并非一无是处。相反，每项立法都被认定成某一崇高社会目标的护航者。问题在于这类社会目标实在是不计其数。目前，议员在反对某个"崇高的"社会目标时，往往处于劣势。因为假如他的反对理由是，该社会目标的实现会提高税负，那么他将会被判定为，由于个人的唯利是图就视人民的需求而不顾的反动分子——毕竟，这个崇高的社会目标只会给每个公民增加几美分或者几美元的税负。假如这名议员当时说："不错，这是一个高尚的目标，但是我们的预算是固定的。为你的这个目标多花钱，就意味着在别人的目标上少花钱。那么我们应该减少哪些项目上的开支？"那么这名议员所处的地位将会有利得多。修正案的目的是要让特殊利益集团们，为了从一个确定大小的蛋糕中分得较大的一块而展开竞争，而不是通过相互勾结增加纳税人的负担来将蛋糕做大。

由于州政府没有印制钞票的权力，所以可以通过限制其征税总额的方式控制政府预算，目前大多数的州宪法修正案都采用了这种方法，这些修正案不是已经被采纳，就是已经提交审批了。联邦政府有印制钞票的权力，所以对它来说，限制税收总额不是一种有效的方法。这就是为什么我们的修正案限制的是联邦政府的支出总额，而不是收入总额。

无论是对税收还是对支出的限制，只要支出等于限额，都可以看成是对州政府或者联邦政府总收入的限制，因为政府的支出与收入的比值应当保持恒定。这能够阻止政府不断扩张的趋势，却不能起到逆转趋势的作用。但是，这种限制又有可能引起逆转，因为在绝大多数的情况下，如果政府在某一年的支出超过了限额，那么以后年度的实际限额就会更低。此外，在提交的联邦修正案中要求，如果当年的通货膨胀率大于3%，那么政府必须降低支出占收入的比重。

■ 其他可选的宪法条款

我们的收入中由政府支配的那部分所占比例在逐渐减低，这对于建设一个更自由和更强大的社会来说，是有重要推动作用的。但这也只是向目标迈进的第一步。

政府在对我们的生活进行管控时，采用的许多极具破坏性的措施并不需要政府资金，比如征收关税、进行价格工资管制、颁发职业执照、制定行业规则、执行保护消费者权利的法例。

对付这些管制的最有效的方法，还是要制定能够限制政府权力的一般性法规。可是迄今为止，如何制定出合适的这类法规，并没有得到普遍的关注。任何一条法规被正式采用之前，都应该由有着不同利益倾向和教育背景的人对其进行细致的考察检验，有关限制政府税收和支出的修正案则已经接受了这种检验。

作为整个过程的第一步，在这里对几个修正案的例子进行概述，在我们制定修正案的过程中，这些例子是很有选用价值的。需要强调的是，在修正案这个亟待开发的领域中，这些例子都是尝试性的，主要是用于激发人们的思考并为下一步工作做准备。

国际贸易

目前，美国宪法明确规定："无论何州，未经国会许可，不得对任何进口商品或者出口商品征收进口税或者间接税，为执行该州检查法令而绝对必要者，不在此限。"相应的修正案就可制定为：

国会不得对任何出口商品或者进口商品征收出口税或者间接税，为执行国会检查法令而绝对必要者，不在此限。

认为现在就可以采用这项修正案，是不切实际的想法。而认为通过废除个别关税制度就可以实现自由贸易，则更是一种空想。作为消费者，对所有关税加以限制，是符合我们的利益的，而作为生产者，则会损害我们的利益，这一利一弊之间是一种此消彼长的对抗关系。

工资和价格管制

正如我们在几年前所写的，"如果有一天，美国向集体主义妥协，向我们生活中各种类型的政府管制妥协，那并不是因为集体主义宣扬者在论战中取得了胜利，而是因为工资和价格管制在间接地发挥着作用"。[5] 如同我们在第 1 章中谈过的，价格传递信息——沃尔特·里斯顿（Walter Wriston）对此有极为恰当的描述：价格是一种演讲形式。凡是由自由市场决定的价格都是一种自由演说的方式。就此，我们需要一条与宪法第一修正案相配的条款：

国会不得制定任何法律限制商品和劳务供应者对其商品和服务进行定价的自由。

颁发职业执照

与从事的工作相比，几乎没有什么其他东西会对我们的生活产生更大的影响。要扩大我们择业权的自由，就必须对州政府的权力加以控制。为达到这一目的，我们要么就得在国会宪法的正文中明确禁止各州相关行为的条文，要么就制定第 14 项修正案。对此，建议如下：

各州不得制定和执行任何法律，使得合众国的公民从事其自选工作或职业的自由受到限制。

多管齐下的自由贸易修正案

上述三项修正案完全可以由一项修正案替代，该修正案类似于我们现行的宪法第二项修正案（保证公民具有持有和携带武器的权利）：

> 公民在买卖双方均可接受的条件下进行商品或劳务交易的自由，不得受到国会或者各州的限制。

税收

公众一致认为，个人所得税制度亟待改革。这个税种被宣称为根据"个人能力进行征收"，即对有钱人会多征税，对穷人会少征税，而且还会具体考虑每个人的实际情况。但是，事实绝非如此。税率完全是政府以纸上谈兵的方式确定的，从14%到70%分为不同的等级。但是整部税法漏洞百出，各种特殊规定五花八门，于是高额税率基本上形同虚设。其实，如果对高于个人所得税起征点的收入实行统一的低税率——低于20%，那么比起现行不实用的税收结构来说，将会为政府创造更多的税收收入，注意，那部分应税所得除了个别明确规定的费用外，不得有其他抵扣项目。纳税人会因此而受益，因为他们可以节省为避税而支出的花费；经济状况会因此而好转，因为在进行资源分配时，对税收方面的顾虑会越来越少。唯一因此而蒙受损失的是律师、会计、文职人员和议员，他们必须转而从事一些更繁杂的工作，而不是填写纳税申报表，发现税收体制的漏洞，然后尽可能地填补漏洞。

公司所得税制度同样存在很多问题。它是一种隐性税，顾客在为商品或服务支付价款时并没有意识到自己已经交了税。它对公司的所得进行了两次征税，一次是针对公司所得征收的，一次是在分配红利后，针对公司股东征收的。这种税制不利于资本投资，从而妨碍生产力的发展，所以，应该予以废除。

尽管左派和右派一致认为，应该降低税率，减少税收体制的漏洞，取消对公司所得的重复征税，但是这些改革的完成却不能通过立法程序。左派们担心的是，就算通过采用了降低税率和减少税率等级的方式弥补了一些税收漏洞，新的漏洞很快又会出现——事实上，他们是对的。右派们担心，就算通过采用各种弥补税收漏洞的方式，最终降低了税率，也减少了税率等级，一种更不合理的税率等级很快就会出现——事实上，他们也是对的。

在这个例子中，很明显，宪法修正案是唯一能够公平分配利益，使利益相冲突的各方达成一致的途径。我们在这里所需要的修正案应将现有的涉及所得税的第 16 项修正案取而代之：

国会有权就个人收入进行课税，且不对收入来源进行区分，所得税收不与其他各州进行分配，也不必参考人口普查或统计资料，所得税起征点中不包括规定数额的职业费用、商业费用以及个人津贴，对于超过起征点的个人所得实行统一的税率。所谓"个人"，不包括公司和其他类型的法人。

健全货币

当初颁布宪法时，国会被授权"铸造货币，厘定本国货币和国外货币的价值"，这里所说的是商品货币：确定一美元等价于多少重量的白银或者黄金。在独立战争期间，以及早期的殖民地，纸币的大幅度贬值使得宪法制定者取消了各州"铸造货币；发行信用凭证（即纸币）；使用金银币以外的任何物品作为偿债媒介"的权力。而至于国会是否有权批准政府发行纸币，宪法并没有详细说明。但是人们一直认为，根据第 10 项修正案的内容，政府擅自发行货币是违反宪法的，第 10 项修正案规定"本宪法未授予合众国的……权限，由各州或者人民保留"。

南北战争期间，国会批准了新版的美钞，并宣布美钞为可偿付一切公私债务的合法货币。在南北战争之后，有关美钞的一个著名案例就是，最高法院宣布发行美钞是违反宪法的。"让人困惑的是，这个裁决是由首席法官萨蒙 P. 蔡斯（Salmon P. Chase）公布的，而在发行第一批美钞时，他正是当时的财政部长。而他不仅宣布了这项裁决，而且还以首席法官的身份，宣布自己应当对在担任财政部长期间违反宪法的行为负责。"[6]

后来，经过扩大和重组后的最高法院以 5 ：4 的多数票推翻了这个裁决，申明将美钞作为合法货币是符合宪法规定的，对于这一决议，首席法官蔡斯是反对者之一。

虽然恢复金币本位或者银币本位制，既不可行也不合理，但是我们的确需要通过达成某种协议来稳健货币制度。目前最可取的办法是，要求货币管理当局将货币量的增长率保持在一个确定的范围内。这是一项最难起草的修正案，因为它与相关的制度结构联系得太过紧密。大体上可以表述为：

当流通中的美元总额的增长率介于3% ~ 5%之间时，国会有权批准政府以贷款或者记账的形式发行无息贷款。

如果同时附带下面的补充规定，可能更为合适：

如果爆发战争，以致在没有续签合同的情况下，政府就终止或延期支付每年应清偿的债务时，只要参众两院各有2/3的议员，或者具有同等资格的人员通过表决，就可以免除上述要求。

防治通货膨胀

如果前文所说的那项修正案被采用，而且得以严格执行，那么它就可以结束通货膨胀并确保物价水平的相对稳定。这样的话，就不必采取其他措施来防治政府利用通货膨胀来增加赋税。但是，这是一个可能性很低的假设。凡是可以打消政府制造通货膨胀兴趣的修正案，都会受到民众的广泛支持。与一项技术性更强、争议性更大的健全货币修正案相比，防治通货膨胀的修正案更容易被采用。实际上，我们真正需要做的是将第5项修正案的内涵扩展开来，该项修正案规定"未经正当法律程序，不得剥夺……任何人的生命、自由权和财产；在没有等价补偿的情况下，不得将私有财产划为公有"。

就算某人的收入增长率与通货膨胀率保持同步，但是由于收入的增加使得他应缴的个人所得税也水涨船高，他的个人财产还是在未经正当法律程序的情况下被剥夺了。利用通货膨胀来降低政府公债的实际价值，就是在没有等价补偿的情况下，将私有财产化为公有。

相关的修正案应该规定：

所有与美国政府和其他方面签订的，以美元为计价货币的合同，以及联邦法律中规定的美元总额，每年都应依据前一年的一般物价水平进行调整。

与上一项货币的修正案一样，这项修正案由于有很强的技术特性，也很难起草。国会必须规定明确的参考标准，包括什么样的指标能够合理地反映"一般物价水平"。尽管如此，修正案还是可以说明基本的原则。

很难穷尽这类修正案的例子，我们计划根据《人权法案》原有的 10 项修正案提出 10 项新的修正案，目前还有 3 项没有完成。而新修正案在措辞上不仅需要研究宪法的法学专家仔细审核，也需要其他各领域专家们的技术支持。但是我们坚信，这些修正案至少表明，通过宪法来解决社会问题是很有希望的。

■ 结论

人类自由和经济自由这两种思想的结合，在美国结出了最为丰硕的果实。目前，这些思想对我们来说仍然至关重要。我们每个人都深受这些思想的影响。它们是我们得以如此生存的重要原因。可惜，长久以来我们都在偏离它们。我们忘记了一条基本的真理：对人类自由来说，最大的威胁就是权力的集中，而无论是集中在政府手中还是任何个人的手中。我们让自己相信，只要初衷是正确的，那么权力的授予对我们来说就是安全的。

幸运的是，我们顿悟了。我们再次意识到了一个过度管制的社会存在怎样的危险，我们开始理解好的初衷也可以被错误的途径所歪曲，我们终于懂得让人们按照自己的价值取向来自由地支配他们的生活，才是让一个强大社会发挥它全部潜力的最可靠的途径。

同样幸运的是，作为一个民族，我们仍然可以对自己的道路进行自由选择——是沿着目前这条政府不断扩张的道路继续前行，还是悬崖勒马，及时回头。

■ 注释

1. Raoul Berger，*Government by Judiciary*（Cambridge：Harvard University Press，1977），pp.1，408.

2. *Lectures on the Relation between Law and Public Opinio*n（1914 ed.），p.302.

3. "Boom Industry," *Wall Street Journal*，June 12，1979，p.1，col.5.

4. *Lectures on the Relation between Law and Public Opinion*（1914 ed.），pp.257-58.

5. Milton Friedman，"Monumental Folly," *Newsweek*，June 25，1973.

6. Friedman and Schwartz，*Monetary History*，p.46.

1928 年的社会党纲领

Free to Choose

以下是1928年社会党纲领中有关经济政策的条文，括号中的文字说明了该项政策的实施效果。以下列举的条文囊括了其全部的经济政策，但并非每一条都是原文的全部内容。

1. "从煤矿和水资源领域开始，将自然资源国有化，尤其是博尔德水坝和马斯尔肖尔斯。"（博尔德水坝，现改名为胡佛水坝，它和马斯尔肖尔斯目前都是联邦政府负责项目。）

2. "在联邦政府与州政府和市政府的协作下，建立一个公有的大型电力输送系统，同时按成本价向民众收费。"（已建立了田纳西河流域管理局。）

3. "铁路以及其他交通运输方式属于国有部门，由国家进行民主管理。"（铁路的客运服务完全由美国铁路公司提供，一些货运服务也通过联合铁路公司实现了国有化。联邦电信委员会控制了电话、电报、广播和电视通信。）

4. "在防洪、抗洪、造林、灌溉和垦荒方面实行统一的国家规划。"（目前，政府在这些项目上的开支高达几十亿美元。）

5. "通过进一步扩大公共工程的规模，同时制定一份公共工程的长期规划，达到能够及时给予失业者政府补助。"（在19世纪30年代，工程进度管理署和公共工程管理局是该计划的主要执行人，现在有各种各样的计划。）"因此，所有雇员均按小时计酬，工资标准由其真正的工会决定。"（《戴维斯－培根法案》和《沃尔什-希利法案》要求与政府签订合同的承包商支付"普遍享有的工资率"，通常情况下即是最高的工会工资。）

6."为实施公共工程，可向州政府和市政府提供无息贷款，要为减轻民众困难采取一切可能的措施。"（目前联邦政府每年下拨给州政府和市政府的补助费用高达几百亿美元。）

7."建立一个失业保险系统。"（社会保障系统的一个分部。）

8."通过与各城市的劳工联合会合作，在全国范围内增设由政府创办的职业介绍所。"（美国就业局及其管辖的各州就业局目前拥有一个由 25 000 家职业介绍所构成的服务网络。）

9."建立一个健康和意外事故保险系统以及养老和失业保险系统。"（社会保障系统的一个分部。）

10."缩短工作日"和"确保每个雇员每周有不少于两天的休假。"（工资和工作时间法规定，每周工作时间超过 40 小时，则按加班计算额外工作时间的工资。）

11."采用一项全面禁止雇用童工的联邦修正案。"（不是以修正案的形式采用的，但是诸多法律中已有相关规定。）

12."出于对囚犯及其家属利益的考虑，废除对囚犯进行残酷剥削的合约系统，取而代之为在监狱内设置用于劳教的生产车间。"（尚未完全实现。）

13."增加对高收入人群的课税，同时增加公司税和遗产税，所得税收用于养老保险和其他形式的社会保险。"（1928 年，最高的个人所得税税率为 25%，1978 年上涨到 70%；1928 年最高的公司税税率为 12%，1978 年上涨到 48%；1928 年最高的联邦地产税税率为 20%，1978 年上涨到 70%。）

14."对所有商用土地的年租金征税，所得税收用于政府拨款。"（此改革目前尚未开展，但是财产税的确大幅度上涨。）

限制联邦政府支出的修正案草案

Free to Choose

第1项

为了保护人民免受政府施加的过重负担，促进稳健的财政政策和货币政策，应对美国政府的财政总支出加以限制。

（1）任何财政年度的总支出增长百分比，不得超过该年度与其前一个日历年的名义国民生产总值的增长百分比。总支出应该包括预算支出和超预算支出，不包括应偿还的公债和处理意外紧急事件的支出。

（2）如果某财政年度的前一个日历年度中，通货膨胀率高于 3%，则该财政年度总支出增长百分比应按照通货膨胀率超过 3% 的部分乘以 1/4 的数量降低。通货膨胀应按照名义国民生产总值和实际国民生产总值的差额来计量。

第2项 在任何一个财政年度中，只要美国政府的总收入大于总支出，差额部分必须用于偿还政府公债，直至该公债偿清为止。

第3项 在总统宣布国家进入紧急状态后，当参众两院有 2/3 的多数表决通过，国会可以对超出该财政年度政府支出限额的、确定数额的紧急事件支出进行授权批准。

第4项 当参众两院有 3/4 的多数表决通过，同时多数州立法部门审核批准，则总支出的限额可以进行确定数额的更改。新限额应自批准后的财政年度生效。

第5项 在本修正案批准后的第一个 6 年中的每一个财政年度内，对州政府和地方政府的拨款总额占政府总支出的比例不得小于本修正案批准前的 3 个财政年度。在此之后，如果拨款总额占总支出的比例降低了，则总支出限额按相应数额减少。

第6项　在不给予必要财政补偿的情况下，美国政府不得直接或者间接地要求州政府或地方政府从事额外的或附加的活动。

第7项　当国会中有一位或多位议员（其他人不具有此权利）向哥伦比亚特区的地方法院提起诉讼时，本修正案就可能被强制执行。该诉讼应以美国财政部长为被告，在法院下令执行本修正案时，该财政部长有权控制任何一个政府部门或机构的财政支出。法院的指令中不得明确某项支出的确切限额或者削减额。遵照法院指令对支出限额进行的调整，不得迟于该指令下达后的3个整财政年度。

作为一位经济学家,《自由选择》一书的主要作者米尔顿·弗里德曼,对于中国人来说并不陌生。

众所周知,米尔顿·弗里德曼于1976年荣获经济学最高奖——诺贝尔经济学奖。这无疑是弗里德曼对于我们而言并不陌生的重要原因,但这并非唯一原因。自1969年瑞典银行设立"诺贝尔经济学奖"以来,截至2007年,荣获这一奖项的总人数已达61人;但是,即便是经济学专业的博士研究生,恐怕也没有几个人能够准确无误地说出全部61位经济学家的名字。如果非要列举,大多数人也只能不假思索地说出几个最著名的人物:萨缪尔森、哈耶克、弗里德曼、布坎南、科斯、斯蒂格利茨……其他的,可能就要想一想了。当然,专攻计量经济学的肯定最先想起克莱因,专攻博弈论的肯定最先想起纳什,专攻国际金融的肯定最先想起蒙代尔……但是,只要是学过经济学的,肯定不会想不起弗里德曼。如果说，诺贝尔经济学奖得主都可称作经济学"大师"的话，那么，弗里德曼无疑属于极少数"大师中的大师"。

或许有人会说，弗里德曼曾于 1980 年、1988 年、1993 年三次访问中国，这是中国人对弗里德曼不陌生的重要原因。当然，这或许是原因之一，但不是最重要的原因。因为，与其他到中国访问、讲学的诺贝尔经济学奖得主相比，弗里德曼访问中国的时间是比较早的，那时我们的思想还不像现在这么开放，而且他本人也没有机会像现在这样动辄便对广大中国学生做演讲。关于三次访华的细节，可参阅《两个幸运的人——弗里德曼回忆录》。再者，近年来许多诺贝尔经济学奖得主都纷纷到中国来访问、讲学，其访问次数、讲学规模，较之弗里德曼都更多、更大，若就此而论对中国经济学界的影响力，这些经济学家应比弗里德曼更大。

从学术上来讲，弗里德曼对经济学的贡献，毋庸我在此赘言，瑞典皇家科学院为弗里德曼颁发诺贝尔奖时已对其贡献进行了很好的概括："对消费的分析和在货币的历史与理论等方面的成就，以及他论证了稳定经济政策的复杂性。"

但是，弗里德曼在世界上获得巨大的声誉，似乎也不应单单归因于他在理论经济学方面做出的重大贡献。

我认为，弗里德曼在包括中国在内的世界各国之所以会获得巨大的声誉，最主要的原因是他一以贯之地坚持自己的信念：坚持自由市场机制，反对政府干预经济。一位学者，尤其是社会科学学者，总会或多或少地持有某种信念。持有某种信念、坚持某种信念并不难，难就难在"一以贯之"。一以贯之，不仅意味着不能屈从于政治权威或学术权威，而且也不能屈从于某种"风气"，不能"跟风"，不能"赶时髦"；一旦认定某种信念，就要有"咬定青山不放松"的毅力和决心。不"跟风"，不管是"政治之风"，还是"学术之风"，都不去跟，这是需要极大的勇气和极强的毅力的。不"跟风"，轻者招致学界同仁的白眼、冷落、误解；重者，可能生活上窘迫、精神上孤寂。弗里德曼在美国便因学术观点不同而备受学术界冷落。从 20 世纪 50 年代起，弗里德曼便开始旗帜鲜明地主张"自由市场经济"，当时正是主张政府干预经济的凯恩斯主义"一统江山"的时代，弗里德曼的主张无疑属于异端，因此他称自己常常在"充满敌视的气氛中演讲"。

青山遮不住，毕竟东流去。到了 20 世纪 70 年代，以美国为代表的发达国家纷纷陷入了"滞胀"的尴尬局面，奉行已久的凯恩斯主义受到质疑，因为在凯恩斯主义的理论框架内，低增长与高通胀是不可能同时出现的。在此背景下，自由主义的理念重新获得了声望，诺贝尔经济学奖也接二连三地授给自由主义经济学家。1974 年获奖的哈耶克与 1976 年获奖的弗里德曼正是自由主义经济学家的代表人物。

一般认为，弗里德曼是"芝加哥学派"的代表人物，哈耶克是"奥地利学派"的代表人物，两个学派对经济现象的认识、所用的分析方法等方面都有所不同，但是，在坚持自由市场取向的经济制度方面，两派是一致的。哈耶克的经历与弗里德曼颇有几分相像，两人都对自由市场制度"一以贯之"地坚持，并且都在 20 世纪 70 年代之后获得了巨大的声誉，先后获得诺贝尔经济学奖；而且，两人都十分长寿，哈耶克活了 93 岁（1899—1992），弗里德曼活了 94 岁（1912—2006）。

如果说哈耶克在后半生的学术生涯中，已经偏离纯粹的经济学而转向政治哲学、法学、心理学等广阔的研究领域，从而成为一位伟大的思想家、道德哲学家的话，那么，弗里德曼则自始至终都是一位伟大的经济学家。因此，1998 年的美国经济学年会上，在 150 位经济学家的投票中，弗里德曼被评为"20 世纪仅次于凯恩斯的、最具影响力的经济学家"是毫不过分的。

2006 年 11 月 16 日，伟大的经济学家米尔顿·弗里德曼逝世，享年 94 岁。

关于《自由选择》一书的基本情况，有必要介绍一下。它的缘起是同名电视系列片《自由选择》的拍摄，而它的写作过程则与电视片《自由选择》同步。弗里德曼夫妇称，《自由选择》是他们写过的唯一一部有截稿期限的书，而且是用口语而非书面语写成的，部分地出于这个原因，它比他们写过的任何一部书都畅销。1980 年，《自由选择》一书在美国首次出版，之后分别于 1981 年和 1990 年再版。该书出版后当年便成为畅销书，据作者估计，在美国各种版本的《自由选择》销量超过了 100 万册。而且，《自由选择》迅速被译为各种文字，中国内地也在 1982 年由商务印书馆首次出版了中译本。

在《自由选择》中文版面世 20 多年之后，以出版经管类图书闻名的机械工业出版社拟重新翻译出版该书，并由我这个经济学后学来翻译，我的心情可谓喜忧参半。喜的是，能够翻译这样一部出自经济学大师之手的名著，对我而言是莫大的荣幸；忧的是，深恐自己学力不逮，若不能准确、传神地将本书译成中文，则不仅有负出版社重托，而且对读者也是一种抱愧。几个月以来，我几乎每天晚上都坐在电脑前翻译《自由选择》，个中甘苦，只有译者自知。

此次翻译是译自 1990 年版《自由选择》，并且，针对国内读者的需要，以页下注的形式加了不少译者注。翻译过程中，参阅了 1982 年商务印书馆出版的《自由选择》，受益良多，在此，我对前辈译者胡骑、席学媛、安强等致以深深的谢意！

需要说明的是，《自由选择》一书的部分内容，由于受时代背景、社会氛围等方方面面的局限，难免观点偏颇。但是，为尊重原著起见，基本上不对书中的内容进行修改和删节。个别观点激进之处，做了少量的处理。相信广大读者自会有所取舍，因为我们的读者是成熟的读者。

本书如有翻译不确之处，尚祈学界师长、同仁及广大读者不吝赐教！

张　琦　谨识

2008 年 6 月于北京